DALAI LAMA

Die Berge sind so kahl geworden
wie der Kopf eines Mönchs

DALAI LAMA
mit Sofia Stril-Rever

DIE BERGE SIND SO KAHL GEWORDEN WIE DER KOPF EINES MÖNCHS

Wir haben nur diese Erde –
Eine universelle Verantwortung
für unseren Planeten

Aus dem Französischen
von Bernardin Schellenberger

HERDER

FREIBURG · BASEL · WIEN

MIX
Papier aus verantwor-
tungsvollen Quellen
FSC® C083411

Titel der Originalausgabe:
Nouvelle Réalité. L'âge de la responsabilité universelle
© Les Arènes, Paris 2016

Für die deutschsprachige Ausgabe:
© Verlag Herder GmbH, Freiburg im Breisgau 2016
Alle Rechte vorbehalten
www.herder.de

Satz: post scriptum, Emmendingen / Hüfingen
Herstellung: CPI books GmbH, Leck

Printed in Germany

ISBN 978-3-451-31154-3

Bei der einzigartigen Lehre des Dalai Lama von der universellen Verantwortung handelt es sich um einen seiner großen Beiträge für unsere Welt. Unsere Aufgabe ist es, dieses Geschenk, das er uns gemacht hat, zum Wohl künftiger Generationen ins Leben umzusetzen.

SAMDHONG RINPOCHE

INHALT

III.
DAS MANIFEST DER
UNIVERSELLEN VERANTWORTUNG

8

MANIFEST DER UNIVERSELLEN VERANTWORTUNG

(AUSZUG)

Ich bin im Schoß des Kosmos als Kind des Lebens
auf dieser Erde geboren worden.

Meine genetischen Codes enthalten die Botschaften des Universums. Dank der Tatsache, dass ich am Leben als solchem teilhabe, bin ich mit allen Lebewesen verbunden. Deren Wohlbefinden hängt vom richtigen Ausgleich der Ökosysteme ab; diese wiederum sind abhängig vom Frieden in den Herzen der Menschen und vom Gerechtigkeitssinn in den menschlichen Gesellschaften. Wir sollen niemandem etwas schuldig bleiben und dürfen niemanden durch Hunger, Armut und Entbehrung zugrunde gehen lassen. Deswegen will ich im Geist der ausgleichenden Gerechtigkeit, frei von Parteilichkeit, Abhängigkeit und Hass zum Erhalt und zur Wiederherstellung der Harmonie des Lebens beitragen. Wenn ich mit allen meinen Äußerungen Frieden und inneres Heilsein ausstrahle und auf das Wohl aller existierenden Wesen bedacht bin, sowohl der Menschen als auch aller anderen Lebewesen, ist das zugleich auch ein dringender Appell, wirklich bewusst zu leben, und zwar mit der Freude einer allumfassenden Liebe, die das Leben erst lebenswert macht.

Ich bin im Schoß der Menschheit, meiner Familie,
auf dieser Erde geboren.

Einzig der Altruismus motiviert mich, zum Wohl aller Lebewesen zu handeln und dadurch meine universelle Verantwortung wahrzunehmen. Innerer Friede, Nächstenliebe und Mitleid stellen nicht nur ein edles Ideal dar, sondern sind im Schoß der neuen Wirklichkeit auch eine ganz pragmatische Lösung. Diese Werte gewährleisten es, die Auflösung des sozialen Bandes und die Zerrüttung des solidarischen Zusammenhalts zu verhindern und das Allgemeininteresse zu wahren. Die Notwendigkeit der Zusammenarbeit führt mich zur Einsicht, dass die sicherste Grundlage einer nachhaltigen Entwicklung der Welt auf meiner persönlichen Praxis beruht, zusammen mit anderen im Geist des inneren Friedens, der Liebe und des Mitleids zu leben und zu handeln. Damit bestärke ich in der Schicksalsgemeinschaft der Menschheit die Hoffnung und Zuversicht.

Ich bin als Kind des Lebens im Schoß des großen natürlichen Friedens auf dieser Erde geboren.

Ich fühle mich im Zeitalter des Internets und der weltweiten Verknüpfungen von der technisch-ökonomischen Kultur manipuliert und instrumentalisiert, und deswegen kommt mir zu Bewusstsein, dass ich die Weisheit einer universellen Verantwortung an den Tag legen muss, die auf jener Kraft der Wahrheit und Liebe beruht, die Mahatma Gandhi als *satyagraha* bezeichnet hat.

Satyagraha soll meine gewaltfreie Waffe gegen das Unrecht sein. Denn sobald mich die Wahrheit erfasst, um sich durch mich Ausdruck zu verschaffen, bin ich unbesiegbar. Indem ich im Alltag aus dem Geist des *satyagraha* lebe, werde ich mitten unter anderen und gemeinsam mit ihnen zum Baumeister des Friedens, der Gerechtigkeit und der Wahrheit. Als eingeborener Bürger der Welt übernehme ich eine neue mitbürgerliche Verantwortung dafür, dass die neue Realität einer brüderlich-schwesterlichen Welt anbricht.

WAS BISLANG NOCH KEIN DALAI LAMA GESAGT HAT

VORWORT

von Sofia Stril-Rever

»Meine gute alte Freundin!«

In der gotischen Anlage von Oxford, wo ich auf die Ankunft des Dalai Lama warte, recken die Bäume ihr üppiges Laubwerk dem Himmel entgegen. Ihre Blätter zittern im leisen Wind wie offene Weisheitsbücher, während ihre Wurzeln ihr Geheimnis unter dem üppigen Rasen des Bodens verbergen.

Das Magdalene College ist ein Meisterwerk aufwändiger Architektur, die Frucht eines großartigen Zusammenspiels von Kunst, Natur und Zeit. Es trägt den Namen Maria Magdalenas, der biblischen Heiligen, die als Erste den auferstandenen Jesus im Garten bei Golgatha wiedersah und die Frohbotschaft von seiner Auferstehung den niedergeschlagenen Aposteln brachte. In der anglikanischen Kirche wird sie als Inkarnation der heiligen Weiblichkeit verehrt; die ersten englischen Universitäten Oxford und Cambridge wurden nach ihr benannt.

»Meine gute alte Freundin!«, ruft der Dalai Lama aus, als er mich sieht. Er drückt mich an sein Herz. Jede unserer Begegnungen – zählen kann ich sie schon gar nicht mehr – ist so neu, wie es alle bisherigen waren. Die erste erlebte ich in Dharamsala am Ostermontag im April 1992. An diesem Tag, an dem die Christen den Übergang ins wahre Leben feiern, war der Dalai Lama, von dem ich damals noch wenig wusste, aus einer großen Menschenmenge heraus, die sich zu einer tibetischen Oper versammelt hatte, auf mich zugekommen. Er hatte mich fest an sich gedrückt. Während dieser kurzen Umarmung war die Zeit für mich stillgestanden. Eine Stimme aus dem Nirgendwo und Überall hatte mir den Befehl gegeben: »Heraus!« Das war eine unbeschreibliche Erfahrung, die mein ganzes Denken und alle seine Vorstellungen herausforderte. Sie verlieh mir die Kraft, über den Geist der Abtrennung hinauszugehen, einen Geist, der abspaltet, absondert und Gegensätze aufstellt. Diese Kraft machte alle meine Grenzen, Ängste, Zweifel und Vorbehalte zunichte und lenkte mein Geschick in eine Richtung, die ich ganz und gar nicht vorausgesehen hatte.

23 Jahre danach, am Dienstag, dem 15. September 2015, vernehme ich wieder diesen Befehl: »Heraus!« Der Anspruch liegt dieses Mal auf einer Ebene, auf der ich ins Wanken komme, zugleich aber spüre ich auch, dass mich eine Woge des Vertrauens erfasst. Da überlasse ich mich ohne jeden Vorbehalt der grundlegenden Güte des Lebens, die mir die Gegenwart des Dalai Lama vermittelt, und ich lehne meinen Kopf an seine Schulter. Zu meiner großen Überraschung erlebe ich in den nachfolgenden Minuten, dass er nicht bloß die Uhrzeit unseres Interviews ändert, sondern sogar das Protokoll! Er wendet sich an den Präsidenten des Magdalene College und dessen Gattin und bittet sie, mich bei ihnen zum Essen einzuladen.

Soll das dritte Buch genauso dick werden wie die vorherigen?

Der hohe, nüchterne Speisesaal ist von strenger Eleganz und hat Gewölbebogen wie ein Kirchenschiff. Erhellt wird er von einer Reihe von gotisch gerippten Maßwerkfenstern. Büsten und Porträts entschieden dreinblickender Würdenträger schmücken den Raum – ernste und eindrucksvolle Vertreter einer Geschichte, die inzwischen weit über sie hinausgegangen ist. Sie sollten die stummen Zeugen dieses Besuchs des im Exil lebenden Souveräns vom Dach der Welt sein.

Der Präsident nimmt am oberen Ende eines massiven Eichentischs Platz und fordert das geistliche Oberhaupt der Tibeter auf, sich zu seiner Linken zu setzen, und mich, zu seiner Rechten. Bei dem Gedanken, dass ich zusammen mit dem Dalai Lama und seinem jüngeren Bruder Tenzin Choegyal an einem Tisch speisen soll, bekomme ich regelrechtes Herzklopfen. Seinem Bruder war ich bereits 2008 auf der Tournee mit dem Film

»Renaissance«[1], der von der Wiedergeburt handelt, begegnet, und er hatte mir Fotos gezeigt, die seine Flucht an der Seite des Dalai Lama verewigten. Die beiden hatten sich im März 1959 als tibetische Soldaten verkleidet, um der Treibjagd der Volksbefreiungsarmee zu entkommen, und waren über das Himalaya-Gebirge entflohen. Ihr Exil in Indien, eigentlich nur als vorübergehend vorgesehen, hatte sich nun bereits über ein halbes Jahrhundert hingezogen. Tenzin Choegyal nimmt an den »Mind & Life«-Dialogen, die der Dalai Lama zusammen mit renommierten internationalen Wissenschaftlern ins Leben gerufen hat, seit ihren Anfängen teil.[2]

Die Atmosphäre des Essens entspannt sich rasch, als sich der Dalai Lama auf seinem Stuhl umdreht und mit schallendem Lachen sagt: »Ich habe doch gemerkt, dass da jemand ist!« Daraufhin umarmt er den Kopf einer weißen Marmorbüste und tut so, als wolle er ihm den steinernen Bart abziehen. Ich meine, die Züge Shakespeares erkannt zu haben, jenes Dramatikers, der die herzzerreißenden Leidenschaften unserer Menschenseele in Szene gesetzt hat. Die Büste steht auf einem kleinen runden Tisch vor einem Uhrwerk, das die feierliche lateinische Aufschrift trägt: *Pereunt et Imputantur*, »Sie vergehen und werden angerechnet«. Dieser Spruch des römischen Dichters Martial weist auf das unvermeidliche Vorübergehen der Stunden hin, für die wir verantwortlich sind. Es ist eine Erinnerung an die Unbeständigkeit, diese Grundlehre des Buddha, mit der er uns dazu auffordert, uns nicht an die Phänomene dieser Welt zu haften, da sie innerlich nicht von Bestand sind.

Der Dalai Lama wendet mir sein Gesicht zu, dieses Gesicht mit seinen von der Praxis der Kontemplation fein ziselierten Zügen, die eine konzentrierte Strenge von großer Sanftmut verraten. Liebenswürdig blickt er mich an. Er kommt auf unser Buch *Der Appell des Dalai Lama an die Welt*[3] zu sprechen, das ich anhand seiner jährlichen Ansprachen anlässlich des Gedenktags an den Aufstand von Lhasa am 10. März verfasst habe und das erst vor Kurzem ins Englische übersetzt worden ist.[4] Plötzlich sehe ich in seinem Blick ein schelmisches Aufleuchten, und er sagt neckisch zu mir: »Na, wird dann also das dritte Buch wieder genauso dick wie die beiden vorigen? Wird mich dieses Buch wieder viel Zeit kosten? Tatsächlich gibt es ja angesichts aller meiner Verlautbarungen zu den Fragen der Ökologie schon sehr viel Stoff. Das Büro für Umwelt und Entwicklung der tibetischen Zentralverwaltung hat sie übrigens alle in einem Dokument zusammengetragen, das uns helfen wird.[5] So bleibt es mir erspart, all das noch einmal zu wiederholen, was ich bereits gesagt habe. Damit gewinnen wir beide viel Zeit. Ich gebe ja meinen Biografen ganz schön Arbeit!«

Und er bricht in schallendes, ansteckendes Gelächter aus.

Lektionen des Dalai Lama für die Menschheit

Ich bedanke mich beim Dalai Lama dafür, dass er mich autorisiert hat, seine spirituelle Autobiografie[6] zu schreiben: »Eure Heiligkeit, aus der Redaktion dieses Buches habe ich vor allem gelernt, dass man mit dem Menschwerden nie an ein Ende kommt. Es ist keine Kleinigkeit, dies von einer Persönlichkeit gesagt zu bekommen, die in der Stammlinie des erwachten Mitgefühls in ihrer vierzehnten Inkarnation lebt.«

Der Dalai Lama gibt mir die bescheidene Antwort, es sei nichts Besonderes daran, unermüdlich an seiner eigenen Verbesserung zu arbeiten. Aber es ist eine Botschaft von großer Demut, dazu aufzurufen, sich Tag für Tag zum Guten zu verbessern.

»Angesichts unseres zweiten Buchs *Appel au monde* habe ich den gewaltfreien Kampfesmut ermessen, den Sie seit mehr als einem halben Jahrhundert aufbringen. Wie Sie von den Anfängen Ihres Exils in Indien an unermüdlich gesagt haben, Ihre einzigen Waffen seien die Wahrheit, die Gerechtigkeit und die feste Entschlossenheit. Manche Staatschefs haben Kriege gewonnen, Sie dagegen den Frieden.«

Der Friede ist für den Dalai Lama der Triumph der Wahrheit, wie das die Verleihung der Goldmedaille durch den amerikanischen Kongress am 17. Oktober 2007 in Washington zeigte. Das Oberhaupt der tibetischen Exilregierung, dem die offizielle Anerkennung als Staatsoberhaupt verweigert bleibt, legte eine eindrucksvolle Vornehmheit und Würde an den Tag, denn er stand ganz zu seinem Menschsein. Neben ihm war George W. Bush nur der Präsident der Vereinigten Staaten. Angesichts der stillen Kraft dieses Menschen, der sich im Namen von sieben Milliarden zu Wort meldete, geriet Präsident Bush mit seiner bedeutenden Funktion spürbar auf den zweiten Platz. Würden sich alle Staatschefs weltweit vor Augen halten, dass wir alle Menschen sind, könnte unser Planet dadurch verwandelt werden. Indem der Dalai Lama sich zu seinem Menschsein bekennt, spricht er zudem auch uns allen das unsrige zu:

»Eure Heiligkeit, ich bin Ihnen sehr dankbar dafür, dass Sie den Friedensnobelpreis und die Goldmedaille des Kongresses dafür erhalten haben, dass Sie wirklich Mensch sind, denn damit haben Sie mit Ihrem Friedenswerk alle diejenigen verbunden, die sich in der Wahrheit und denjenigen menschlichen Werten wiederfinden, die Sie verkörpern. Ich habe deswegen in aller Eile das *Buch der Freude* gelesen, das Sie zusammen mit Bischof Desmond Tutu geschrieben haben und in dem Sie betonen, dass wir Sie damit beglücken, im selben Zeitalter wie Sie zu leben. Dieselbe Freude empfinden auch all die vielen Zuhörer bei jeder Ihrer Unterweisungen, und auch für mich ist es ein Glück und eine Ehre, dass Sie mir aufs Neue Ihr Vertrauen schenken, dass ich Ihre Botschaft ein drittes Mal an die Menschheit vermittle.«

Das Manifest der universellen Verantwortung

Scherzhaft sagt der Dalai Lama, er werde das Buch von mir an seiner Stelle schreiben lassen. Er erinnert sich an die Audienz, die er mir 2010 in Dharamsala gewährt hatte. Am 29. September dieses Jahres hatten mir Mönche seines Privatklosters Namgyal einen ihrer zeremoniellen Präsentierteller aus kostbarem Holz geschenkt. Wir hatten damals die ausländischen Übersetzungen der *Spirituellen Autobiographie* – in rund zwanzig Sprachen – zusammengesucht. Ein Stapel, der so schwer war, dass mir einer der Mönche geholfen hatte, ihn bis vor die Schwelle des Audienzsaales zu tragen, damit ich sie dem Dalai Lama vorstellen konnte. Er hatte die verschiedenen Exemplare durchgeblättert und dann gefragt, wo die chinesischen und vietnamesischen Übersetzungen seien – also genau diejenigen, die fehlten. Und er hatte betont, wie wichtig es sei, dass sein Buch so bald wie möglich in diesen Sprachen erscheine.

Im Lauf unseres Gesprächs vom 29. September 2010 hatte ich den Dalai Lama gefragt, ob es ihm recht sei, ein *Manifest der universellen Verantwortung* für unsere Zeit zu verfassen. Er schlug daraufhin vor, einen Text zu schreiben, der sich anhand einer Reflexion über die tieferen Ursachen des derzeitigen Zusammenbruchs der Biosphäre entwickle – also der dem Menschengeist innewohnenden Ursachen, die zu erkennen die Übung der Meditation lehre:

»Die Umweltkatastrophen und die Art und Weise, wie wir von ihnen betroffen werden, sind der Widerschein unserer konfliktreichen und destruktiven Denkweisen, die auf einem egoistischen Trachten nach Wohlstand und Profit beruhen. Das *Manifest* sollte sich an das Beste in uns richten und zu einer Meditation über unsere wechselseitige Abhängigkeit mit den anderen menschlichen und nichtmenschlichen Lebensformen einladen.

Allein das wache Bewusstsein, dass die Welt eine Einheit ist, ermöglicht es, eine Haltung des Wohlwollens und der Verantwortung zu gewinnen, die dazu beiträgt, die Umweltschädigung auf der Erde und die sich daraus ergebenden Leiden einzuschränken.«

Das lässt den Dalai Lama aufhorchen und er stellt mir fünf Jahre danach die Frage, ob ich ihm sagen könne, warum ich so sehr auf die Abfassung eines *Manifests der universellen Verantwortung* dränge.

»Dazu hat mich der Ehrwürdige Samdhong Rinpoche[7] angeregt. Er stellt die Lehre von der universellen Verantwortung als Ihren wichtigsten Beitrag zum Frieden in der Welt vor.«

Das räumt der Dalai Lama ein und erwidert lachend: »Dass ich einen Beitrag geleistet haben soll, kann man ja ruhig sagen, aber passen Sie auf, nicht von einem Vermächtnis zu sprechen! Ich erinnere mich an ein Interview mit der Leitartikelschreiberin einer großen amerikanischen Tageszeitung. Sie stellte mir die Frage, was ich der Menschheit als Wichtigstes vermachen wolle. Zunächst einmal erwiderte ich, dass ich nichts vermachen könne, da ich Mönch sei und folglich nichts besitze. Mir gehört nichts, und ich kann nichts vermachen. Aber sie kam mehrmals auf diese Frage zurück. Ich mochte noch so sehr dagegen Einspruch erheben, sie konnte einfach nicht aufhören, von einem Vermächtnis zu sprechen!«

Mit seinem heiteren und schalkhaften Wesen strahlt das geistliche Oberhaupt der Tibeter eine zeitlose Jugendlichkeit aus, als gäbe es für ihn kein Älterwerden. Man könnte sagen, die Jahre entledigen sich für ihn ihres Gewichts und machen sich so leicht wie nur möglich. Sie berühren kaum die Schultern dieser von der ganzen Welt hochgeschätzten Persönlichkeit, die sich weder etwas aus ihrer Bekanntheit macht noch aus ihrem fortgeschrittenen Alter, noch aus dem Heimweh nach dem verlorenen Heimatland. Wenn der Dalai Lama ein ehrwürdiger Weiser und zugleich ein junggebliebener Mensch ist, dann zweifellos, weil er das große, liebevolle Mitleiden ohne Grenzen oder Vorurteile verkörpert, wie es einst der heilige Inder und

Dichter Shantideva feierte. Das Oberhaupt der Tibeter zitiert immer wieder gern die entsprechende Strophe aus dessen großem kontemplativen Werk *Die Lebensführung im Geist der Erleuchtung*, wie er das zum Beispiel in Oslo zum Schluss seiner Ansprache beim Empfang des Friedensnobelpreises 1989 getan hatte und fünfundzwanzig Jahre später wieder in Washington vor dem US-Senat:

> So lange, wie der Raum dauern wird,
> So lange auch, wie die Lebeweisen bleiben werden,
> Möchte auch ich bleiben,
> Um die Leiden der Welt zu lindern.[8]

Mit achtzig Jahren immer noch nicht in seiner Heimat

Als man dem Dalai Lama von Tibet, der zum Dalai Lama der ganzen Welt geworden ist, die Vorspeise aufträgt, entzückt er seine Gastgeber mit einer heiteren Erklärung:

»Heute bin ich der Dalai Lama von Oxford. Die Königin von England ist rund zehn Jahre länger als ich im Amt, und folglich schulde ich ihr Respekt. Aber ich fühle mich ihr und ihrer Familie sehr nahe. Denn in meiner frühen Jugend, als ich noch im Potala lebte, habe ich in Zeitschriften Fotos von ihr und ihrer Schwester, Prinzessin Margaret, gesehen. Seit der Intervention von Britisch-Indien 1904 in Tibet ist ein starkes emotionales Band zwischen unseren beiden Ländern geblieben. Und Prinz Charles bleibt ein großer Freund Tibets und der Tibeter, auch wenn wir ihn dieses Mal nicht treffen werden. Zusammen mit anderen wirkt er auf China ein, damit Präsident Xi im Dezember aufgeschlossen zur Klimakonferenz nach Paris kommt.«

Und er fügt scherzhaft hinzu:

»Hat es Prinz Charles denn nicht mir zu verdanken, wenn er auch in der chinesischen Presse große Aufmerksamkeit findet?

Ich entsinne mich, wie er sich 1997 bei der Übergabe Hongkongs an China nicht scheute, die Führer des Kommunistischen Partei als ›windelweiche Vogelscheuchen‹ zu bezeichnen. Das hat damals einen denkwürdigen diplomatischen Sturm ausgelöst!«

Seine Heiterkeit steckt alle rings um den Tisch an. Ich frage ihn, ob er demnächst auch noch der Dalai Lama von Frankreich sein werde, denn dort würden wir in großer Runde zur Feier seines achtzigsten Geburtstags zusammenkommen. Er hatte erklärt, das schönste Geschenk, das man ihm zur Vollendung seines achtzigsten Lebensjahrs bereiten könne, sei das, im eigenen Herzen Mitgefühl zu entwickeln. Seit dem tibetischen Neujahrstag 2015 hatte er immer wieder die Kerzen seines Geburtstagsfests ausgeblasen, das man quer durch die Großstädte der Welt veranstaltet hatte und das zur triumphalen Feier des Mitgefühls geworden war. Das hatte in Delhi begonnen, wo ihn der indische Premierminister als »Geschenk für die Menschheit« begrüßt hatte, und es war weitergegangen bis hin zum Rockfestival von Glastonbury und den grandiosen Feierlichkeiten von Los Angeles, New York, Dallas, Tokio, Mailand, London und Frankfurt.

Mit einem Lächeln und ernsten Blick zugleich erwidert das geistliche Oberhaupt, mit achtzig sei er immer noch »ohne Vaterland«. Und er erinnert an ein tibetisches Sprichwort, das er besonders gern mag: »Überall, wo du glücklich bist, da bist du daheim. Alle Menschen, die gut zu dir sind, sind deine Familie.«

»Ich betrachte mich lieber als Menschenwesen, das sieben Milliarden anderer Menschen gleicht, statt als Tibeter oder Buddhist. Man muss in erster Linie sorgfältig darauf achten, dass man zu anderen keine Distanz schafft. Ich habe nicht die übernatürlichen Kräfte, die man mir allzu schnell angesichts meiner Stellung und meines Titels zuschreibt. Ich habe es eingeübt, jeden Menschen, dem ich begegne, als Bruder oder Schwester anzusehen.«

Zu Beginn seiner Vorträge und Lehren spricht der Dalai Lama im Übrigen die Zuhörerschaft mit einem herzlichen »Meine lieben Brüder und Schwestern« an. Das ist für ihn keine bloße Höflichkeitsfloskel, sondern Ausdruck seines echten Empfindens, ihr Mitmensch zu sein. Es schafft eine starke brüderliche Nähe, die das Publikum unwillkürlich spürt. Krishnamurti ging in dieser Hinsicht sehr weit und betonte, wenn man sich als Inder, Muslim, Christ oder Europäer bezeichne, sei das an sich bereits ein gewalttätiger Akt: »Und wisst ihr, warum?«, fragte er seine Anhänger: »Weil ihr euch damit vom Rest der Menschheit abtrennt, und diese Abtrennung, die ihr anhand eures Glaubensbekenntnisses, eurer Nationalität oder eurer Traditionen vornehmt, erzeugt die Gewalttätigkeit. Wer die Gewalttätigkeit ganz vermeiden will, gehört keinem Land, keiner Religion, keiner politischen Partei und keinem bestimmten System an. Ihm kommt es nur darauf an, ganz und gar zur Menschheit insgesamt zu gehören.«

Sich über die Religion der anderen freuen

Der Dalai Lama spricht mich auf den Zustrom von Syrern[9] an, die ein verheerender Krieg vertreibt und die in Europa Asyl suchen:

»Ich selbst bin ja einer der ältesten Flüchtlinge auf der Welt! Mit sechzehn Jahren habe ich meine Freiheit verloren, mit 24 mein Land. Seit 56 Jahren lebe ich als Heimatloser. Aber ich hoffe immer noch und bleibe Optimist. Der Exodus von Tausenden von Menschen ist ein Problem, das sich heute stellt, dessen komplexe Gründe man jedoch in der Geschichte der Religionen, Kulturen und Politik des Nahen Ostens und deren Beziehungen mit den abendländischen Großmächten suchen muss. Die Aufnahme der Flüchtlinge kann nur eine vorübergehende Lösung sein. Sie wird sehr schnell zu neuen mehr oder weniger schweren Spannungen führen. Wie alle Flüchtlinge und wie auch wir haben die Syrer nur den einen Wunsch, in ihr Heimatland zurückzukehren und alles wieder aufzubauen, was darin zerstört worden ist. Das kann ich verstehen. Unbegreiflich an diesem Drama bleibt mir aber, dass der Glaube zum Vorwand für derart schlimme Massaker werden kann.

Wie kann man im Namen Gottes töten? Das ist doch undenkbar! Undenkbar! Wenn ich als Buddhist mit dem Gläubigen einer anderen Religion zu streiten anfinge, bekäme ich Angst, dass der Buddha mir zürnte, und das ließe mich unverzüglich verstummen!«

Angesichts der Zunahme der Fundamentalismen und des Wiederauflebens eines fanatischen Barbarentums legt der Dalai Lama ein nüchternes Urteil an den Tag. Da doch alle Religionen Mitleid, Liebe, Vergebung und Toleranz predigen, findet er es unbegreiflich, dass deren jeweilige Verantwortliche ihre Anhänger in angebliche »heilige Kriege« führen können:

»Die Religionen sind in sich nicht schlecht. Das Problem ist, dass die Gläubigen ihren Gott als den allerhöchsten ansehen. Sie stellen ihn sich als den einzig wahren Gott vor, den einzigen Gott, der den Menschen das Heil bringt. Diese Glaubensvorstellung ist schon seit mehreren Jahrhunderten veraltet, hält sich aber bis heute zäh. Richtig daran ist ja, dass der Einzelne seine Religion für sich als die allerbeste erachten kann, in dem Sinn, dass sie ihm am besten liegt. Wenn man davon überzeugt ist, hilft einem das, dank all der guten Eigenschaften der eigenen religiösen Praxis fruchtbar zu leben. Aber auf der Ebene der Menschheit insgesamt ist das überhaupt nicht sinnvoll. Es ist völlig unrealistisch, alle Gläubigen um eine einzige Wahrheit, einen einzigen Glauben scharen zu wollen. Einräumen muss man, dass es in mehreren Glaubenssystemen mehrere Wahrheiten gibt, die alle für die größtmögliche Zahl fruchtbar sind. Heute zählen wir rund eine Milliarde Muslime und etwas mehr als eine Milliarde Christen. Hindus gibt es nahezu 600 Millionen und Buddhisten zwischen 800 und 900 Millionen.

Man kann nicht die eine Million zugunsten der anderen eliminieren, das wäre unrealistisch; im Gegenteil: Man sollte sich freuen, dass es auch andere Religionen gibt, man sollte sie genauer kennenlernen und wertschätzen. Es ist unzulässig, sich einer Religion zu bedienen, um damit das Massaker an den Gläubigen einer anderen Religion zu rechtfertigen ... Das ist schrecklich ... wirklich schrecklich.«

Ein Schleier der Traurigkeit überzieht den Blick des Dalai Lama. Der derzeitige Krieg im Nahen Osten setzt ihm schwer zu. Er hat unaufhörlich geäußert, dass das 20. Jahrhundert mit seinen insgesamt 231 Millionen Kriegstoten das Jahrhundert des Blutbads war. Das geistliche Oberhaupt der Tibeter hat die entsetzliche Lektion daraus gelernt und seine Gesprächspartner – Staatschefs und einfache Bürger gleichermaßen – immer aufgefordert, sich mittels Dialog als Bauleute des Friedens zu betätigen. Aber angesichts der starken Zunahme des religiösen Fundamentalismus ist er zu der Überzeugung gekommen, dass die Religion um der Zukunft der Menschheit willen an die zweite Stelle rücken müsse – zugunsten der Menschenrechte. Der Titel seines letzten Buches *Ethik ist wichtiger als Religion*[10] sagt das ganz deutlich. Hier konstatiert er, dass die Religion allein nicht in der Lage ist, eine den Realitäten der heutigen Welt angemessene Ethik zu begründen, weil inzwischen mehr als ein Drittel der Menschen Agnostiker sind. Deswegen müsse man ein moralisches Wertesystem schaffen, das zu keiner Religion im Widerspruch stehen, aber auch von keiner abhängig sein dürfe. Das ist die Grundlage seiner Ethik für eine geeinte Welt.

Ist das Amt des Dalai Lama überholt?

Ich beobachte Tenzin Choegyal. Mit seinem lebhaften Gesicht und den hohen, hervorstehenden Wangenknochen gleicht er seinem großen Bruder. Und ich bin immer gespannt auf einen Kommentar oder eine Bemerkung von seiner Seite, denn er ist für seine vernichtenden Sprüche bekannt und scheut sich nicht vor aufsehenerregenden Aussagen über die Starrheiten des religiösen Systems, ohne dabei die Institution der Dalai Lamas zu verschonen, dieses »Vatikan im Himalaya, dessen Verfallsdatum abgelaufen ist«. So die Formulierung, die er einmal dem indischen Autor Pankaj Mishra mit auf den Weg gab, damit er sie dem Dalai Lama ausrichte. Der widersprach dieser Formulierung seines Bruders keineswegs, sondern griff sie freudig auf:

»Alle religiösen Einrichtungen, die meine eingeschlossen, haben sich in einem feudalen Kontext entwickelt. Durch ihre Hierarchie wurden sie verdorben und begannen zwischen Männern und Frauen Unterschiede zu machen. Sodann ließ man sich auf Kompromisse mit der Macht ein und etablierte Missbräuche wie die Scharia oder das Kastensystem. Aber die Zeiten haben sich geändert. Folglich müssen sich auch die Institutionen ändern. Darum habe ich die Institution der Dalai Lamas energisch und freiwillig beendet. Ich stimme der Überzeugung zu, dass sie überholt ist.«[11]

Vier Jahre später, 2015, bekräftigte der Dalai Lama den tieferen Grund seines Rückzugs aus dem politischen Leben, den er am 10. März 2011 in Dharamsala angekündigt hatte. Es war tatsächlich höchste Zeit, die Demokratisierung der tibetischen Exilregierung zu vollenden, die seit 1960 zunehmend verfallen war, und damit nach 369 Jahren die Theokratie zu beenden.[12]

Nichts ist passiert, weil alles passiert ist

Ohne Übergang schließt der Dalai Lama ein tiefgründiges Thema ab, um sich etwas Prosaischerem zuzuwenden: Er mischt seinen Reis auf dem Teller mit der frischen Soße, die ihm zusammen mit grünem Gemüse serviert worden ist. Ganz offensichtlich lässt er sich dieses Gericht schmecken, das tibetisch gewürzt ist, wie er sagt, und lädt alle anderen dazu ein, es ihm nachzutun. Die Gattin des Präsidenten des Magdalene College folgt ihm höflich und scheint das Schälchen zu schätzen, das er ihr rasch zubereitet hat.

Wieder ernst werdend, äußert der Dalai Lama, dass hinter jedem Reiskorn die Anstrengungen einer großen, gar nicht genau bekannten Anzahl von Menschen steckten. Dazu gehörten diejenigen, die die Triebe eingepflanzt und dann zum Reifwerden gepflegt hätten, stundenlang tief gebeugt, mit nackten Füßen in der Hitze der Reisfelder; sodann die vielen, die den Reis geerntet, ausgedroschen, verpackt und die Körner auf den Weg gebracht hätten. Nachdem mein vietnamesischer Tischnachbar seinen Teller sorgfältig geleert hat, lehnt er sich zufrieden zurück und erzählt, als Kind hätten ihn seine Eltern zur Achtsamkeit ermahnt: Würde er Nahrungsmitteln vergeuden, würde er in die Hölle kommen und dort jedes weggeworfene Reiskorn in Form eines Regenwurms essen müssen.

Ich fühle mich sicher genug, um die Erlaubnis einzuholen, ein Foto machen zu dürfen. Ungeschickt hantiere ich an meinem Mobiltelefon herum und sehe zwischendurch den Dalai Lama eine Pause machen, vor sich einen Teller mit Broccoli und grünen Bohnen. Er amüsiert sich über mein Staunen, scherzt und verstummt dann jäh. Sein Gesichtsausdruck hat sich verändert. Seine Jovialität ist großem Ernst gewichen, und schweren Herzens vertraut er mir an:

»So viele Kinder auf der Welt leiden unter Hunger. Ach, wenn man doch durch Meditation ihre Leiden beheben könnte! Das scheint eine übermenschliche Aufgabe zu sein, denn bekanntlich stirbt alle vier Sekunden ein Kind am Hunger ... Wie soll man sich vorstellen können, dass man ihnen mit Meditation zu Hilfe kommen könnte?

Manche großen Heiligen und außergewöhnlichen Yogis verfügen über diese Fähigkeit, den Schmerz anderer zu stillen. Die Gedanken, die ein wohlwollender Geist aussendet, haben eine unglaubliche Kraft. Ein vom Hunger gepeinigtes Kind spürt ja das Leiden in seinem Geist. Aber weil der Geist des Kindes es ist, der das Leiden verspürt, kann unser Geist ihm Liebe und Mitleid senden, wodurch es getröstet wird. Wir können uns gar nicht vorstellen, wie sehr wir alle miteinander verbunden sind, uns nahestehen und untereinander verknüpft sind. Die feste Entschlossenheit, das Leiden anderer zu beenden und uns ihrer anzunehmen, beeinflusst unseren Geist positiv. Diese Absicht verstärkt dann den Willen, auf die Ebene zu kommen, auf der man fähig wird, den anderen wirklich zu helfen.«

Allen in der Tischrunde ist die Lust am Essen vergangen. Wir hören schweigend dem Dalai Lama zu, der fortfährt und dabei zärtlich die Hand der Gattin des Präsidenten des Magdalene College fasst:

»Gewiss, Meditation und Gebet allein genügen nicht. Der Hunger auf der Welt ist kein blindes Schicksal. Es handelt sich um ein von den Menschen geschaffenes Problem, und folglich sind sie dafür verantwortlich, es zu lösen. Es wäre zu einfach, wenn wir den Buddha oder Gott bitten würden, unsere Fehler zu bereinigen. Könnten wir sie hören, würden wir von ihnen bestimmt die Aufforderung vernehmen: ›Strengt euch gefälligst an! Findet die Lösung, ihr habt dieses Problem ja auch geschaffen!‹

Die Menschen verhalten sich derart unlogisch. Sie sind auf das Glück aus, ohne zu begreifen, dass sie, um es zu erreichen, entsprechende Ursachen und Umstände schaffen müssen. Aber statt Ursachen des Glücks sammelt der Großteil von ihnen unablässig Ursachen des Leidens an!«

Der Dalai Lama hat diese letzten Sätze ziemlich leicht und geradezu spielerisch dahingesagt. Wieder einmal bin ich von seiner Fähigkeit fasziniert, von Momenten sichtlicher Heiterkeit jäh in solche abgründiger Traurigkeit zu wechseln. Er kann den Kopf zurückkneigen und die Kehle recken, sich langen und tiefen Lachanfällen hingeben, um dann binnen weniger Augenblicke wieder auf ein ganz ernstes Thema zu kommen, das ihn zu Tränen rührt. Ich kann mir gut vorstellen, wie ratlos es manche seiner Gesprächspartner macht, wenn sie sich mit einer Abfolge solcher völlig gegensätzlicher Stimmungslagen konfrontiert sehen.

Unwillkürlich mag einem der Gedanke kommen, dass dieses Verhalten das Resultat seiner Praxis des Nichtanhaftens an Emotionen ist, weder an angenehmen noch an unangenehmen. Das heißt nicht, dass er alle Abneigung ausgeschaltet hätte, er hat sich vielmehr dazu entschlossen, sich nicht dabei aufzuhalten, er will sich also nicht an Impressionen klammern, die wie ein Film vorüberziehen, der unablässig etwas in unseren Geist projiziert. Das Ziel der Meditation ist es, uns immer wieder in die offenen und geräumigen Freiräume unseres Bewusstseins zurückzulenken und uns dabei nicht von Konditionierungen und Automatismen überschwemmen zu lassen, die den Fluss des Geistes einschränken. Außerhalb der aufdringlich sich ständig wiederholenden fixen Denkmuster, so heißt es, ist der Geist wie ein Vogel, dessen Flugbahn über den Himmel keinerlei Spur hinterlässt.

Mir kommt die Erklärung des sechzehnten Karmapa in den Sinn, des Oberhaupts der Linie der »bewussten Wiedergeburten« und zweiten Hierarchen des tibetischen Buddhismus. Nachdem er die Schrecken der Besetzung durch die Chinesen und das Exil durchgemacht hatte, international bekannt worden war und schließlich mehrere Krebserkrankungen durchge-

standen hatte, behauptete er am Ende seines Lebens, es sei darin
»überhaupt nichts passiert«.

Nichts war darin passiert, weil alles darin passiert war. Die
Abfolge aller Ereignisse während seiner Existenz hatte sich abgespielt, ohne dass sie in seinem Bewusstsein irgendeine Spur
hinterlassen hätten, denn dieses war frei und offen gewesen für
den grenzenlosen Raum der wachen Gegenwart.

Die Welt gehört allen, nicht bloß den Staatchefs

Der Dalai Lama kommt auf unser Buch zurück, das er bald erschienen wissen will. Es ist ihm so dringlich, dass er den Termin
unseres Treffens, das eigentlich für 2016 vorgesehen gewesen
war, vorverlegt hat. Die Umweltkrise ist gravierend, wir durchlaufen eine für die Zukunft der Menschheit ungemein kritische
Phase. Er fragt mich, ob ich Neues über das interreligiöse Treffen erfahren hätte, von dem vorgesehen gewesen war, es in Paris
vor der Weltklimakonferenz im Dezember 2015 zu veranstalten.

Ich hatte Matthieu Ricard von diesem Ereignis reden hören,
bei dem der Papst, der Dalai Lama, der südafrikanische Bischof Desmond Tutu und andere erstrangige geistliche Persönlichkeiten zusammentreffen sollten. Aber aus diplomatischen
Gründen war es dann nicht möglich gewesen, dies weiter zu
verfolgen. Niemand wollte das Risiko eingehen, China mit der
Einladung des Dalai Lama zu irritieren und dadurch die Weltklimakonferenz zu gefährden, denn diese führende wirtschaftliche Weltgroßmacht hätte die Dynamik der Verhandlungen
lähmen können.

Das Oberhaupt der Tibeter betonte nüchtern, diese Zusam-
menhänge vollkommen zu verstehen. Das Wichtigste sei ja
nicht, ob er an der soundsovielten internationalen Versammlung teilnehme oder nicht, sondern dass die Umstände so güns-
tig wie möglich seien, damit sich China konstruktiv auf die

komplexen Verhandlungen über Maßnahmen gegen die zunehmende Erderwärmung einlasse. Sodann kam der Dalai Lama auf die Meinungswechsel der »Realpolitik« zu sprechen, die er nur zu gut kannte, und das mit seiner besonderen Fähigkeit, über die er anscheinend in unerschöpflichem Maß verfügte, nämlich immer mit einem Lächeln über die Peinlichkeiten hinwegzugehen, die ihm das politische Establishment bescherte.

Ein Freund, dessen Namen er nicht nannte, war Präsident einer buddhistischen Republik der ehemaligen Sowjetunion.[13] Bei einem Treffen in der Schweiz hatte er ihn zu einem Privatbesuch eingeladen.

»Am Schluss unseres Aufenthalts in der Schweiz sagte mir mein Sekretär, die Maschine des Präsidenten erwarte uns am Morgen des nächsten Tages. Aber im Morgengrauen rief mich der Präsident mit zerknirschter Stimme an. Er erging sich in Entschuldigungen und berichtete mir, am Vorabend habe Hu Jintao Präsident Putin angerufen und die Annullierung meines Besuchs verlangt. Er habe das anordnen müssen, um nicht gegen die Direktiven des russischen Präsidenten zu verstoßen, der sich wiederum an die Forderungen des chinesischen Staatschefs halten müsse. ›Kein Problem!‹, habe ich zu ihm gesagt. ›Ich nehme die Dinge an, wie sie sind.‹«

Weit davon entfernt, sich an diplomatischen Sackgassen zu stoßen, amüsiert sich das Oberhaupt der Tibeter darüber … selbst dann, wenn andere an seiner Stelle entscheiden und dabei meinen, es sei zu seinem Nachteil:

»Wo immer ich hinkomme, besteht meine Absicht darin, Öffentlichkeit zu finden, um die Werte des Menschseins zu fördern, wie etwa den Frieden, das Verzeihen, die Liebe und das Mitleid. Wir müssen die Fähigkeit entwickeln, die sieben Milliarden Menschen auf der Erde als Mitglieder einer einzigen Familie anzusehen. Angesichts all der großen Herausforderungen, vor denen wir stehen, müssen wir nach dem suchen, was für die ganze Welt heilsam ist und nicht nur für das eine oder andere

Land. Wenn ich ein politisches Projekt hätte, könnte ich mich enttäuscht fühlen, aber das ist nicht der Fall. Wenn mich Staatenlenker wie Präsident Obama besuchen, ist das gut, aber ich möchte niemandem Probleme bereiten. Ich bin ein einfacher buddhistischer Mönch, und ich freue mich, dass mich so viele einfache Menschen aufsuchen. Die Welt gehört allen, nicht nur den Staatschefs.«

Vierhundert Millionen Buddhisten in China

»Wie ist heute Vormittag Ihre Begegnung mit den chinesischen Studenten verlaufen?«, fragt ihn der Präsident des Magdalene College.

Der Dalai Lama, den die Propaganda der Kommunistischen Partei als »Wolf in Mönchskutte« beschreibt, zeigt sich erkennbar glücklich darüber, dass er die Gelegenheit hatte, vor rund fünfzig jungen Chinesen zu sprechen. Er hat ihnen die drei großen Verpflichtungen seines Lebens vorgestellt. Als Mensch sieht er sich im Dienst der menschlichen Werte, um Ursachen für das Glücklichsein zu schaffen. Als buddhistischer Mönch setzt er sich für die Harmonie zwischen den Religionen ein sowie dafür, dass die inneren Wissenschaften des Geistes und der Gefühle gelehrt werden. Und zudem möchte er als geistliches Oberhaupt der Tibeter zum Erhalt der Sprache und ursprünglichen Kultur Tibets beitragen:

»Das Tibetische ist die Sprache, in der auf dem Weg über die Weisen der Universität von Nalanda die reiche Tradition der Exegese der buddhistischen Schriften erhalten geblieben ist.[14] Alle diese Texte des Kanons sind ein Schatz für die Menschheit, denn sie stellen ein einmaliges Verständnis des Geistes und der Gefühle dar, an das andere Denksysteme nicht heranreichen. Zudem ist nur die tibetische Terminologie dafür geeignet, diese großen Texte wirklich präzise zu interpretieren.«

Tenzin Choegyal stimmt seinem Bruder zu. Es sei der Beweis einer bedauerlichen Geistesenge, wenn man das Tibetische auf »eine Sprache von Separatisten und Feinden des Mutterlandes« reduziere, wie es im offiziellen Sprachgebrauch der Kommunistischen Partei Chinas heiße.

Der Dalai Lama wendet sich an mich: Ob ich eine überraschende Erklärung des Präsidenten Xi Jinping anlässlich seines Staatsbesuchs 2014 in Paris bemerkt hätte? Ich lächle, denn ich weiß, worauf er anspielt. Der Generalsekretär der Kommunistischen Partei Chinas hatte in einer ungewöhnlichen Abweichung vom atheistischen Kurs der Partei eingeräumt, dass der Buddhismus beim Erhalt der chinesischen Kultur eine wichtige Rolle spiele.

»Es stimmt ja«, sagte der Dalai Lama dazu, »dass China der buddhistischen Tradition angehört. Bei meinem Besuch Chinas im Jahr 1954 habe ich mit eigenen Augen buddhistische Kultstätten gesehen. Heute zählt man in Kontinentalchina 400 Millionen Buddhisten, die sich mehrheitlich für das *vajrayana*[15] interessieren. Aufgrund unserer gemeinsamen Geschichte müssten die Völker der Han und der Tibeter eigentlich Freunde sein. Diese 400 Millionen chinesische Kommunisten sind für uns Grund zur Hoffnung, eines Tages so weit zu kommen, dass wir in friedlicher und demokratischer Koexistenz mit der Volksrepublik leben können.«

Die chinesischen Studenten hatten an diesem Vormittag dem Dalai Lama die Frage gestellt, wie er sich denn das Überleben des tibetischen Buddhismus vorstelle. Würde er der letzte Dalai Lama sein? Würde es keinen fünfzehnten mehr geben? Er hatte ihnen zur Antwort gegeben, dass der Buddhismus mehr als 2500 Jahre lang ohne eine Reinkarnation des Buddha überlebt habe. Er habe erst im siebten Jahrhundert in Tibet Wurzel gefasst, als es dort noch überhaupt keinen Dalai Lama gegeben habe.

Wir kommen auf das Buch zurück, und die Diskussion belebt sich. Ich entschuldige mich beim Präsidenten des Magdalene College und seiner Frau, dass ich zu viel rede, aber sie fordern mich höflich auf, nur weiterzumachen. Vielleicht sind sie ein wenig eingeschüchtert und haben nicht die gleiche Veranlassung wie ich, so viele Fragen zu stellen.

»Das Umweltthema ist ja spannend«, räumt der Präsident ein. »Heute stellt man schon gar nicht mehr die Frage, ob es die Klimaerwärmung tatsächlich gibt, es geht bereits darum, wie man sie einschränken und sich an sie anpassen kann.«

Der Dalai Lama bemerkt: »Ich wüsste eine Lösung, wie man die Sahara in einen Garten verwandeln könnte, der in der Lage wäre, die hungernden Bevölkerungen Afrikas zu ernähren. Darauf bin ich bereits mehrmals zu sprechen gekommen, aber leider vergebens.«

Er bittet seinen Bruder, ihm beizustehen, weil ihm bestimmte Fachausdrücke auf Englisch nicht geläufig sind:

»Die folgende Idee liegt mir ganz besonders am Herzen: Man könnte in der Wüste Solarpaneele aufstellen, die genügend Elektrizität liefern würden, um das Meerwasser zu entsalzen und es in die Oasen zu transportieren. Das ist mein Vorschlag: den Wüstensand wieder zu begrünen, um damit wieder Leben in die Wüste einziehen zu lassen und zugleich den Menschen dadurch Nahrung zu beschaffen.«

Diese Idee habe ich den Dalai Lama schon vor Paris bereits ein gutes dutzendmal verfechten hören. Ich erzähle ihm von der Initiative eines bekannten afrikanischen Sängers[16], der ein umfangreiches humanitäres Projekt entworfen und angeregt hat, die am stärksten benachteiligten Regionen Afrikas mit elektrischer Energie zu versorgen.

»Ich begrüße die Wohltaten einer solchen Initiative, die dazu geeignet ist, die Lebensbedingungen von Millionen von Afrikanern zu verbessern und zum Zweck der Erstellung und Unterhaltung dieser Einrichtung Hunderte von Arbeitsplätzen zu schaffen«, pflichtet er mir bei. »Ich hoffe, dass die Nutzung der Solarenergie und anderer erneuerbaren Energien der Wasserknappheit in den Wüsten ein Ende bereiten kann. Ich bleibe der Überzeugung treu, dass diese Idee Zukunft hat und ein Unternehmer sie eines Tages umsetzen wird. Aber Achtung, ich bin in Umweltdingen kein Experte.«

Das weiß ich, und ich selbst bin erst recht keine Expertin. Das Buch, das wir schreiben wollen, ist kein Werk von Spezialisten:

»Eure Heiligkeit, Sie sind das geistliche Oberhaupt von Tibet, einem Land, das auf dramatische Weise von der globalen Erderwärmung und der Vernichtung der Ökosysteme betroffen ist. So haben Sie schon lange vor anderen politischen und religiösen Führern ein ökologisches Bewusstsein entwickelt. Gewiss, Sie sind kein Experte in Umweltbelangen, aber Ihre Stimme zählt. Das liegt daran, dass diese Stimme in einem ausgesprochenen Wohlwollen, in Weisheit und Humanismus gründet, was wesentlich dafür ist, um der derzeitigen Krise die Stirn bieten zu können. Es handelt sich ja nicht nur um eine Umweltkrise.

Für den Schutz der Biosphäre und ihren Erhalt für die künftigen Generationen wird man sich nicht mit einem Gesamt von einschränkenden Reglementierungen begnügen können. Dazu ist auch eine Bewusstseins- und Gewissensveränderung vieler Einzelner notwendig, und diese lassen sich nicht mittels Vorschriften und Gesetzestexten herbeiführen. Es geht vielmehr um das Wohl der Gemeinschaft aller Menschen und Lebewesen, und das erfordert eine grundlegende Umstellung unserer gewohnten egoistischen Ansprüche.

In unserem Buch möchte ich Licht auf diesen radikalen Mentalitätswandel werfen, der notwendig geworden ist. Mir scheint, niemand kann uns Erhellenderes dazu sagen als Eure Heiligkeit. Denn ich habe in Ihrer Lehre drei notwendige Grundsätze für die Aufgabe erkannt, mit großer Tiefenschärfe die neuen Paradigmen zu erarbeiten, nach denen die derzeitige Krise verlangt.

Das erste Prinzip lautet: Alle Lebewesen sind gegenseitig voneinander abhängig. Diese Vorstellung hat die abendländische Gesellschaft bei ihrem Wettlauf nach Fortschritt ignoriert. Sie hat mit erheblicher Naivität geglaubt, die Natur sei und bleibe für immer eine Quelle, die sich ausbeuten lasse und sich dabei nie erschöpfe.

Das zweite Prinzip ist: Die Menschheitsfamilie ist eine Einheit. Damit greife ich eine Ihnen bereits gewisse Vorstellung auf, denn immer, wenn Sie sich irgendwo engagieren, denken Sie global, um aus fruchtlosen Gegensätzen herauszukommen. Ich weiß, dass Sie nichts dagegen hätten, in diese Familie auch die nichtmenschlichen Lebewesen mit einzubeziehen, die der Buddhismus als ›empfindende Lebewesen‹ bezeichnet, die ebenfalls zur unteilbaren Gemeinschaft des Lebens gehören.

Und schließlich noch das dritte Prinzip, nämlich das Paradigma, das uns derzeit noch fehlt, um uns in die Zukunft zu versetzen: dasjenige der universellen Verantwortung. Sie hatten von ihr bereits 1989 gesprochen, zu einer Zeit, als noch niemand davon sprach. Bei der Verleihung des Friedensnobelpreises haben Sie gesagt: ›Ohne Verantwortung gibt es keinen Frieden.‹

Eure Heiligkeit, ich wünsche mir für das folgende Gespräch, dass Sie aus all Ihrer Liebe heraus sprechen, mit all Ihrem Mitgefühl und mit Ihrer ganzen Weisheit. Sagen Sie uns heute, was noch kein anderer Dalai Lama jemals gesagt hat!«

I.
DIE NEUE WIRKLICHKEIT

*Das 21. Jahrhundert kann zum wichtigs-
ten Jahrhundert der Menschheitsgeschichte
werden. Wir sind Zeugen des Entstehens
einer neuen Wirklichkeit.*

DER DALAI LAMA

1.

EINE EINZIGE MENSCHHEIT, EIN EINZIGER LEIB

Bis zu meinem Tod wird es mir ein Herzensanliegen sein, die sieben Milliarden Menschen in Richtung Einswerden weiterzubringen. Beim Anblick jedes Menschen sehe ich immer ein mir ähnliches Menschenwesen, und das weckt in mir unwillkürlich ein Gefühl der Nähe. Konzentriert man sich dagegen auf die sekundären Unterschiede, so fühlt man sich von Einsamkeit umhüllt.

DER DALAI LAMA

Die neue Wirklichkeit der einen großen Menschheitsfamilie

»Ich bin sehr glücklich angesichts der Tatsache, dass die Staatschefs die Erwärmung unseres Planeten und die Umweltfragen ernst nehmen. Das ist wirklich ermutigend und großartig. Ich habe den Eindruck, dass die bisherigen Gipfelkonferenzen zum Thema Erde, die in unterschiedlichen Ländern stattgefunden haben, nicht besonders sorgfältig vorbereitet worden sind. Da passierte es dann, dass die nationalen Interessen an vorderste Stelle rückten und das Gesamtinteresse zweitrangig wurde. Jetzt aber, angesichts der Klimaerwärmung, die uns alle betrifft, weil sie sich auf alle Länder unseres Globus auswirkt, ist der Zeitpunkt gekommen, um systematisch im Weltmaßstab zu denken. Wenn man auf globaler Ebene denkt, ist es im Übrigen so, dass auch die Einzelinteressen der verschiedenen Nationen mit in Betracht gezogen werden.

Wir befinden uns im 21. Jahrhundert, und die Zeit schreitet unaufhörlich voran. Ein neues Zeitalter bringt eine neue Wirklichkeit mit sich. Angesichts dieser neuen Wirklichkeit sind unsere Wahrnehmungen jedoch noch von überholten Denkmustern beeinflusst. Daraus ergeben sich viele überflüssige Probleme. Deswegen müssen wir ausgehend von der neuen Wirklichkeit denken. Falls uns das nicht gelingt, wird der Graben zwischen unseren Wahrnehmungen und der Wirklichkeit immer breiter, und dann entsprechen auch unsere Bemühungen nicht mehr der tatsächlichen Wirklichkeit.

Heute ist ein ernsthaftes Interesse für Klimaerwärmung und die Umwelt festzustellen. Ich glaube, das ist ein Hoffnungszeichen. Dafür, sich um unseren Planeten zu sorgen, unser einziges Haus, sind nicht nur die Regierungen verantwortlich, sondern die Menschheit insgesamt steht in der Pflicht, ja jede und jeder Einzelne von uns.

Wie ich schon oft gesagt habe, erschüttern Kriege und Gräueltaten die Gemüter unmittelbar. Aber die von der Erderwärmung herrührende Umweltzerstörung fällt nicht so deutlich in die Augen. Fast unbemerkt schleicht sie von Monat zu Monat voran, von Tag zu Tag. Aber wenn es so weit ist, dass uns das Atmen schwerfällt oder uns die Augen schmerzen – dabei denke ich insbesondere an die Kinder –, dann ist es womöglich schon zu spät.«

Der Dalai Lama versinkt für einen Moment ins Schweigen. Wir haben uns für das Gespräch, das gefilmt werden soll, in einem Salon neben dem Speisesaal zusammengesetzt. Der große, mit Mahagoni getäfelte Raum wirkt sehr einladend. An den von Spitzbogenfenstern durchbrochenen Wänden hängen

Porträts und Gemälde, Darstellungen von Ereignissen aus der Religionsgeschichte des Vereinigten Königreichs. An diesem 15. September 2015 höre ich zu meiner Überraschung den Dalai Lama immer wieder das Wort »Wirklichkeit« betonen, ergänzt um den Zusatz »*neue* Wirklichkeit«. Er unterstreicht dessen Betonung jedes Mal, wenn er das Wort in den Mund nimmt – mit seinem Augenausdruck, einem Kopfschütteln und einer Geste mit der Hand.

In Asien vergleicht man die spirituellen Meister gern mit Bergen. Sie gelten als Berge der Weisheit und Berge des Mitgefühls, denn wenn ihr Geist erst einmal die Standfestigkeit der »unerschütterlichen Natur« erreicht hat, fallen diese auf hohem Niveau Meditierenden nicht mehr aus ihrem Zustand des Endens alles Leidens heraus. Ihr Grad an tiefer meditativer Versenkung führt zu einer eindrucksvollen Ruhe nach Art eines Berges, dessen Gipfel unsere üblichen Maßstäbe in den Schatten stellen. Als der Dalai Lama an diesem Tag hier in Oxford von der neuen Wirklichkeit spricht, strahlt er eine Kraft dieser Art aus. Er kommt mir wie ein Himalaya an Wirklichkeitssinn vor.

Ich erinnere ihn an die Pressekonferenz anlässlich seines fünfundsiebzigsten Geburtstags, bei der er die Formulierung »Pflicht zum Realismus« geprägt und von der ich den folgenden Auszug gefunden hatte:

»Als echter Buddhist muss man Realist sein. Um einen realistischen Ansatz zu entwickeln, muss man also die Wirklichkeit kennen. Von daher sind die naturwissenschaftliche Methode und ihr systematisches Analysieren sehr wichtig und nützlich. Wie manche meiner Freunde schon wissen, ist der Buddhismus im Allgemeinen und insbesondere in der Tradition des Nalanda bei seiner Untersuchung der Wirklichkeit ausgesprochen naturwissenschaftlich geprägt. Der Buddha selbst war zu diesem Thema ganz deutlich und hat erklärt, seine Schüler dürften ihm seine Lehren nicht deswegen abnehmen, weil sie an ihn glaubten, sondern weil sie die entsprechende Überzeugung dank intensiver Untersuchung und Erfahrung gewonnen hätten. Der Buddhismus stützt sich also auf eine wissenschaftliche Methode, für die Nagarjuna[17], einer der großen Meister von Nalanda, beispielhaft ist. Seine Traktate über Logik und Epistemologie stellen die Tradition von Nalanda dar, in der ich selbst stehe.«

Als überzeugter Vertreter des Realismus fordert mich der Dalai Lama auf, den Sinn des Ausdrucks »neue Wirklichkeit« zu ergründen und dazu zu ermitteln, wie häufig er in seinen öffentlichen Vorträgen vorkommt. Ich entdecke, dass dieser Begriff bis auf das Jahrzehnt von 2000 zurückgeht und eine Evolution markiert, die sich in einer ganzen Reihe von unveröffentlichten Formulierungen und kühnen Entscheidungen äußerte. Im Namen dieses Realismus erkannte das geistliche Oberhaupt die Notwendigkeit, in einer Welt, worin sich ein Drittel aller Menschen als Agnostiker bezeichnet, die Grundlagen einer von jeder Form der Gläubigkeit getrennten Laien-Ethik auszuformulieren. Zudem kündigte er im Jahr 2011 seinen politischen Rücktritt an, denn mit 76 Jahren betrachtete er es als »realistisch«, seine zeitliche Aufgabe einem demokratisch gewählten Premierminister zu übertragen.

Laut dem Dalai Lama tritt die neue Wirklichkeit zu Beginn des 21. Jahrhunderts in Erscheinung. Sie geht einher mit dem Anbruch eines globalen Bewusstseins und trägt alles kulturelle, naturwissenschaftliche, philosophische, künstlerische und spirituelle Erbe in ihrem Schoß. Die neue Wirklichkeit ist universell. Sie ist Ausdruck eines globalen Denkens, an das der Dalai Lama beschwörend appelliert, um damit den Frieden auf der Welt zu fördern. Dieser Ansatz steht im Gegensatz zu den »anachronistischen Denkmustern«, die allen Bestrebungen zugrunde liegen, sich mit einer eigenen Identität abzukapseln und damit die Menschheit zu spalten:

»Wir legen zu großen Wert auf zweitrangige Überlegungen wie solche bezüglich der Nationalität, religiöser Glaubensüberzeugung oder der Kaste. Indem wir aber etwas Zweitrangiges verfolgen, vergessen wir die grundlegende menschliche Ebene. Wie der Gipfel von Kopenhagen leider zeigt[18], sind die Vertreter der wichtigen Nationen viel mehr um ihre Eigeninteressen auf nationaler Ebene besorgt als um die Interessen der Welt im Ganzen. Aus diesem Grund sehen wir uns vor viele nutzlose Probleme gestellt.

Wir müssen aber dringend bei allen unseren Bemühungen gemeinsam vorgehen, damit jeder begreift, dass wir als Menschenwesen alle gleich sind. Oberste Priorität müssten die grundlegenden Menschenrechte haben. Die Anliegen der verschiedenen Nationen und Religionsgemeinschaften sind dagegen zweitrangig. Zudem sage ich im Hinblick auf China immer: ›Was immer die Großmacht China auch sei, sie ist auf jeden Fall Teil der Welt. Aus diesem Grund muss sie unbedingt eines Tages bei den weltweiten Bestrebungen mitmachen.‹

Wir müssen uns vor Augen halten, dass wir jetzt auf diesem Planeten sieben Milliarden Menschenwesen sind, die ein und dieselbe Wesenheit bilden, nämlich die große Menschheitsfamilie. Ich bin der Überzeugung, dass wir uns das wirklich bewusst machen müssen. Aber das wird man nicht auf einen Schlag mit Predigten fertigbringen, sondern nur mit Bildung und einem Appell an den gesunden Menschenverstand.

Die Welt von heute muss unbedingt die Tatsache akzeptieren, dass die Menschheit eins ist. In der Vergangenheit konnten sich isoliert lebende Gemeinschaften gegenüber anderen die Vorstellung erlauben, sie seien einander radikal fremd. Sie konnten sogar völlig autark für sich leben. Heute geht das nicht mehr. Ereignisse in einer Weltregion wirken sich auf den ganzen Planeten aus. Das ist der Grund, weshalb wir jedes sich lokal einstellende Problem von Beginn an als globales Problem behandeln müssen. Wir können nicht mehr nationale, rassische oder ideologische Schranken vorschieben, um uns abzugrenzen, ohne dass dies zu verhängnisvollen Auswirkungen führen würde. Im Kontext des neuen Phänomens unserer gegenseitigen

Abhängigkeit voneinander ist es eindeutig so, dass wir unsere persönlichen Interessen am besten verfolgen können, indem wir zugleich auch die Interessen der anderen im Auge haben.

Ich sehe darin eine Quelle der Hoffnung. Die Notwendigkeit der Zusammenarbeit kann die Menschheit nur stärken. Sie hilft uns zu erkennen, dass die sicherste Grundlage für einen neuen Zustand der Welt nicht so sehr auf immer stärker ausgeweiteten politischen und wirtschaftlichen Bündnissen beruht, sondern auf der Praxis der Liebe und des Mitgefühls im zwischenmenschlichen Bereich. Um einer besseren, glücklicheren, stabileren und zivilisierteren Zukunft willen muss jeder Einzelne von uns ein authentisches, von Herzen kommendes und Wärme ausstrahlendes Gefühl der Geschwisterlichkeit mit allen Menschen entwickeln.

Wenn wir mit unseren Worten das Glücklichsein der Menschheit beschwören, also dass sie im Frieden und mit stärkerem Mitgefühl füreinander leben solle, müssen wir uns zugleich anstrengen, eine realistische Antwort auf Terroristen und den Einsatz von bewaffneten Streitkräften zu finden. Im derzeitigen Kontext ist alles wechselseitig voneinander abhängig. Die Wirtschaft und die Zukunft Europas sind von Asien und vom Nahen Osten abhängig. Das Gleiche gilt für die USA. Genauso hängt die Zukunft Chinas vom übrigen Asien und der übrigen Welt ab. Das ist die Wirklichkeit.

Angesichts dieser Wirklichkeit dürfen wir keinen Strich ziehen und sagen: ›Auf dieser Seite befindet sich mein Feind und auf der anderen mein Freund.‹ Es gibt kein stichhaltiges Kriterium dafür, Gegner und Verbündete sauber einander gegenüberzustellen. Aus diesem Grund müssen wir entsprechend der heutigen Wirklichkeit das Empfinden eines starken *Wir* entwickeln, statt *uns* als Gegner *derer da* in Stellung zu bringen.[19]

Vor langer Zeit – das ist schon tausend Jahre her – hatten die Begriffe von *uns* und *denen da* feste Grundlagen. Von daher gesehen und gemäß dieser damaligen Wirklichkeit stellte die Vernichtung des Feindes – verstanden als *denen da* – einen persönlichen Sieg für *uns* dar. In der damaligen Epoche war der Begriff des Krieges ein fester Bestandteil der Menschheitsgeschichte. Aber heute ist die Welt in einer noch nie da gewesenen anderen Verfassung. Deswegen müssen wir alle Regionen des Globus als die *unsrigen* betrachten und uns ernsthaft Gedanken über ihr Wohlbefinden machen. In einer Welt, in der wir alle die Pflicht haben, gemeinsam miteinander zu leben und wir gegenseitig aufeinander angewiesen sind, ist kein Platz mehr für gewalttätige Auseinandersetzungen.«[20]

Die neue Wirklichkeit und der Friede in der Welt

Der Ausdruck »neue Wirklichkeit« kommt besonders oft in den Vorträgen des Dalai Lama in Japan vor. Das ist kein Zufall angesichts der besonderen Geschichte dieses Landes, in dem die Erinnerung an die zwei mörderischen Atombomben – die zwei einzigen, die jemals auf eine Zivilbevölkerung abgeworfen wurden – noch sehr schmerzlich präsent ist. Im damaligen Nuklearfeuer wurden 250 000 Menschen bei lebendigem Leib verbrannt, und Tausende andere erlitten die verheerenden Folgen. Diese massiven, bedrückenden Zahlen weisen auf eine unerhörte Gewalttätigkeit. Der Dalai Lama betont oft, dass die in den Dienst des Willens zur Auslöschung von Leben gestellte Atomwaffe den Gipfel der Perversion der menschlichen Intelligenz darstelle.

Als Ausdruck der Jahre des Kalten Kriegs richtete man mit der Nuklearkraft ein Gleichgewicht des Schreckens ein, eine Form extremer gegenseitiger Abschreckung namens DMA (»destruction mutuelle assurée«, »gewährleistete gegenseitige Vernichtung«).[21] Dieses System ist die perfekte Anwendung des alten römischen Spruchs: »Wenn du den Frieden willst, dann rüste zum Krieg.« Es trieb zahlreiche Staaten dazu, sich ein Arsenal anzulegen, mit dem sie »mehrfach die ganze Erdkugel in die Luft hätten sprengen können«, wie man landläufig sagte. Diese Bedrohung schwebt immer noch über der Menschheit, und das trotz der Abrüstungsvereinbarungen, die man nach Beendigung des Kalten Kriegs getroffen hatte. Die Waffenarsenale sind dank dieser Vereinbarungen im Zeitalter der neuen Wirklichkeit nur etwas kleiner geworden, aber diese »anachronistischen Denkmuster« gibt es immer noch. Deshalb rief der Dalai Lama im November 2010 auf der Weltfriedenskonferenz in Hiroshima dazu auf, die Menschheit solle endgültig diese Kriegskultur eines vergangenen Zeitalters hinter sich lassen. Er ermahnte die Öffentlichkeit dazu, die neue Wirklichkeit zu begreifen und sich von ihr zum Frieden inspirieren zu lassen:

»Mein erster Besuch in Hiroshima war sehr bewegend. Um die Botschaften von Hiroshima und Nagasaki deutlich zu vernehmen, muss man an Ort und Stelle gehen. Der Geist von Hiroshima und Nagasaki muss alle Regionen des Globus erfassen. Ich bewundere diese Bevölkerung, die mehr als jede andere die schreckliche Wahrheit über den Nuklearkrieg kennt und dennoch keinen Geist der Rache pflegt. Das ist wahrhaft bemerkenswert. In Japan habe ich niemanden negative Empfindungen gegenüber den USA zum Ausdruck bringen hören. Genauso bin ich auch noch nie Deutschen begegnet, die negative Urteile gegenüber anderen Staaten formuliert hätten.

Die Vergangenheit ist Vergangenheit. Jetzt müssen wir in Richtung Zukunft blicken. Künftig werden wir mit Problemen ökologischer Art konfrontiert, die uns mit der Klimaerwärmung und der Globalisierung der Wirtschaft die Lehre erteilen, dass keiner von uns mehr isoliert für sich denken darf, sich also nicht mehr einzig nur auf das Interesse seiner Person oder seines Landes konzentrieren kann. Die sieben Milliarden Menschen auf der Erde müssen gemeinsam wie eine einzige Menschheitsfamilie handeln.

Alle Unterschiede und Verschiedenheiten stellen potenzielle

Konflikte dar. Deswegen bedarf es wieder des Dialogs – im Geist der Versöhnung. Das ist der einzig mögliche Weg zur Lösung unserer Probleme. Die Anwendung von Gewalt gehört einem vergangenen Zeitalter an. Wir alle, wir sieben Milliarden Menschen, müssen begreifen, dass wir ab jetzt in ein neues Zeitalter und in eine neue Wirklichkeit eingetreten sind. Unser gesamtes Denken muss von dieser neuen Wirklichkeit ausgehen und darf nicht länger auf vergangenen Denkmuster und Verhältnissen beharren.

Die Oberhäupter aller religiösen Traditionen predigen Mitgefühl, Vergebung und Toleranz. Aber jetzt gilt es, eine aktivere Rolle einzunehmen. Es genügt nicht mehr, einfach nur in seiner Kirche oder seinem Tempel zu beten, sondern wir müssen aus unseren Kultstätten herauskommen und aktiv werden!

Ich möchte auch einen Appell an meine Freunde aus den Naturwissenschaften richten. Sie kennen die Auswirkungen der Atomwaffe und sollten die Öffentlichkeit darüber informieren, und zwar in der Weise, dass sie vor Augen führen, wie schrecklich diese Waffe ist und zu welcher gegenseitigen verheerenden Vernichtung sie führt, ohne den Sieg irgendeines der Feinde zu gewährleisten. Auch die Männer und Frauen in Wirtschaft und Handel tragen hinsichtlich eines möglichen nuklearen Holocausts große Verantwortung. Sie sollten sich ebenfalls der Sache des Friedens annehmen.

Ich bin Buddhist, und ein wichtiger Bestandteil meiner Praxis ist das Gebet. Aber ich bezweifle die Auswirkung des Gebets. Im individuellen Bereich ist Beten gut. Aber auf globaler Ebene bin ich mir nicht sicher, ob das Gebet viel bewirkt. Das aktive Handeln bewirkt mehr als die Gebete. Aus streng buddhistischer Sicht ist es zweifellos nicht sehr angemessen, das zuzugeben. Aber meinem Empfinden nach sind die Probleme, auf die wir Menschen stoßen, nicht von Gott geschaffen, sondern von uns. Folglich sind wir es, die unser Bemühen darauf verlegen müssen, sie zu beheben. Wären sie von Gott geschaffen, dann könnte man Gott anrufen, er solle sie lösen. Gewiss, wir Buddhisten glauben nicht an einen Schöpfer der Welt. Wir sind unsere eigenen Schöpfer, und eine bessere Welt wäre ebenfalls unsere eigene Schöpfung. Es gibt zwar aus der Sicht der verschiedenen Traditionen viele Unterschiede, aber das zählt hier nicht. Letzten Endes macht das Handeln den Unterschied, und das Handeln geht vom Volk aus.«[22]

Ein ganzheitlicher Ansatz zum Verständnis der neuen Wirklichkeit

Im Raureif eines Novembermorgens erklang über Lautsprecher die vom Dalai Lama mit ohrenbetäubender Stimme und im feierlich ermahnenden Ton gehaltene Botschaft über eine Stadt, deren einzigartiges Schicksal die neue Wirklichkeit verkörpert. Denn das verstrahlte Hiroshima, das unter Schmerz und Trauer begraben lag, hat wieder Gestalt angenommen. Vollständig wiederaufgebaut, wurde es zur »Friedensstadt« erklärt[23] und seine Atombombenkuppel[24] wurde zum Weltkulturerbe erklärt. Darin brennt Tag und Nacht ein Ewiges Licht. Es soll erst dann gelöscht werden, wenn die letzte Atomwaffe auf Erden zerstört ist. Besucher aus der ganzen Welt kommen, um sich an dieser Gedenkstätte zu versammeln, wo sich die Entsetzlichkeit des Kriegs ins Engagement eines ganzen Volkes für den Frieden verwandelte. Die *hibakusha*, die Überlebenden des Nuklearfeuers, reichen diese Flamme an die künftigen Generationen weiter, damit die vom Dalai Lama ausgerufene neue Wirklichkeit komme, die Wirklichkeit einer versöhnten Menschheit in einer Welt ohne Nuklearwaffen.

So sieht die vom Dalai Lama beschriebene neue, einmalige Wirklichkeit unserer Zeit aus: Sie ist zugleich Einheit des globalen Bewusstseins, wechselseitige Abhängigkeit, untrennbare Lebensgemeinschaft und universelle Verantwortung.

Miteinander teilen und Menschlichkeit

»Ein sehr schweres Problem, mit dem wir konfrontiert sind, ist im Kontext der neuen Wirklichkeit nicht länger tolerierbar: Das ist die Kluft zwischen den Reichen und den Armen. Unsere Welt zählt Millionen von Armen, von denen manche ständig unter Hunger leiden. Einerseits ist in gewissen Ländern die wirtschaftliche Entwicklung unzureichend, andererseits ist die Weltbevölkerung kontinuierlich am Anwachsen – bis zum Ende dieses Jahrhunderts werden wir zehn Milliarden sein. Derweil ist es unerlässlich, diese Kluft zu verringern, was jedoch nicht heißen soll, dass die Reichen arm werden müssten. Vielmehr geht es darum, das Lebensniveau der Ärmsten anzuheben. Das ist nicht einfach, sondern eine sehr komplexe Aufgabe.

Wir müssen dazu unsere Lebensart mit ihren Gewohnheiten aus dem vorigen Jahrhundert ändern. Die heutige Lebensweise, aus dem Gestern ererbt, ist zutiefst materialistischer Natur. Wir müssen uns ernsthaft fragen, ob sie sich in dieser Weise unendlich verlängern lässt.

Die gegenwärtige Generation befindet sich zu Anfang dieses 21. Jahrhunderts in einer kritischen Phase. Falls wir eine zu kurzsichtige Perspektive einnehmen oder uns ein globales Denken abgeht, werden wir in Zukunft auf unüberwindliche Probleme stoßen. Gewiss, da ich Mönch bin, habe ich keine Kinder. Diejenigen aber, die Kinder und Enkel haben, werden leiden müssen. Es liegt deshalb in der Verantwortung unserer Generation, für sie eine sicherere Welt zu schaffen.

Die maximale Ausbeutung der Naturressourcen, ohne Rücksicht auf die negativen Folgen, die sich für die nachfolgenden Generationen ergeben, ist unmoralisch. Wir können die Schuld nicht den Tieren zuschieben, denn sie sind unschuldig. Wir dagegen sind menschliche Wesen. Wir müssen bei unserem Reden und Handeln echte Verantwortung auf uns nehmen, um eine Welt aufzubauen, die sicherer ist. Unsere Generation wird abtreten, und meiner Überzeugung nach müssen wir den uns Nachfolgenden mehr Sicherheit und Stabilität auf unserem Planeten hinterlassen. So empfinde ich.«

Im September 2015 in Oxford fügte der Dalai Lama in seine Darstellung der Problematik der neuen Wirklichkeit zwei weitere Parameter ein. Beim ersten handelt es sich um die soziale Ungerechtigkeit und beim zweiten um die fortdauernde und unumkehrbare Zerstörung der Ökosysteme. Diese beiden Faktoren weisen hin auf eine strukturelle gegenseitige Abhängigkeit einerseits der Finanz- und sozialökonomischen Krise und andererseits der Klimaveränderung und der Verschlechterung der ökologischen Verhältnisse. Sie betreffen immer mehr Menschen, die ums Überleben kämpfen, und sie sind die Ursachen gewaltigen Leidens:

»Das Missverhältnis zwischen Reichen und Armen ist ein ganz schwerwiegendes Problem. Bei einer großen öffentlichen Versammlung in Washington habe ich erklärt: ›Dies hier ist die Hauptstadt des reichsten Landes. Aber in ihren Außenbezirken gibt es viele arme Familien. Das ist nicht nur aus moralischer Sicht schlecht, sondern zugleich auch die Quelle zahlreicher Probleme. So hängen zum Beispiel die Ereignisse des 11. September 2001 mit dieser gewaltigen Diskrepanz zusammen. Die arabische Welt mit ihren Naturressourcen, die im Höchstmaß für das Abendland ausgebeutet werden, bleibt arm, und folglich entwickelt sich in diesen Ländern zuweilen ein Gefühl der Ungerechtigkeit.‹

Das sind sehr, sehr komplexe Gegebenheiten. Ich glaube, auch die buddhistische Gemeinschaft muss da intervenieren. Versuchen Sie zumindest, sich um die Menschen in Ihrer Nachbarschaft zu kümmern, ihnen mental Hoffnung und Selbstvertrauen zu geben. Ich sage oft zu meinen indischen Freunden, von denen viele Buddhisten sind, dass sie die Situation der Angehörigen der angeblich niedrigeren Kaste ändern müssen, die dem Dr. Ambedkar gefolgt sind.[25] Statt Verurteilungen auszusprechen und die Frustration anzuheizen, muss man den ärmsten Schichten der Bevölkerung das Selbstvertrauen stärken und ihnen das sichere Gefühl vermitteln, dass sie denselben Wert wie die anderen besitzen. Ich sage zu ihnen:

›Brahma hat die vier Kasten mit ihren vier Oberhäuptern geschaffen. Aber das ist doch ein und derselbe Brahma, nicht wahr? Folglich müssen wir uns alle als gleich ansehen.‹

Ich betone immer die Notwendigkeit der Bildung für die besonders Armen. Es ist notwendig, dass die Bessergestellten die Infrastrukturen liefern – für die Erziehung, die Ausbildung und die Ausstattung –, um es den weniger Begünstigten zu ermöglichen, ihr Lebensniveau anzuheben. Dieselben Vorstellungen habe ich auch in Afrika bei verschiedenen Gelegenheiten zum Ausdruck gebracht. Im Süden ist das sehr schwierig. Im Allgemeinen leben die Länder des Nordens im Überfluss; aber in den Ländern des Südens verfügen die Menschen nicht einmal über die allernotwendigsten Güter. Trotzdem sind alle dem Menschsein nach Brüder und Schwestern.«[26]

In einer Welt, die noch nie über einen solchen Reichtum wie heute verfügte, entwickelt sich eine neue Form der Ungerechtigkeit: die klimatische Ungerechtigkeit. Die globale Erderwärmung führt zur Entwurzelung ganzer Bevölkerungen, die vom Klima erzwungenen Auswanderungsbewegungen nehmen stark zu und vertiefen wie noch nie zuvor die Kluft zwischen den Vermögenden und den Allerärmsten.[27] Die neue Wirklichkeit der Anfänge des dritten Jahrtausends verbindet mit dem überhöhten Verbrauch eine ökologische Verschuldung gegenüber der Erde und den künftigen Generationen. Die Wachstumsschemata gehören deshalb neu überdacht, und zwar unter dem Gesichtspunkt der Gleichheit und Gerechtigkeit, damit die nachhaltige Entwicklung zur Antriebskraft der Ökonomie wird und zugleich dafür sorgt, dass gerechte soziale Verhältnisse eintreten und wir im Einklang mit der Erde leben.

Die universelle Verantwortung als Schlüssel für das Überleben der Menschheit

Der Dalai Lama ist zwar bekannt für sein kämpferisches Verhalten im Dienst der Gerechtigkeit, der Ethik und des Friedens, aber viel weniger für seine Erklärungen bezüglich der großen Umweltthemen. Er hat jedoch seit seiner Rede beim Empfang des Friedensnobelpreises 1989 oder auch seiner Ansprache beim ersten Erdgipfel in Rio de Janeiro von 1992 die schädlichen Auswirkungen der Globalisierung angeprangert, also zu Beginn der neuen Wirklichkeit:

»Um den Herausforderungen unserer Zeit gewachsen zu sein, werden die Menschen ein größeres Gespür für ihre universelle Verantwortung entwickeln müssen. Jeder von uns muss lernen, nicht nur für sich selbst, seine Familie und sein Land zu arbeiten, sondern für die gesamte Menschheit. Die universelle Verantwortung ist der wahre Schlüssel zum Überleben der Menschheit. Sie bietet die beste Grundlage für den weltweiten Frieden, die faire Nutzung der Naturressourcen und die angemessene Pflege der Umwelt, und das alles auch in Sorge um die künftigen Generationen.

Ob es uns gefällt oder nicht, wir sind nun einmal alle auf dieser Erde geboren und Mitglieder einer einzigen großen Familie. Ob reich oder arm, gebildet oder ungebildet, welcher Nation, Religion oder Ideologie auch immer – letzten Endes ist jede und jeder von uns einfach nur ein Mensch wie jeder andere. Wir alle wollen das Glück und meiden das Leiden. Mehr noch: Jede und jeder hat das gleiche Recht, danach zu trachten, glücklich zu sein und Leiden zu vermeiden. Wenn man zugibt, dass auf dieser Ebene alle Lebewesen gleich sind, empfindet man unwillkürlich für alle Empathie und gegenseitige Nähe. Von daher wird es möglich, ein echtes Empfinden der universellen Verantwortung zu entwickeln, das sich mit dem festen

Vorsatz verbindet, den anderen aktiv dabei zu helfen, ihre Probleme zu bewältigen.

Zwar ist es dem Mitgefühl eigen, von Natur aus still und wohlwollend zu sein, aber es ist dennoch sehr mächtig. Es verfügt über eine echte innere Kraft. Dabei ist es überhaupt nicht nötig, fromm zu werden oder einer Ideologie anzuhängen. Es genügt schon, die guten Eigenschaften des Menschen zu kultivieren.

Die Notwendigkeit, eine universelle Verantwortung auf sich zu nehmen, bezieht sich auf jeden Aspekt des modernen Lebens. Denn die wechselseitige Abhängigkeit ist ein Grundgesetz der Natur. Nicht nur die Myriaden von Lebensformen, sondern genauso die materiellen Phänomene werden bis in jeden noch so winzigen Bereich hinein von den Gesetzen der wechselseitigen Abhängigkeit bestimmt. Seien es die Erdmassen, die wir bewohnen, oder die Meere, die Wolken, die Wälder und die Blumen, die uns umgeben – alle diese Phänomene entstehen in Abhängigkeit von subtilen Energievorgängen. Ohne deren angemessene Interaktion lösen sie sich auf und zerfallen.

Heute müssen wir sehr viel stärker auf dieses Naturgesetz achten, als das in der Vergangenheit notwendig war. Das haben wir zu lange nicht eingesehen und uns damit eine ganze Reihe von Problemen eingehandelt. So ist es zum Beispiel katastrophal, dass wir die begrenzten Ressourcen der Welt und insbesondere der Entwicklungsländer einfach nur ausbeuten, um die Konsumgesellschaft zu ernähren. Wenn das ohne jegliche Kontrolle weitergeht, wird am Ende die ganze Welt darunter leiden müssen. Wir müssen die empfindliche Matrix des Lebens achten und es ihr gestatten, sich zu regenerieren. Das Umweltprogramm der Vereinten Nationen macht uns darauf aufmerksam, dass wir vor der massivsten Ausrottungswelle von Arten seit derjenigen vor 65 Millionen Jahren stehen. Das ist im höchsten Maße beängstigend. Wir müssen uns dessen deutlich bewusst werden, welche gewaltige, noch nie dagewesene Krise auf uns zukommt.

Die Missachtung der wechselseitigen Abhängigkeit hat nicht nur unserer natürlichen Umwelt geschadet, sondern genauso auch unseren Gesellschaften. Statt uns gegenseitig umeinander zu kümmern, widmen wir unsere ganzen Bemühungen im Wesentlichen dem Rennen nach materiellen Befriedigungen. Auf unbewusste Weise sind wir davon derart benebelt, dass wir es vernachlässigt haben, den elementarsten menschlichen Bedürfnissen Genüge zu tun: der Liebe, der Besonnenheit und der gegenseitigen Hilfe. Das ist äußerst traurig.

Wir müssen uns unserer wahren Natur bewusst werden. Wir sind nicht Produkte von Maschinen. Wenn wir nur mechanische Geräte wären, würden Roboter genügen, um alle unsere Leiden zu beheben und unsere Bedürfnisse zu befriedigen. Aber weil wir nicht allein materielle Geschöpfe sind, ist es vergeblich, uns nur mit materiellem Komfort zu begnügen.

Wir alle schätzen die Ruhe. Wenn zum Beispiel der Frühling anbricht, die Tage länger werden, die Sonne heller scheint, das Gras und die Bäume wieder zum Leben erwachen, dann ist alles frisch, und man fühlt sich glücklich. Im Herbst fallen dann die Blätter, eines ums andere, es verwelken alle die schönen Blumen, und am Ende sind wir von kahlen Bäumen umgeben. Da fühlen wir uns dann nicht mehr so glücklich. Warum ist das so? Weil wir uns aus unseren innersten Tiefen heraus nach dem Wachstum und seinen Früchten sehnen. Wir mögen nicht das, was zerfällt, stirbt oder sich zerstört. Jede destruktive Aktion läuft unserer tiefsten Natur zuwider. Die Strebungen des Menschen gehen in Richtung Aufbauen und Konstruktivsein. Um einen angemessenen Wachstumsprozess zu erleben, bedürfen wir einer Erneuerung unseres Engagements für die menschlichen Werte.

Das politische Leben bedarf einer ethischen Grundlage, aber auch Naturwissenschaft und Religion müssen sich auf eine moralische Basis stützen. Andernfalls könnten die Naturwissenschaftler nicht zwischen segensreichen Techniken und einfa-

chen Notlösungen unterscheiden. Die unserer Umwelt zuge-
fügten Verheerungen sind die eklatantesten Resultate dieser
Verwirrung. Was die Religion angeht, ist für sie diese ethische
Grundlage erst recht unverzichtbar.

Das Ziel der Religion ist es nicht, wunderschöne Tempel
und Heiligtümer zu bauen, sondern die positiven Qualitäten
der Menschen zu kultivieren wie zum Beispiel die Toleranz,
die Großherzigkeit und die Liebe. Alle Religionen der Welt
gründen, von ihrer philosophischen Sichtweise ganz abgesehen, zuerst einmal und vor allem auf dem Grundsatz, unseren
Egoismus einzudämmen und den anderen zu dienen. Leider
kommt es zuweilen vor, dass manche im Namen der Religion
Streitereien auslösen, mit denen sie an kein Ende kommen. Den
Anhängern der verschiedenen Glaubensrichtungen sollte jedoch
klar sein, dass jede Glaubensform insofern über immensen inneren Wert verfügt, als sie mental und spirituell ein großes
Wohlbefinden bewirken kann.

In der Bibel ist in einem wunderbaren Vers davon die Rede,
dass Schwerter zu Pflugscharen umgeschmiedet werden sollen.
Das ist ein sehr schönes Bild: dass man eine Waffe zum Werk-
zeug verwandeln kann, mit dem sich grundlegende menschliche Bedürfnisse befriedigen lassen. Das steht symbolisch für
eine Haltung des inneren und äußeren Abrüstens. Aus dem
Geist dieser Botschaft früherer Geschlechter heraus bin ich der
Überzeugung, dass es heute wichtig ist, ganz dringend die Notwendigkeit einer schon viel zu lange aufgeschobenen Politik
zu betonen, nämlich derjenigen der Entmilitarisierung unseres
ganzen Planeten.

Diese Entmilitarisierung würde gewaltige menschliche Ressourcen für den Schutz der Umwelt freisetzen, die Armut lindern und eine zumutbare Entwicklung aller Menschen ermöglichen. So hoffe ich sehr darauf, dass die Vereinten Nationen
rasch dazu beitragen können, diesen Wunsch konkret in Erfül-
lung gehen zu lassen.

Ich hatte schon immer eine auf diesem Bestreben beruhende Zukunftsvision für mein Land Tibet. Tibet sollte ein neutrales und entmilitarisiertes Heiligtum sein. Alle Waffen sollten daraus verbannt sein und die Bevölkerung sollte in Harmonie und mit der Natur leben. Ich habe das als *ahimsa*-Zone bezeichnet, also als ›Zone der Gewaltfreiheit‹. Das ist kein bloßer Traum, denn genau so zu leben haben wir Tibeter uns vor der tragischen Invasion in unser Land tausend Jahre lang bemüht.

Grundsätzlich bin ich hinsichtlich der Zukunft eher optimistisch. Eine Quelle meiner Hoffnung ist die rasante Umstellung unserer Gesinnung gegenüber der Erde. Wir haben unbedenklich die Ressourcen der Welt verzehrt, so als seien sie unerschöpflich. Uns war nicht mehr klar, dass dieser zügellose Konsum sowohl ökologisch als auch sozial eine Katastrophe war. Jetzt dagegen sind die Einzelnen und auch die Regierungen auf der Suche nach einem neuen Pakt zwischen Umwelt und Wirtschaft.

Mir kommt oft der scherzhafte Vergleich in den Sinn, dass der Mond und die Sterne zwar sehr schön aussehen, aber wenn einige von uns versuchen wollten, darauf zu leben, würden sie sich dort äußerst unwohl fühlen. Unser blauer Planet dagegen ist eine äußerst angenehme Wohnstatt. Sein Leben ist das unsrige, seine Zukunft ist auch die unsrige. Tatsächlich verhält sich die Erde uns gegenüber wie eine Mutter. Wie Kinder hängen wir von ihr ab. Angesichts von solch großen Problemen wie dem Treibhauseffekt bleiben einzelne Organisationen und auch Nationen ohnmächtig. Wenn wir uns nicht alle zusammentun, lässt sich unmöglich eine Lösung dafür finden. Unsere Mutter Erde erzieht uns zur allumfassenden Verantwortung.

Aufgrund der Lektionen, deren Beginn wir erlebt haben, glaube ich, dass wir voraussagen können, dass das 21. Jahrhundert herzlicher, harmonischer und weniger bedrohlich sein wird. Das Mitgefühl und die Samen des Friedens werden aufblühen können. Zugleich bin ich der Überzeugung, dass jede und jeder Einzelne in der Verantwortung steht, dazu beizutragen, dass unsere globale Familie in eine gute Richtung gelenkt wird. Fromme Wünsche reichen da nicht aus, sondern wir müssen unsere Verantwortung auf uns nehmen. Die großen Bewegungen unter den Menschen entspringen aus Initiativen Einzelner.

Die Vereinten Nationen sind aus der Notwendigkeit geboren, militärische Konflikte zu verhindern. Mich berührt es sehr, dass ihre Mission jetzt auch darin besteht, sich einer neuen Herausforderung zu stellen, nämlich langfristig unsere Gesundheit und diejenige unseres Planeten sicherzustellen. Ich hoffe und bete darum, dass künftig jeder von uns alles ihm nur Mögliche dafür tut, dass eine glücklichere, harmonischere und gesündere Welt entsteht.«[28]

Der Dalai Lama lebt mir gegenüber sichtlich auf. Er hat unablässig dazu aufgerufen, alle Formen des Lebens zu schützen und wertzuschätzen, menschliche und auch nichtmenschliche. Noch nie in der Geschichte war es einem einzigen Menschen gestattet, mit einer derartigen Beharrlichkeit die ganze Welt zu ermahnen. Aber die Welt hat kaum auf ihn gehört. Bei unserem Gespräch im September 2015 in Oxford fordert er mit mehr Autorität denn je dazu auf, die neue Wirklichkeit ohne Selbstgefälligkeit zu analysieren, und zwar im Kontext einer ökologischen Katastrophe im Weltmaßstab, die für alle sichtbar wird. Mir kommt es in diesen Augenblicken vor, als sei er die von seinem Volk verehrte Inkarnation »Dessen, der die Leiden der Welt ansieht«, auf Tibetisch *Chenrezig*, der Buddha des erwachten Mitleidens. In der traditionellen Ikonografie wird dieser so dargestellt, dass er mit seinen tausend Armen Strahlen aussendet, die ein weißes Licht um ihn bilden. Aus dem Zentrum jeder seiner tausend Hände blickt ein offenes Auge auf den Ozean der Schmerzen der Welt.

Sind wir zusammen mit dem Dalai Lama bereit, die Augen aufzuschlagen? Unseren Geist zu öffnen? Unser Herz zu weiten?

2.

DEM LEBENDEN IST NICHTS
TEURER ALS DAS LEBEN

Die Naturwissenschaft und genauso die Lehre des
Buddha sprechen von der grundlegenden Einheit
aller Dinge. Wenn wir auf positive und entschiedene
Weise angesichts des drängenden weltweiten Um-
weltproblems handeln wollen, kommt es ganz ent-
scheidend darauf an, das zu begreifen.

DER DALAI LAMA

Die globale Bedrohung auf dem Dach der Welt

»Zwei Drittel der Gletscher Tibets laufen Gefahr, vor 2050 wegen des Klimawandels zu verschwinden. Das ist ein Thema, das
auf der internationalen Klimakonferenz, vorgesehen für Anfang
Dezember 2015, dringend angesprochen werden müsste.

Auf dem Plateau von Tibet befindet sich nach dem Nord-
und dem Südpol die größte Eisreserve der Welt, weshalb man
Tibet als den ›dritten Pol‹ bezeichnet. In ihrer lebenswichtigen
Bedeutung kommt sie der Arktis und der Antarktis gleich. Aber
auf dem tibetischen Plateau sind im Lauf der letzten fünf Jahr-
zehnte die Temperaturen um 1,3 Grad Celsius angestiegen, also
dreimal schneller als in den anderen Regionen der Welt. Tibet,
dessen durchschnittliche Höhe über 4000 Meter hinausgeht,

ist für die Klimaveränderung besonders anfällig. Die Erwärmung bewirkt ein beschleunigtes Abschmelzen der Gletscher, von denen im Lauf der letzten fünfzig Jahre bereits zwei Drittel verschwunden sind. Sie stellten jedoch bislang vierzig Prozent des weltweit gesamten Süßwasservorrats dar, sind die Quelle der großen Flüsse Asiens und ermöglichen das Leben von über einer Milliarde Menschen.

In der Vergangenheit zeigte die chinesische Regierung keinerlei Sinn für die Ökologie und auch keinerlei Bewusstsein der Schwere der Situation. Heute sind immer mehr Verantwortliche informiert und versuchen die Umwelt zu schützen. Werden sie den politischen Mut haben, die notwendigen Maßnahmen zu ergreifen?«

Diese Frage bleibt in der Schwebe und auf sie folgt Schweigen. Das Gesicht des Dalai Lama erstarrt. Gewöhnlich strahlt es jovial, aber jetzt wird sein Ausdruck streng, wie unter einer schweren Maske. Die Zeit bleibt stehen. Ich hebe den Blick. Die würdigen Persönlichkeiten des puritanischen England in ihren Bilderrahmen beschwören die Erinnerung an längst vergangene Zeiten. Keiner von diesen Ehrenmännern hätte sich vorstellen können, dass einmal ein Würdenträger vom Himalaya hierher kommen und sich unter ihre Porträts setzen werde – und dass er mit Vehemenz das Abschmelzen der Gletscher des Schneelands ankündigen werde, als Vorbote des Endes der Zeit.

So sieht zur Stunde der Globalisierung die neue Wirklichkeit aus. Die Entfernungen sind nicht mehr unüberbrückbar. Die Vergehen sind nicht mehr tabu. Im heutigen Zeit-Raum zerfallen die Grenzen. Jedoch ist die bedrohliche neue Wirklichkeit auch eine Quelle der Hoffnung, denn sie ist zugleich offen für die überraschendsten Zwitterbildungen zwischen weit auseinanderliegenden Kulturen und Traditionen. Und so ruft der Dalai Lama die eng miteinander verknüpfte Menschheit von heute auf, zu einer Menschheit zu werden, die sich mit sich selbst und der Natur und Umwelt versöhnt, in der sie lebt.

Diese neue Wirklichkeit ist also von einem bestimmten Gesichtspunkt aus voller Verheißungen, sie besitzt jedoch zwei Gesichter. Das eine, das zum Optimismus anregt, zeigt, dass ein einheitliches globales Bewusstsein entsteht. Das andere, alarmierende, ist die Zerstörung der Biosphäre, was eine in großem Maßstab auf unserem Planeten voranschreitende ökologische Katastrophe ist, die niemanden mehr verschont.

Keine Lösung von oben

Fünf Wochen danach wird der Dalai Lama in Dharamsala das Thema unseres Gesprächs in Oxford weiterführen und an die im Dezember 2015 zur UN-Klimakonferenz in Paris versammelten Regierungschefs und Experten einen Appell zum dringenden Schutz des dritten Pols[29] richten:

»Meine Brüder und Schwestern auf diesem kleinen Planeten, wir sind jetzt im 21. Jahrhundert angelangt. Trotz der gewaltigen Fortschritte von Technologie und Naturwissenschaft sind wir mit mehreren vom Menschen geschaffenen Problemen konfrontiert. Ich habe schon öfter gesagt: Da diese Probleme von uns Menschen hervorgerufen wurden, liegt es logischerweise auch an uns, die Verantwortung dafür zu übernehmen, sie zu lösen und zu beseitigen. Aber obwohl wir diese Probleme selbst herbeigeführt haben, setzen wir trotzdem unsere Hoffnung auf Gebete an Gott oder Buddha, es möge eine Lösung vom Himmel fallen. Das ist sinnlos. Da wir diese Probleme geschaffen haben, können wir keine von oben kommende Lösung erwarten.

Zudem sind es nach Auskunft der Experten ja wir Menschen, die für die Veränderung der meteorologischen Bedingungen und der Klimaerwärmung verantwortlich sind. Folglich ist das keine Frage, die nur eine oder zwei Nationen betrifft, sondern eine Herausforderung, vor der die ganze Menschheit steht und die uns alle betrifft.

Unsere Welt ist unser einziges Haus. Dieser blaue Planet läuft Gefahr, wegen der Klimaerwärmung und anderer Umweltprobleme nicht mehr lange zu überleben. Aber es gibt für uns keinen anderen Planeten, auf den wir umziehen könnten. Da er unsere einzige und einmalige Bleibe ist, müssen wir uns mit allem Ernst an den Schutz der Umwelt und die Reduzierung der Erwärmung machen.

Tibet wird allgemein als das ›Dach der Welt‹ bezeichnet. Nach Aussage mancher Experten braucht dieses Ökosystem, falls es stark geschädigt wird, wegen seiner großen Höhe und seines trockenen Klimas viel mehr Zeit als Systeme anderswo, um sich zu regenerieren. Der Zustand der Umwelt in einer derartigen Region ist also äußerst empfindlich. Das haben mir viele indische Experten bestätigt.

Chinesische Ökologen bezeichnen Tibet als den ›dritten Pol‹. Das heißt, der Einfluss der Region des tibetischen Hochplateaus auf die globale Klimaerwärmung gleicht dem des Süd- oder Nordpols. Hier handelt es sich nicht um politische Erklärungen, sondern um Schlussfolgerungen von Experten und Naturwissenschaftlern. Sie sehen also, dass sich diese Sorge nicht auf das tibetische Volk beschränkt. Vielmehr sind davon mehr als eine Milliarde Menschenleben bedroht, nämlich in ganz China sowie auch in den Südregionen des Himalaya, also in Pakistan, Bangladesch und Indien.

Mehr als eine Milliarde Menschen sind zudem von den Flüssen abhängig, die von Tibet aus in Richtung China und Südasien fließen. Folglich geht der Schutz der tibetischen Umwelt nicht nur die Bevölkerung einer bestimmten Region an, ein ganzer Weltteil ist auf die ökologische Gesundheit des tibetischen Plateaus angewiesen. Es handelt sich also um ein entscheidendes Problem, das ich Ihnen vorlegen möchte. Es ist keine politische und auch keine religiöse Frage, sondern dieses Thema geht die ganze Menschheit an: Deren Überleben in einer gesunden Welt, auf einem gesunden Planeten ist in Gefahr.

Denn für die Umwelt ist kollektiv die gesamte Menschheit verantwortlich.

Die ältere Generation, die ich gewöhnlich als die ›Generation des 20. Jahrhunderts‹ bezeichne und der ich angehöre, ist allmählich am Verschwinden. So liegt es jetzt an euch, meine jungen Brüder und Schwestern, eine aktive Rolle beim Schutz unseres Planeten zu übernehmen, und insbesondere auch beim Schutz der Umwelt von Tibet.«[30]

Die enthaupteten Himalayas

Das Sanskrit-Wort *Himalaya* bedeutet »Gefäß des Schnees«. In der klassischen indischen Literatur wurde die marmorne Weiße dieser Gipfel gefeiert, der höchsten Gipfel der Welt. Die Dichter waren der Auffassung, dass selbst hundert göttliche Epochen nicht genügten, um alle ihre Wunder aufzuzählen. Indes dauere jede von ihnen länger als die Zeit, die dafür notwendig sei, von Hand alle die Mohnkörner aufzusammeln, mit denen man den Märchenpalast eines Maharadschas ausfüllen könnte …

Tausend Jahre später haben auch die tibetischen Barden die makellosen Gipfel besungen. Aber heute werden die stolzen Berge schwarz. Die Schneegrenze steigt jedes Jahr höher und hinterlässt düstere Erdflecken und nackte Felswände. Der Dalai Lama sagt dazu:

»Die tibetischen Nomaden sind keine Experten. Dennoch haben sie früher als die ganze übrige Welt die Klimaerwärmung bemerkt. Sie haben gesehen, wie sich die Berge vor ihren Augen verändert haben. Denn die Ablagerungen der Industrieabgase von Indien und China verschärfen die Auswirkungen der Erwärmung. Sie neigen dazu, die Oberfläche der Eisflächen der Himalaya-Berge zu bedecken, was zur Folge hat, dass diese hier schneller schmelzen als sonst irgendwo. Chinesische Geologen beginnen die Welt angesichts dieser Bedrohung zu alarmieren, die nicht nur Asien betrifft, sondern den ganzen Planeten. Katastrophen stehen unmittelbar bevor. Manche Gletscherseen sind von natürlichen, durch Eisschichten gefestigten Staumauern eingefasst. Aber dieses Eis beginnt immer dünner zu werden, und wenn es eines Tages nachgibt, werden ganze Täler überflutet werden.«

In Tibet, dem Epizentrum des Klimawandels, steigt das Thermometer stärker an als irgendwo sonst auf der Erdoberfläche, denn oberhalb von 4000 Metern nehmen die Temperaturen dreimal schneller zu als anderswo.[31] Zudem werden laut dem chinesischen Experten Kang Shichang die Gletscher »enthauptet«, weil sie sich von ihrem Gipfel her zurückziehen.[32] Die Statistiken sind unerbittlich: Sie konstatieren für den Zeitraum der letzten fünfzig Jahre einen unwiderruflichen Rückzug der Gletscher Tibets um 82 Prozent. Mit dem derzeitigen Rhythmus müssten damit bis 2050 zwei Drittel von ihnen ganz verschwunden sein. Das wird Erschütterungen der Ökosysteme mit unvorhersehbaren Auswirkungen auslösen.

Gewaltlosigkeit, Mitgefühl und Umwelt

An diesem 15. September 2015 sehe ich in den Augen des Dalai Lama ein Aufleuchten. Angesichts der Möglichkeit einer bevorstehenden Katastrophe, die er kühl ins Auge fasst, zeigt sein Gesicht keine Resignation. Sein Vertrauen auf den Menschen lässt bei ihm weder Pessimismus zu noch das Syndrom, die Welt für schlecht zu halten. Im Übrigen lässt sich ja das Schlimmste noch vermeiden, nämlich um den Preis konzertierter Bemühungen seitens der internationalen Gemeinschaft. Jedenfalls bringt er einen von Nostalgie gefärbten Realismus zum Ausdruck, weil es ja die Verschlimmerung der physischen Welt mit sich bringt, dass ganze Landschaften, die den Kontemplativen lieb und teuer sind, vernichtet werden. Angesichts des Verlusts ihrer Krone aus ewigem Schnee geht es der Seele Tibets schlecht:

»In Tibet hat man sich die Berge oft als Aufenthaltsstätten der Gottheiten vorgestellt. Der Amnye Machen, ein Berg im Nordosten Tibets, wird als Residenz von Machen Pomra verehrt, einer der wichtigsten Gottheiten des Amdo, meiner Heimatprovinz. Weil alle Bewohner von Amdo Machen Pomra als besonderen Verbündeten betrachten, umschreiten ihn alljährlich viele Pilger zu Fuß.

Die Tibeter interessieren sich im Allgemeinen nicht sehr für den Alpinismus und haben nicht die Gipfel bestiegen, die sie umgeben – vielleicht aus Respekt vor den Gottheiten, die darauf wohnen. Aber es gibt dafür auch einen viel nüchterneren Grund. Die meisten von ihnen sehen sich derart oft dazu gezwungen, irgendwelche Berghöhen zu überwinden, dass sie überhaupt keine Lust verspüren, über das strikt Notwendige hinaus noch höher zu steigen. Wenn die Einwohner von Lhasa zum Vergnügen ins Gebirge wanderten, wählten sie sich Massive von angemessener Höhe aus, und auf dem Gipfel angekommen, opferten sie den Göttern Weihrauch, sprachen Gebete und entspannten sich dann in einer Picknickrunde.

Auf den Gipfeln der Berge fügten die Wanderer traditionellerweise den dort oben befindlichen Steinhaufen mit dem lauten Ruf *Lha-gyal-lo*, ›Die Götter sind Sieger!‹, einen weiteren Stein hinzu. Zudem war es Brauch, *Steine für Mani* anzuhäufen, in die Mantras eingeritzt waren, und Gebetsfahnen daran zu hängen. Der Respekt vor der Umwelt war traditionellerweise mit der tief verwurzelten Sorge verbunden, sie zu beschützen. In den Bergen lebten nur die Einsiedler, die wilden Tiere und im Sommer die Nomaden mit ihren Herden. Auf diesen einfachen und heiteren Höhen herrschte wahrhaft mehr Friede für den Geist als in allen Städten der Welt. Da ja zur buddhistischen Praxis die Ansicht gehört, dass die Phänomene leer von einer ihnen innewohnenden Existenz sind, kann es für einen Meditierenden sehr hilfreich sein, den von den Gipfeln aus sichtbaren weiten und leeren Raum in den kontemplativen Blick zu nehmen.

In diesen Reservaten voller Naturschätze sammelten unsere Ärzte den Großteil der Kräuter und kostbaren Pflanzen, die sie zur Zusammenstellung ihrer Heilmittel brauchten. Was die Nomaden betrifft, kamen sie für ihre Herden in den Genuss der reichen Weiden, was für die traditionelle tibetische Wirtschaft ganz wesentlich war.

Mehr als tausend Jahre hindurch haben wir Tibeter spirituelle und die Umwelt betreffende Werte kultiviert, um das empfindliche Gleichgewicht des Lebens auf unserem Hochplateau zu erhalten. Inspiriert von der buddhistischen Botschaft der Gewaltfreiheit und des Mitgefühls, lag es uns sehr am Herzen, unter dem Schutz unserer Berge alle Lebensformen zu achten.«[33]

Der dritte Pol – die Zeitbombe

Nicht allein die Gletscher sind Gegenstand der Sorge des Dalai Lama. Eine weitere Bedrohung zeichnet sich ab:

»Die Erwärmung hat nicht nur das Verschwinden des ewigen Schnees zur Folge, sondern auch des Bodenfrosts. Die Folgen sind furchtbar. Bei dem rapiden Schmelzen des Permafrosts[34] entsteht die Gefahr, dass Millionen von Tonnen Kohlenstoff und Methan freigesetzt werden, die in die Atmosphäre zu dringen drohen. Was folgt, ist eine unkontrollierbare globale Erwärmung. Deshalb muss das tibetische Plateau unbedingt erhalten bleiben, und zwar nicht nur für die Tibeter, sondern auch um der Gesundheit und Nachhaltigkeit der ganzen Erde willen.«

Meines Wissens ist dies das erste Mal, dass der Dalai Lama öffentlich mit diesen Begriffen auf die Gefahr der Freisetzung von Gas in die Atmosphäre zu sprechen kommt, die mit dem Auftauen des Permafrosts von Tibet heraufzieht. Dieses Risiko – derzeit eines der aktuellsten, weil es unkontrollierbar ist –

nimmt mit der Klimaerwärmung drastisch zu, deren Ausmaß die Naturwissenschaftler mühsam einzuschätzen versuchen.

Wie mich der Dalai Lama nach unserem Gespräch im September in Oxford beauftragt hatte, vertiefte ich mich in die Lektüre von Spezialberichten. Der Permafrost bedeckt zwei Drittel des Dachs der Welt. Laut der neuen Agentur Chinas, die im November 2015 den Schlussbericht chinesischer Gletscherforscher veröffentlicht hat, werden bis zum Ende dieses Jahrhunderts 81 Prozent dieses Permafrosts verschwunden sein.[35] Wenn er sich verflüssigt, entlässt er den Kohlenstoff und das Methan, das die Eiskristalle in ihrer Struktur gebunden hatten. Gas wirkt als Treibhauseffekt und Methan ist mit seiner Fähigkeit, die Wärme der Atmosphäre zu speichern und folglich die Wärmebilanz der Erde zu erhöhen, zwanzigmal stärker als das Kohlendioxyd. Auch wenn noch nicht alle Auswirkungen der Freisetzung des Methans aus dem dritten Pol bekannt sind, weiß man doch, dass das auf eine katastrophale Steigerung der globalen Erwärmung hinausläuft. Von da an wird es unmöglich sein, unter der Zwei-Grad-Grenze zu bleiben, jener Schwelle also, ab der die verheerenden Auswirkungen auf die Biosphäre kritisch werden. Hinzu kommt, dass das Schmelzen des Permafrosts in Tibet mit dem Schmelzen der Frostböden von Grönland und der Antarktis einhergeht, die ebenfalls große Reservoirs von Eis und folglich auch von Methan sind.

Der Dalai Lama und die tibetische Zentralverwaltung im Exil vertreten die Einschätzung, dass die internationalen Vereinbarungen gegen die Erderwärmung hinsichtlich des dritten Pols nicht ausreichen. Deshalb rufen sie der Welt unaufhörlich in Erinnerung, dass die 34 000 Gletscher des Schneelands dringend und gezielt zum Gegenstand spezifischer Erhaltungsmaßnahmen werden müssen. Deren Abschmelzen wird jedoch durch die chinesischen Pläne noch beschleunigt, die eine Verstädterung verfolgen und die Entwicklung von Infrastrukturen, wie etwa der Eisenbahnlinie, die Peking mit Lhasa verbindet.

Mit diesem Unternehmen verwirklicht man die visionäre Ambition von Mao Zedong, der vor einem halben Jahrhundert davon träumte, ein direkte Verbindung zwischen der Verbotenen Stadt und dem Dach der Welt herzustellen, das lange eine uneinnehmbare Festung geblieben war. Der Dalai Lama verurteilt durchaus nicht die Modernisierung seines Landes mit der Einrichtung von Verkehrs- und raschen Kommunikationsmitteln – ganz im Gegenteil –, aber er beklagt den Mangel an gründlichen Untersuchungen über deren Auswirkungen auf die Umwelt:

»Tibet war auf materiellem Gebiet eine rückständige Nation. Fortschritt trägt zum Wohlbefinden bei. Heute ermöglicht die Bahnverbindung Golmud-Lhasa binnen weniger Tage eine Reise von über tausend Kilometern zwischen meiner Geburtsprovinz und der Hauptstadt Tibets. Als Kind hatte ich drei Monate gebraucht, um diese Strecke in einer vergoldeten Sänfte zurückzulegen. Die chinesischen Experten unternehmen gründliche Untersuchungen, aber sie sind weit davon entfernt, die gesamte Komplexität des Lebens in großer Höhe zu erfassen oder die dortigen empfindlichen ökologischen Gleichgewichte einzuschätzen, deren Erhaltung notwendig ist.«

Zur Bewältigung der technischen Herausforderungen des Verlegens von Eisenbahnschienen in 4000 Metern Höhe empfahlen die Ingenieure, in regelmäßigen Abständen sieben Meter tiefe Löcher in den Untergrund zu bohren. Darin installierten sie mit Stickstoff gefüllte Stahlrohre, von denen sie sich versprachen, dass sie die latente Erdwärme absorbieren und regulieren würden. Aber diese Maßnahme ist nicht ausreichend. Bereits einige Wochen nach der Eröffnung der Bahnlinie berichteten die Regierungs-Presseorgane von Rissen in den Betonstrukturen, die durch Abschmelzung des Permafrosts auf der Oberfläche verursacht waren.[36]

Und wie die Bahnlinie beschleunigen zudem die Flughäfen und großen Verkehrsachsen, deren Zahl sich in Tibet vermehrt hat, die Erwärmung und lassen die Temperaturen deutlich höher klettern. Sie tragen dazu bei, eine sehr verletzliche und inzwischen äußerst anfällige Hochland-Biosphäre aus dem Gleichgewicht zu bringen. Die Auswirkungen sind bereits weit über das Dach der Welt hinaus zu spüren. Von daher lässt sich angesichts eines weiteren Projekts, nämlich der Bohrung eines 643 Kilometer langen Tunnels unter dem Everest für eine Eisenbahnverbindung zwischen Lhasa und Katmandu, nur das Schlimmste befürchten.

Das ökologische Problem Tibets ist zur Zeitbombe geworden. Aber die chinesische Führung hält weiterhin Informationen zurück und besteht darauf, rings um Tibet einen »Bambusvorhang« aufrechtzuerhalten. Die Einreise von ausländischen Beobachtern wird sorgfältig gefiltert. Alles, was Tibet angeht, ist hochsensibel, denn der neokolonialen Verwaltung dieses Landes geht es beim Einsatz der Naturressourcen vorrangig darum, sie in den Dienst der strategischen und wirtschaftlichen Ziele des »Mutterlandes« zu stellen. So wurde für das Jahr 2016 vorgesehen, die Produktionsstätten der »Werkbank der Welt« von der chinesischen Ostküste auf die Ausläufer des Himalaya zu verlegen. Damit soll dann das tibetische Plateau preisgünstige Handwerksarbeiten und Primärerzeugnisse liefern, die man nicht mehr zu importieren braucht. Seine ungeheuren Ressourcen an mit Wasserkraft erzeugter Energie sollen für die Fabrikation von weltweit vermarkteten Massengebrauchsartikeln *Made in China* genutzt werden.

Das blaue Gold von Tibet

Die sagenhaften Reserven an »blauem Gold«, nämlich Süßwasser in Tibet sind nach denjenigen der beiden Erdpole die bedeutendsten unseres ganzen Planeten. Ihre Ausbeutung ist immer weiter fortgeschritten und hat nicht erst in jüngster Zeit eingesetzt. Sie war bereits seit den 1970er-Jahren bei der Strategie der systematischen Ausbeutung des »Dachs der Welt« zum Wohl der Volksrepublik China ein Schwerpunkt. Tibet als die Quelle aller großen Flüsse Südostasiens[37] liefert tatsächlich ein Drittel der gesamten Wasserkraft Chinas. Der Dalai Lama hat schon immer die Wirtschaftsentwicklungspolitik der Volksrepublik angeklagt, mit schweren Schädigungen der Umwelt und zudem auch Menschenrechtsverletzungen einherzugehen:

»Unsere Landsleute in Tibet leben weiterhin in Armut und sind unablässig in erschöpfende Arbeit eingespannt. Wie aus den Berichten über den Bau eines neuen Staudamms diesen Winter in Lhatse[38] hervorgeht, wurden alle Einwohner, Jugendliche, Alte, Männer und Frauen zwangsverpflichtet, bis zur Fertigstellung des Damms unaufhörlich rund um die Uhr zu arbeiten. Sogar Verletzte mit offenen Wunden auf dem Rücken hatten keine andere Wahl, gnadenlos wurden sie zur Arbeit gezwungen. Eine große Anzahl von ihnen musste wegen schwerer Erfrierungen Amputationen erleiden. Aus einem weiteren Bericht über den Bau der Anlage des Wasserkraftwerks von Thatse[39] erfahren wir, dass die Einwohner tagsüber zur Zwangsarbeit auf den Feldern und nachts in der Fabrik beim Licht von Kerosinfackeln verpflichtet wurden.«[40]

Die Entwicklung der Infrastrukturen für die Wasserkraftwerke wirkte sich zerstörerisch sowohl auf die traditionelle Lebensweise aus als auch auf die natürliche Umwelt aus. Auf ihrem eigenen Grund und Boden zu Fremdlingen gemacht, sahen sich die Tibeter ihrer Zukunft beraubt. »Das ist, als hätten die Chinesen uns den Boden unter den Füßen weggestohlen«, berichteten diejenigen, die ins Exil gegangen waren. Als im Jahr 2008 Maßnahmen für den Umweltschutz erlassen wurden, erwiesen sie sich als trügerisch.

Unter dem Vorwand der Ökologie zielte der Plan zum Erhalt der Regionen, die an den großen, dem Quellgebiet in den Himalaya-Höhen entstammenden Flüssen[41] liegen, in Wirklichkeit darauf ab, sich strategisch die Wasserreserven Tibets anzueignen. Das Ziel war es, mit ihnen die großen Dürregebiete Kontinentalchinas zu bewässern und namentlich die Wüste Gobi wieder zu begrünen, indem man das Wasser bis zu den Metropolen des Nordostens leitete. Dieses Ziel vor Augen, unternahm die chinesische Regierung die Umleitung der Wasser des Brahmaputra in den Gelben Fluss, der 250 Tage pro Jahr trocken liegt. Für diese Umleitung, eine gigantische Baumaßnahme unter dem Titel *Große Westroute* mit Kosten von fünfzig Milliarden Dollar, waren 56 Kilometer Tunnel erforderlich[42], für deren Sprengung man unter dem Massiv des Kunlun sogar Nuklearsprengstoff verwendete.[43]

Was soll man von den chinesischen Dementis halten, die auf die internationalen Kritiken erfolgten und der Warnung vor einer radioaktiven Kontamination des Flusses? Da China nicht zu den Unterzeichnern der Konvention der Vereinten Nationen über den Verlauf der Flüsse zählt, sieht es sich an keinerlei internationale Standards über Qualität und Quantität seiner Wasserressourcen gebunden. Zudem könnte die fortschreitende Austrocknung der Gangesebene in Indien langfristig in Asien einen Weltkrieg um das Wasser auslösen.[44]

Blauer Himmel, sauberes Wasser und weiße Wolken für die nachfolgenden Generationen

»Die Landwirtschaft unserer Vorfahren hatte sich an die Natur angepasst und zeigt uns, wie man das Gleichgewicht zwischen einer Gesellschaft und ihrer Umwelt wahrt. So verfügen zum Beispiel die Tibeter über eine einmalige Erfahrung über das Leben auf dem Himalaya-Plateau, die sich im Lauf der langen Geschichte einer Zivilisation herausgebildet hat und darauf bedacht war, die zerbrechlichen Ökosysteme weder übermäßig auszubeuten noch zu zerstören. Lange Zeit hindurch haben die Tibeter die Anwesenheit wilder Tiere geschätzt, denn sie waren der Auffassung, diese seien ein Symbol für die Freiheit. Die tiefe Hochachtung vor der Natur ist in der Kunst und ganz allgemein der Lebensweise der Tibeter deutlich spürbar. Trotz dem beschränkten materiellen Fortschritt stand ihre spirituelle Entwicklung in Blüte. Wie die Artenwelt der Natur sich nicht plötzlich an eine Umweltveränderung anpassen kann, bedürfen auch die Menschenkulturen einer sorgfältigen Behandlung, damit ihr Fortleben gewährt ist. Wenn man die Lebensweisen der Völker untersucht und deren kulturelles Erbe erhält, lernt man dabei auch das, was für den Schutz der Umwelt notwendig ist.«[45]

Der Entschluss der Chinesen, den Himalaya-Wasserspeicher nur zum eigenen Vorteil auszunutzen, führte dazu, dass in Tibet nahezu 200 000 Nomadenfamilien mit militärischer Gewalt deportiert und anderswo angesiedelt wurden. Diese Familien verdankten traditionellerweise ihr Auskommen den Wiesenflächen, die von den Flüssen bewässert worden waren. Sie wurden gezwungen, ihre Tiere an die Schlachthöfe zu verkaufen. Über zwei Millionen Menschen wurden in schnell wachsenden Städten angesiedelt, während die verlorenen Grünflächen zum Niemandsland erklärt und mit Stacheldrahtzäunen abgesperrt wurden, die die Landschaft verunzieren. Die Formulierung »Trinkwasserschutz« ist in der Rhetorik Pekings zum verlogenen Euphemismus für »Staudämme« und »Flussverlegungen« geworden, und ein genauso verlogener Begriff ist der der »Urbanisierung«, hinter dem sich die Zwangsansiedlung der Nomaden verbirgt.

Mit verlogenen Kampagnen zum Schutz der Pflanzen- und Tierwelt vernichtete man nicht nur die uralte Kultur der Weidewirtschaft – sie ist rund achttausend Jahre alt –, diese Kampagnen wirkten sich auch verheerend auf die Umwelt aus. Auf den von den Nomaden verlassenen Flächen, die man kahlrasierte, breitete sich dichtes Gestrüpp aus. Der Ausfall des Lebensunterhalts dank der Herden führte zur Verarmung der Gegend. Zudem ging die Vielfalt der Pflanzen- und Tierarten zurück, Heilpflanzen gingen verloren, weil sie von Unkräutern erstickt wurden. Die Verödung der Weideflächen trug zur Steigerung der Klimaerwärmung bei, denn das Unkraut bindet nicht mehr das CO_2, und die Erosion hat immer zahlreichere Lawinen entstehen lassen.

Inzwischen zeichnet sich unter den Experten für die Nutzung der Weideflächen – sowohl den chinesischen als auch ausländischen – ein starker Konsens ab, dass die Sesshaftmachung der Nomaden großen Schaden anrichte. Aber Peking umgeht systematisch die internationalen Reglements. Die Informationen über die tatsächliche Zerstörung des Hochlands kommen von den Tibetern, die heimlich Fotos oder Videos ins Ausland schicken. Damit laufen sie Gefahr, verhaftet, gefoltert, des Komplizentums mit »der Clique des Dalai Lama« angeklagt und als Anstachler zum Staatsumsturz zu schweren Strafen verurteilt zu werden. Aber trotz aller dieser Risiken wird der Widerstand gegen die Zerstörung der Umwelt nicht schwächer.

Auch manche chinesische Experten erheben die Stimme, und einige Aktivistengruppen engagieren sich zugunsten der Ökologie in Tibet. Zhang Ronggui, der bekannte Direktor eines Fernsehkanals, wendet sich sogar energisch gegen die Entwicklung der Schwerindustrie und die Ausbeutung der Minen in Tibet. Er erklärt: »Das ist das höchste und reinste Land auf der Erde, und ich hoffe, dass die Regierung für die künftigen Generationen noch ein wenig blauen Himmel, sauberes Wasser und weiße Wolken übrig lässt.«[46]

Doch im Inneren hält das Regime in Peking den Widerstand der Umweltschützer weiterhin klein, und auf internationaler Bühne zensiert es die Information über Tibet. Auf jeden Fall aber, so äußerte der Dalai Lama im September 2015 in Oxford, sind der Rückgang der Gletscher und das Schmelzen des Permafrosts Probleme, deren globale Auswirkung ein großes Risiko für die gesamte Menschheit darstellt. Um diese Bedrohung in den Griff zu bekommen, bedarf es eines weltweiten Austauschs von Kenntnissen und Technologie. Aus diesem Grund hat die tibetische Zentralregierung im Exil an die Vereinten Nationen den Antrag gestellt, dem Hochland von Tibet ein besonderes Umweltstatut zu verleihen. Aber wie lange wird es noch dauern, bis die kommunistische Führerschaft davon ablässt, die Ökologie Tibets als interne Angelegenheit zu behandeln?

Tibet als Weltheiligtum des Friedens

Im Vorfeld der UN-Klimakonferenz im Dezember 2015 in Paris hatte Präsident Xi Jinping zum ersten Mal die Entschlossenheit seines Landes zum Ausdruck gebracht, einer juristisch zwingenden Vereinbarung zuzustimmen, die sich an das Prinzip der »gemeinsamen, aber unterschiedlichen Verantwortung« hält, um die weltweite Klimaerwärmung unter der Grenze von zwei Grad Celsius zu halten. Der chinesische Führer betonte zudem die Notwendigkeit, zur Stärkung des gegenseitigen Vertrauens ein System besserer Transparenz einzurichten.[47]

Sollte sich die Politik schließlich doch so ausrichten, würden sich die Ereignisse im Sinne des vom Dalai Lama unermüdlich verfolgten Friedenswerks entwickeln. Zu dessen Politik des »mittleren Wegs« gehört es, Tibet in eine Zone der »Gewaltfreiheit«, auf Hindi *ahimsa*, umzuwandeln. Der Dalai Lama erinnert unablässig daran, dass der Frieden unter den Menschen auch einen Frieden mit der Umwelt und allen ihren Lebensformen beinhalte, und er stellt seine Vision eines künftigen Tibet vor, verwandelt in ein Weltheiligtum des Friedens:

»Die tibetische Regierung würde sehr strikte Gesetze für den Schutz der Tier- und Pflanzenwelt erlassen. Die Ausbeutung der Naturressourcen würde streng reglementiert. Das Herstellen, Testen und Lagern von Waffen, atomaren wie konventionellen, müsste verboten werden, und ebenso die Nutzung der Nuklear-energie und anderer Techniken, die hochriskante Abfälle erzeu-gen. Die Regierung von Tibet hätte die Aufgabe, aus meinem Land das größte Naturschutzgebiet unseres Planeten zu machen.

Die einmalige Geschichte des Dachs der Welt und sein tie-fes spirituelles Erbe eignen es vollkommen dafür, im Herzen Asiens die Rolle eines Friedensheiligtums einzunehmen. Seine historische Stellung als neutraler Pufferstaat, der zur Stabilität des gesamten Kontinents beiträgt, lässt sich wiederherstellen. Dadurch würden der Friede und die Sicherheit für Asien wie für die ganze Welt gestärkt. Tibet müsste in Zukunft kein besetz-tes Land mehr sein, gewaltsam unterdrückt, unproduktiv und vom Leiden zutiefst gezeichnet. Es könnte ein Zufluchtsort der Freiheit werden, in dem Mensch und Natur in harmonischem Gleichgewicht miteinander lebten. Das wäre ein kreatives Mo-dell für die Lösung der Spannungen unter denen zahlreiche Regionen leiden.«[48]

Die Berge sind so kahl geworden wie die Köpfe der Mönche

Die Vision eines Tibet als Weltheiligtum des Friedens ist tief verankert im Bewusstsein des Dalai Lama. Als Kind wurde er sozusagen in ein Leben mit der Natur »initiiert«, als er in seiner vergoldeten Sänfte von Ost nach West über das Dach der Welt getragen wurde, von den Grenzen Amdos in Osttibet, seiner Geburtsregion, bis nach Lhasa, der Hauptstadt, worin er als vierzehnter Inhaber des Goldenen Throns und Fortführer der Linie der »Ozeane der Weisheit«, nämlich der Dalai Lamas[49], inthronisiert wurde. Als er erwachsen war, brachte er seine Fas-zination für die Landschaften zum Ausdruck, deren Reinheit und Harmonie Spiegel des inneren Heiligtums des menschli-chen Geistes sind:

»Für wilde Tiere und Pflanzen war das Tibet, in dem ich aufgewachsen bin, ein Paradies. Die Reisenden, die vor der Jahrhundertmitte dorthin kamen, konnten das bezeugen. Die Tiere wurden kaum gejagt, außer in abgelegenen Regionen, die für Anbau nicht geeignet waren. Alljährlich veröffentlichte die Regierung eine Verlautbarung zum Schutz der Tierwelt: ›Wie niedrig oder adlig jemand auch sein mag, niemand schade den Geschöpfen der Erde und der Wasser, noch tue er ihnen Gewalt an‹, wurde darin angeordnet. Einzige Ausnahmen waren die Ratten und die Wölfe.

Sobald ich aus Lhasa herauskam, sah ich in meiner Jugend eine große Zahl von allen möglichen Tieren. Diese ständige Anwesenheit von Tieren ist im Übrigen die hauptsächliche Erinnerung, die mir von meiner dreimonatigen Reise durch Tibet geblieben ist, von Taktser, meinem Geburtsort, bis nach Lhasa, wo ich im Alter von vier Jahren offiziell zum Dalai Lama ausgerufen wurde. Riesige Herden von *kiang*, Wildeseln, und *drong*, Yaks, weideten frei auf den Ebenen. Scheuer waren die Herden der *gowa*, der scheuen tibetischen Gazellen, der *wa,* der weißlippigen Hirsche, oder der *tso*, unserer majestätischen Antilopen, die beim Nahen unserer Karawane die Flucht ergriffen.

Ich entsinne mich auch meiner Faszination für die kleinen *chibis* oder *pikas*, eine Art von Murmeltieren, die sich auf den grasreichen Flächen tummelten. Sie waren so possierlich. Und ich beobachtete liebend gern die Vögel: den edlen *gho*, einen Bartadler, der am Himmel hoch über den Bergklöstern seine Kreise zog, die Gänse, *nagbar*, die im Schwarm flogen, und den *wookpa*, den Uhu, dessen Schrei durch die Nacht schallte.

Selbst in Lhasa fühlte man sich in keiner Weise von der Natur abgeschnitten. In meiner Wohnung ganz oben im Potala, dem Winterpalast der Dalai Lamas, habe ich als Kind unzählige Stunden damit verbracht, das Verhalten der rotschnäbeligen *khyungkar* zu beobachten, die in den Mauernischen nisteten. In den Sümpfen hinter dem Norbulingka, dem Sommerpalast, sah ich oft Paare japanischer Kraniche mit ihrem schwarzen Nackengefieder, die für mich der Inbegriff von Eleganz und Grazie waren. Ganz zu schweigen von jenen Tieren, für die die tibetische Fauna berühmt ist: die Bären und Füchse der Berge, die Wölfe und Schneeleoparden, die Luchse, der Schrecken der Nomadenbauern, oder die Riesenpandas, die ursprünglich im Grenzgebiet zwischen China und Tibet zu Hause waren.

Leider existiert diese reiche Tierwelt nicht mehr. Tibeter, die nach dreißig oder vierzig Jahren in ihre Heimat zurückgekehrt sind, haben mir bestürzt erzählt, wie dramatisch sich die Anzahl der wilden Tiere verringert hat. Früher sind die wilden Tiere oft bis in die Nähe der Wohnhäuser gekommen, aber heute sieht man sie praktisch nirgends mehr.«[50]

Das Tibet, wie es der Dalai Lama als Kind erlebt hat, gibt es nicht mehr, außer in seinen Erinnerungen. Es ist – wie alle Paradiese – ein verlorenes Paradies. Das »reine Schneeland«, wie die Tibeter das Hochland nennen, ist im Lauf der Jahre verschwunden. Und zwar zusehends, wie der Dalai Lama auf seine übliche verschmitzte Art erklärt:

»Die ökologischen Probleme sind für mich neu. Zu meiner Zeit hielten wir in Tibet die Natur für rein. Bei einem Bach stellte man sich überhaupt nicht die Frage, ob es riskant sei, sein Wasser zu trinken. Aber seit unserem Exil in Indien hat sich das geändert, wie auch in anderen Ländern. So bietet zum Beispiel die Schweiz einen großartigen und eindrucksvollen Anblick. Aber ihre Einwohner sagen zu uns: ›Trinkt nicht das Wasser dieses Flusses, denn es ist verseucht!‹ So haben auch die Tibeter es nach und nach gelernt, dass bestimmte verseuchte Dinge jetzt unbrauchbar sind. Als wir unsere Ansiedlungen in Indien gründeten, ist tatsächlich eine große Zahl von uns krank geworden und hat Magenbeschwerden bekommen, weil wir verseuchtes Wasser getrunken hatten. Inzwischen haben wir diesbezüglich aus eigener Erfahrung und dank der Begegnung mit Wissenschaftlern hinsichtlich der ökologischen Fragen einiges gelernt.

Tibet ist ein großes Land mit einem riesigen Territorium, das auf großer Höhe mit kaltem und trockenem Klima liegt. Diese Umstände haben vielleicht für eine Art von natürlichem Umweltschutz gesorgt und das Land sauber und frisch gehalten. Deswegen gab es auch auf den nördlichen Weiden, in den Gebirgszonen, den Wäldern und Flusstälern so viele wilde Tiere, Schlangen und Vögel.

Dazu gibt es eine kuriose Geschichte. Die nach 1959 in Tibet angesiedelten Chinesen waren Bauern, die Straßen bauten und sehr gern Fleisch aßen. Sie entwickelten die Gewohnheit, auf die Entenjagd zu gehen, und zwar in Militäruniform oder in chinesischer Kleidung. Bei ihrem Anblick flogen die Vögel immer alarmiert davon. Deswegen begannen die Chinesen, tibetische Kleidung zu tragen, und tatsächlich flogen die Vögel nicht mehr weg. Das ist eine wahre Geschichte! Solche Dinge passierten, besonders während der 1970er- und 1980er-Jahre, zu der Zeit, als es noch scharenweise Vögel gab.

In jüngerer Zeit sind mehrere tausend Tibeter in ihre Geburtsorte in Tibet zurückgekehrt. Alle berichten, dass ihre Geburtsorte vor vierzig oder fünfzig Jahren noch von riesigen Wäldern umgeben gewesen seien. Heute dagegen seien die Berge kahl wie die Köpfe der Mönche. Es gebe keine großen Bäume mehr, und zuweilen komme es vor, dass sogar die Wurzeln ausgerissen und weggeschafft worden seien. So sieht es dort heute aus. Früher sah man große Herden von wilden Tieren, aber von ihnen ist so gut wie nichts mehr übrig geblieben.«[51]

Sich um den Schutz des Lebens kümmern

Den Begriff »Umwelt«, wie man ihn im heutigen Sinn versteht, gibt es im Tibetischen nicht. Denn die Weltgegenden, in denen keine Menschen lebten, wurden in Tibet traditionellerweise als wesentlicher Bestandteil der Menschenwelt angesehen, deren

Schicksal sie teilten. Das schädliche und ausbeuterische Verhalten der Menschen hat inzwischen zu verheerenden Folgen geführt. Der Dalai Lama grenzt sich zwar durchaus von animistischen Vorstellungen ab, erinnert jedoch daran, dass seine Lehrmeister ihm gemäß dem Prinzip der karmischen Kausalität die Verantwortung gegenüber allen Lebewesen beigebracht haben. So verband sich bei ihm die buddhistische Kultur mit den Traditionen seiner tibetischen Vorfahren, die der Überzeugung waren, dass man alles Leben ihn Ehren halten solle:

»Als man mich als kleinen Jungen im Buddhismus unterwies, brachte man mir bei, mit der Natur fürsorglich umzugehen. Unsere Praxis der Gewaltlosigkeit galt nicht nur für das Verhalten gegenüber Menschen, sondern auch gegenüber allen fühlenden Lebewesen. Alles Belebte verfügt über Bewusstsein. Wo es Bewusstsein gibt, da gibt es auch Empfindungen wie Schmerz, Lust und Freude. Kein fühlendes Wesen möchte leiden. Im Gegenteil – alle sind auf das Glück aus.

In der buddhistischen Praxis sind wir derart an diese Vorstellung von Gewaltlosigkeit gewöhnt und an den Wunsch, allem Leiden ein Ende zu setzen, dass wir sorgfältig darauf achten, nichts Lebendigem zu schaden und nichts davon unbewusst zu vernichten. Natürlich glauben wir nicht, dass Bäume oder Blumen über Geist verfügen, aber trotzdem behandeln wir diese Lebewesen mit Rücksicht. Wir lassen uns also von dem Empfinden leiten, dass wir für Mensch und Natur eine allumfassende Verantwortung tragen.«[52]

Um das zerbrechliche Gleichgewicht zwischen allem Existierenden aufrechtzuerhalten, wurde am zehnten Monat des Mondjahres im Namen der Zentralregierung der Dalai Lamas ein Dekret, ein *Tsatsig*, zum Schutz der Tiere und Pflanzen erlassen. Im Unterschied zu den abendländischen Gesellschaften, die das Leben der Natur unablässig ihrem Zivilisationsprojekt unterwarfen, bemühten sich die Tibeter von da an, in Harmonie mit ihren großen Lebensräumen und deren üppiger Fauna und Flora zu leben. Sie umgaben die Manifestationen aller belebten und unbelebten Existenzen mit einer göttlichen Aura. In der Welt, die die Menschen birgt, gaben die unsichtbaren, nichtmenschlichen Energien allen Einzelformen und Elementen ihre Gestalt. Die eindrucksvollen Gebirge, die weiten Wälder, die Felsspitzen mit ihren ungewöhnlichen Formen wurden als Aufenthaltsorte von Geistern betrachtet und deswegen zu Objekten der Verehrung. Man tolerierte dort nicht die Anwesenheit von Menschen und verbot den Kindern, darin zu spielen. Die Flüsse, die Wasserläufe und Bäche galten als Königreiche der *Nagas,* der Wassergeister mit Menschengesicht und Drachenleib, und sie wurden ebenfalls als heilig verehrt. Die Einwohner widmeten ihnen einen Kult und vermieden es, die Hände in sie zu tauchen, in ihnen zu baden oder ihre Wäsche zu waschen. Um sie nicht zu verschmutzen, begnügten sie sich damit, ihnen die Wassermenge zu entnehmen, die sie brauchten, und sie entfernten sich von ihnen, um sich ihren Aktivitäten zu widmen.[53]

Diese Glaubensvorstellungen wurden von der chinesischen Propaganda schlechtgemacht und im Namen der erzwungenen raschen Modernisierung, die die Volksrepublik China Tibet aufdrängte, für »rückständig« erklärt. In den Schulen zwang man die Schüler, Fliegen, Stechmücken, Ratten und Vögel auszurotten. Diese Tiere hatten die mit der Indoktrinierung der Bevölkerung beauftragten Funktionäre die »vier Schädlinge« getauft und sie mit den reichen Grundbesitzern von früher verglichen, die von der Arbeit des Volkes profitiert hatten. Diese Maßnahmen versehrten die Seelen zutiefst und warfen sowohl die Lebensweisen als auch die Gewissen über den Haufen.[54]

Die Welt ist das Behältnis und wir sind der Inhalt

Der Dalai Lama erinnert sich an die Lebensweise von damals und das harmonische Gleichgewicht, das seinerzeit zwischen den Menschen und ihrer natürlichen Umgebung herrschte:

»Die Empfindungen von uns Tibetern gegenüber der Natur sind nicht nur vom Buddhismus geprägt, sondern ganz allgemein von unseren traditionellen Gebräuchen. So hat man zum Beispiel im Buddhismus in Japan oder in Thailand, also in ganz anderen Verhältnissen als den unsrigen, eine völlig andere Kultur und andere Verhaltensweisen. Unsere in ihrer Art ganz einmalige Natur hat uns stark beeinflusst. Wir haben nie auf einer kleinen, übervölkerten Insel gelebt. Historisch war es so, dass wir in unserem weiträumigen und nur dünn besiedelten Territorium nie beunruhigt wurden, und auch nicht von unseren weit entfernten Nachbarn. Wir hatten nie das Gefühl, unterdrückt zu sein, wie das bei vielen anderen Volksgruppen durchaus der Fall ist.

Das Wesentliche einer Glaubensvorstellung oder einer Kultur kann man sehr wohl auch ohne Religion praktizieren. Unsere Kultur ist zwar stark vom Buddhismus beeinflusst, kennt aber auch andere philosophische Quellen. Ich habe schon einmal einer Hilfsorganisation für tibetische Flüchtlinge die Anregung gegeben, dass es sehr interessant wäre, zu untersuchen, inwieweit unser Volk von seiner traditionellen Lebensweise nachhaltig geprägt worden ist. Welche Faktoren tragen zum Beispiel dazu bei, dass die Tibeter im Allgemeinen so glücklich und ruhig sind? Die Leute suchen die Antwort darauf immer in unserer Religion, die sicher einzigartig ist, sie vergessen darüber aber, dass auch unsere Umwelt einzigartig ist.

Die Bewahrung der Natur ist nicht zwangsläufig religiös bedingt, und es bedarf dazu auch nicht immer des Mitgefühls. Als Buddhisten äußern wir unser Mitgefühl mit allen fühlenden Lebewesen, aber nicht unbedingt auch mit jedem Stein, jedem

Baum oder jedem Haus. Die meisten von uns kümmern sich zwar sorgfältig um ihr eigenes Haus, aber deswegen empfinden sie noch lange kein Mitgefühl für dieses Haus. Wir halten es eben einfach in gutem Zustand, damit wir froh und glücklich darin leben können. Das heißt also, wir kümmern uns eher um unser Haus, als dass wir Mitleid mit ihm haben.

Genauso ist auch unser Planet unser Haus, und wir müssen uns um ihn kümmern und ihn instand halten, wenn uns aufrichtig an unserem Glück liegt und an dem unserer Kinder, unserer Freunde und aller fühlenden Lebewesen, die dieses Haus mit uns teilen. Wenn wir uns vorstellen, dass unser Planet unser Haus oder ›unsere Mutter‹ ist, unsere Mutter Erde, werden wir uns doch ganz selbstverständlich um ihn kümmern.

Wir begreifen heute, dass die Zukunft der Menschheit weitgehend von unserem Planeten abhängt und dieser Planet weitgehend von der Menschheit abhängig ist. Aber das war nicht immer so klar. Bis jetzt hat unsere Mutter Erde unsere Nachlässigkeit sozusagen toleriert. Aber nun haben das Verhalten der Menschen, die Bevölkerungszunahme und die Technologie einen Punkt erreicht, den unsere Mutter Erde nicht länger schweigend tolerieren kann. Sie spricht die Warnung aus: ›Meine Kinder verhalten sich schlecht‹, um uns zu Bewusstsein zu bringen, dass es für all das, was wir tun, Grenzen gibt.

Was das Verhalten angeht, vertreten wir als tibetische Buddhisten die Nüchternheit und Mäßigung, und das hat durchaus mit der Umwelt zu tun. Denn wir verbrauchen nichts unbedacht. Wir setzen unseren Verbrauchsgewohnheiten Grenzen und schätzen eine einfache und verantwortungsbewusste Lebensweise.

Zu unserer Umwelt hatten wir schon immer eine ganz besondere Beziehung. In unseren alten Schriften ist vom Behältnis und vom Inhalt die Rede: Die Welt ist das Behältnis, also unser Haus, und wir sind der Inhalt. Daraus ergibt sich eine besondere Beziehung zur Natur, denn ohne Behältnis kann kein

Inhalt existieren. Es ist überhaupt nicht tadelnswert, wenn die Menschen die Naturressourcen verwenden, um damit ihre Bedürfnisse zu befriedigen, aber man darf die Natur nicht über das strikt Notwendige hinaus ausbeuten. Alles hat seine Grenzen. Es ist ganz wesentlich, aus ethischer Sicht zu überdenken, wie viel uns zusteht, für wie viel wir verantwortlich sind und wie viel wir an die künftigen Generationen weitergeben müssen. Unsere Generation hat ganz offensichtlich eine kritische Phase überschritten. Wir haben Zugang zu einer globalen Kommunikation, und dennoch kommt es hinsichtlich des Friedens öfter zu Konflikten als zu bedeutsamen Dialogen. Neben den Wundern von Naturwissenschaft und Technik gibt es zugleich auch eine ganze Reihe von Tragödien, etwa den Hunger auf der Welt und die Ausrottung bestimmter Lebensformen. Wir erforschen den Weltraum, und zugleich verschmutzen wir die Ozeane, die Meere und die Süßwasserressourcen immer stärker. Es kann sein, dass künftige Generationen bestimmte Völker auf der Erde, Tiere, Pflanzen, Insekten und sogar Mikroorganismen gar nicht mehr kennen werden. Wir müssen handeln, bevor es zu spät ist.«[55]

Dem Lebenden ist nichts kostbarer als das Leben

Um alle Menschen zu Bemühungen anzuregen, aktiv etwas gegen die ständig wachsende Schädigung der Umwelt zu tun, hat der Dalai Lama die folgenden Verse gedichtet:

O Herr, du So-Gegangener[56], geboren im Baum in der Linie von Ikshvaku[57],
O Ohnegleicher, der du die alles durchdringende gegenseitige Abhängigkeit erkennst
Zwischen Umgebung und fühlenden Wesen,

Zwischen *Samsara* und *Nirvana,* zwischen Belebtem und Un-
belebtem,
O du, der du die Welt das Mitgefühl lehrst,
Verleihe uns allen deine wohlwollende Liebe!

O Retter, den wir mit dem Namen des Avalokiteshvara[58] an-
rufen,
Denn du verkörperst das Mitgefühl aller Buddhas,
Wir bitten dich, unseren Geist zur Reifung zu bringen und ihn
Früchte tragen zu lassen,
Damit wir die Wirklichkeit ohne Illusion betrachten können.

Die hartnäckige Ichbezogenheit, die unseren Geist durchdringt
Seit unendlichen, anfangslosen Zeiten,
Ist geschaffen aus dem gemeinsamen Karma aller fühlenden
Wesen,
Sie vergiftet und verschmutzt die Umwelt.

Seen und Teiche haben ihre Frische und Klarheit verloren,
Die Luft ist vergiftet,
Das himmlische Blätterdach der Natur ragt ins glutrote Firma-
ment, ist geborsten,
Und die fühlenden Wesen leiden an bislang unbekannten
Krankheiten.

Die von ewigem Eis bedeckten und in ihrem Glanz erstrah-
lenden Berge
Beugen sich und bersten, zu Wasser geronnen.
Die majestätischen Ozeane gehen über vor unvorstellbaren Vor-
räten
Und überschwemmen die Inseln.

Feuer, Wasser und Wind setzen uns unzähligen Risiken aus,
Drückende Hitze trocknet unsere üppigen Wälder aus

Und peitscht unsere Welt mit Stürmen ungekannter Wucht,
Während die Meere ihr Salz den Elementen zurückgeben.

Obwohl die Menschen über genügend Reichtümer verfügen,
Können sie sich den Luxus, saubere Luft zu atmen, nicht mehr
leisten.
Regen und Wasserläufe reinigen nicht mehr,
Sind verwandelt in leblose, kraftlose Flüssigkeiten.

Unzählige Menschen und Lebewesen
Bewohnen das Reich von Wasser und Erde.
Sie stöhnen unter dem Joch körperlichen Schmerzes,
Verursacht durch bösartige Leiden.
Ihr Geist ist benebelt von Faulheit, Dumpfheit und Unwissen.
Die Freuden von Körper und Geist sind gewichen ins Uner-
reichbare.

Wir beschmutzen unnötigerweise
Die schöne Brust unserer Mutter Erde,
Wir entreißen ihr die Bäume und können doch unsere Habgier
nicht stillen,
Sodass der fruchtbare Boden sich in eine sterile Wüste verwan-
delt.

Die gegenseitige Abhängigkeit zwischen der Umwelt
Und der Innenwelt der Menschen,
Wie sie in den *Tantras*[59] beschrieben steht,
Oder in den Werken über Astronomie und Medizin,
Wurde in jüngsten Experimenten bestätigt.

Die Erde ist das Haus der lebenden Wesen;
Sie ist unvoreingenommen, sie unterscheidet nicht zwischen
Belebtem und Unbelebtem.

So sprach der Buddha mit einer Stimme, die die Wahrheit ver-
kündet,
Und die Große Erde ward sein Zeuge.

So, wie ein erhabenes Wesen die Güte einer intelligenten Mut-
ter erkennt
Und ihr seine Anerkennung zollt,
So sollten auch wir die Erde, unsere allumfassende Mutter,
Die uns allen dieselbe Nahrung angedeihen lässt,
Mit Zuneigung und Rücksicht behandeln.

Kehren wir uns ab von Verschwendung, von der Verschmutzung
Der sauberen, klaren Natur der vier Elemente,
Hören wir auf, das Wohl der Völker zu zerstören!
Widmen wir uns stattdessen Tätigkeiten, von denen alle pro-
fitieren!

Der Buddha, der große Weise, ward unter einem Baum geboren
Und nahm Platz unter einem Baum, um seine Erleuchtung zu
erlangen,
Nachdem er seine Leidenschaften überwunden hatte.
Unter diesen beiden Bäumen ist er ins *Nirvana* eingegangen –
Ein Zeichen dafür, dass der Buddha Bäumen großen Respekt
entgegenbrachte.

Der Ort, an dem Lama Tsong Khapa, die Emanation des Man-
jushri,
Seinen Körper sich entfalten ließ,
Ist mit einem Sandelholzbaum markiert,
Dessen Blätter hunderttausendfach das Bild des Buddha tragen.

Wissen wir nicht, dass manch überweltliche Gottheiten,
Manch herausragende Göttergestalten und Geister
Sich häuslich in Bäumen niederlassen?

Üppige Bäume reinigen den Wind
Und lassen uns eine Luft atmen, die uns aufs Neue belebt.
Sie sind eine Wohltat für die Augen und beruhigen den Geist.
Ihr Blattwerk schenkt uns einen Ort wohliger Ruhe.

Im *Vinaya*[60] lehrte der Buddha die Mönche,
Den empfindlichen Bäumen Sorgfalt angedeihen zu lassen.
Durch diese Belehrungen lernen wir, dass es tugendhaft ist,
Bäume zu pflanzen und zu hegen und zu pflegen.

Der Buddha untersagte es den Mönchen, lebende Pflanzen
Abzuschneiden oder abschneiden zu lassen,
Samenkörner zu zerstören oder das grüne, frische Gras zu beschmutzen.
Sollte uns das nicht dazu bringen,
Unsere Umwelt zu lieben und zu schützen?

Es heißt, dass in den himmlischen Reichen
Die Bäume die Segnungen des Buddha ausstrahlen
Und seine Worte widerhallen lassen,
Die die grundlegenden Lehren wie die Lehre von der Unbeständigkeit verkünden.

Es sind die Bäume, die den Regen bringen
Und die Essenz der Fruchtbarkeit des Bodens enthalten.
Der Kalpataru[61], jener wunscherfüllende Baum,
Ist ein Spross der Erde und soll all unseren Zielen dienen.

Früher aßen unsere Vorfahren die Früchte der Bäume
Und bedeckten sich mit deren Blättern.
Sie lernten es, Holzstücke aneinanderzureiben und damit Feuer zu machen,
Und sie flüchteten sich bei Gefahr unter das Blätterdach der Bäume.

Selbst in unserer Zeit der Wissenschaft und Technik
Schenken uns die Bäume ein schützendes Dach,
Stühle zum Sitzen und Betten zum Schlafen.
Wenn das Herz sich an Streitigkeiten entzündet und vor Zorn
brennt,
Bieten die Bäume uns ihren kühlen, einladenden Schatten.

In den Bäumen sammelt sich das Schwingen allen Lebens auf
Erden.
Wenn sie verschwunden sind,
Dann wird das Land, das uns bekannt ist unter dem Namen
des Baumes *Jambu*[62],
Nur mehr eine traurige, desolate Wüste sein.

Nichts ist dem Lebenden teurer als das Leben.
Als der Buddha das erkannt hatte,
Schrieb er in den Regeln des *Vinaya* Verbote nieder,
Wie kein Wasser zu verwenden, das Lebewesen enthält.

In den entlegenen Gebieten des Himalaya, in Tibet,
Waren früher Jagd und Fischfang verboten,
Und zu gewissen Zeiten durften nicht einmal Häuser gebaut
werden.[63]
Diese Traditionen zeugen von einem edlen Geiste, denn sie
schützen und schätzen
Auch das Leben der allerniedrigsten, wehrlosen Geschöpfe.

Mit dem Leben anderer Wesen zu spielen, ohne Rücksicht
und Gefühle walten zu lassen,
Wie wir es bei den sportlichen Aktivitäten der Jagd oder des
Fischfangs tun,
Ist nichts als unsinnige, unnütze Gewaltanwendung,
Die die unantastbaren Rechte aller Lebewesen mit Füßen
tritt.

Im Bewusstsein der gegenseitigen Abhängigkeit aller Geschöpfe,
Seien sie belebt oder unbelebt,
Müssen wir uns unablässig bemühen,
Die Energie der Natur zu bewahren und zu schützen.

Eines Tages, in einem gewissen Monat und Jahr,
Sollten wir in einer Zeremonie Bäume pflanzen,
Um zu zeigen, dass wir unserer Verantwortung nachkommen
und unseresgleichen dienen,
Und damit nicht nur unser Glück, sondern das aller Wesen zu
sichern.

Mögen wir die Kraft haben, uns dem Gerechten zu verschreiben,
Negativer, übelwollender Handlungen zu entsagen,
Und so das Wohlergehen der Welt fördern und nähren!
Möge eine solche Haltung die lebenden Wesen stärken und
nähren
Und sie in ihrer Entfaltung unterstützen!
Mögen die Freude des Waldes und das Glück der Natur
Sich ständig entfalten und alles umfassen, was existiert![64]

Der Buddha bei der Partei der Grünen

Mehrere Bäume sind mit markanten Ereignissen des Lebens
von Buddha Shakyamuni verbunden. Er wurde im Garten
Lumbini[65] unter einem heiligen Baum, dem *ashoka*, geboren,
dessen Sanskrit-Name »von Kummer ganz frei« bedeutet. Nach
alten indischen Glaubensvorstellungen hieß es von diesem mit
der weiblichen Fruchtbarkeit verbundenen Baum, er blühe nur,
wenn er vom Fuß einer jungen Frau zum Aufblühen angeregt
werde. Während die Königin Maya, die Mutter des künftigen Buddha, diesen zur Welt brachte, griff sie mit ihrer rech-

ten Hand nach einem *ashoka*-Zweig, worauf der Baum wunderbarerweise üppige Blüten austrieb, die ihre Blätter so lange herabrieseln ließen, bis die Hindu-Götter das göttliche Kind aufnahmen.

Unter einem *pipal,* einem heiligen Feigenbaum (ficus religiosus) erwachte der Prinz Siddharta Gautama. Er hatte mit 35 Jahren, nach langjähriger Askese und Meditation über die höchste Wahrheit, die das Heilmittel gegen alle Schmerzen des *samsara* ist, den Zustand höchster Bewusstheit, Erleuchtung[66] genannt, erlangt, der ihm den Namen Buddha, »der Erleuchtete« eintrug. Der Buddhismus der Frühzeit wurde symbolisch mit dem Feigenbaum in Verbindung gebracht, was die Übernahme dieser neuen Religion durch Bevölkerungsschichten erleichterte, die sehr stark den Glaubensvorstellungen ihrer Ahnen verhaftet waren.

Schließlich begleiteten auch noch andere Bäume die letzte Episode des Lebens von Buddha. Er ging im Alter von achtzig Jahren in Kushinagar[67] ins *parinirvana* ein, in die »totale Auslöschung«, nachdem er sich zwischen zwei blühenden *sala*[68] – die um diese Jahreszeit eigentlich gar nicht blühten – auf seine rechte Seite gelegt und das Gesicht nach Norden gewandt hatte. Als sein endgültig vom Kreislauf der Wiedergeburten befreites Bewusstsein aus dem Leib wich, ließen die *sala* einen Blütenregen auf ihn fallen, der ihn bedeckte.[69]

Der Dalai Lama scherzt gern damit, dass er sich die Wiederkehr des Buddha in unsere Zeit vorstellt. Welcher politischen Partei würde er sich wohl anschließen? Die ganz selbstverständliche Antwort kann uns die Gelegenheit geben, eine weitere Lektion in Weisheit und Humanität zu erhalten, die unsere Verbindung zur Natur neu belebt:

»Wenn man genau nachdenkt, kommt man unweigerlich zum Schluss, dass, würde der Buddha Shakyamuni heute wiederkommen und sich einer politischen Partei anschließen, dies bestimmt die Grünen wären! Er würde Umweltschützer!

Schließlich ist der Buddha nicht in einem Paradies zur Welt gekommen, sondern in einem Garten. Als er erwachte, war das nicht in einem Büro, einem Haus oder Tempel, sondern im Schatten eines Baums, des Bodhi-Baums. Und in seiner Sterbestunde ging er zu Füßen zweier Bäume in das große *Nirvana* ein.«[70]

»Wenn ich zur Wahl gehen dürfte, würde ich für eine Partei stimmen, die die Umwelt schützen will. Eine der jüngsten und positivsten Entwicklungen auf der Welt ist die Zunahme des Bewusstseins für die große Bedeutung der Natur. Daran ist nichts Sakrales oder Heiliges. Insofern wir Menschenwesen sind, entstammen wir der Natur, und es ist irrsinnig, der Natur zuwiderzuhandeln. Deshalb bin ich der Überzeugung, dass das Umweltthema keine Frage der Religion ist und auch nicht der Ethik oder der Moral. Das alles können wir uns schenken, weil wir auch dann überleben, wenn wir es bleiben lassen. Wir werden aber nicht überleben, wenn wir weiterhin so rücksichtslos mit der Natur umgehen.

Diese Wirklichkeit müssen wir akzeptieren. Wenn wir die Natur aus dem Gleichgewicht bringen, wird die Menschheit leiden müssen. Zudem müssen wir heute Lebenden auch an die künftigen Generationen denken. Das Recht auf eine saubere Umwelt ist ein Menschenrecht wie jedes andere. Folglich sind wir dafür verantwortlich, eine gesunde Welt weiterzugeben, ja sogar eine gesündere Welt als die, die wir vorgefunden haben. Dieser Vorsatz ist gar nicht so schwer, wie er aussieht. Denn selbst wenn dem, was wir als Einzelne tun können, Grenzen gesetzt sind, gibt es keine Grenzen für das, was sich dank des Engagements aller verwirklichen ließe. Als Einzelne müssen wir unser Möglichstes tun, auch wenn das als noch so geringfügig erscheinen mag. Wenn man beim Verlassen eines Zimmers das Licht ausknipst, mag das folgenlos erscheinen, aber das heißt nicht, dass wir es nicht tun sollten.

Als buddhistischer Mönch empfinde ich, dass hier der Glaube

an das Karma für das Alltagsleben sehr hilfreich sein kann. Glaubt man erst einmal an die Verbindung von Motivation und Resultat, wird man für die Auswirkungen der Akte, die man setzt, sensibler, bei sich selbst und auch bei anderen. So finde ich in der Welt sehr viel Gutes, trotz der Tragödie, die in Tibet anhält. Insbesondere tröstet es mich, wenn ich mit ansehe, wie man das Konsumdenken allmählich kritischer betrachtet und zunehmend das Gespür um sich greift, dass wir Menschen die Ressourcen der Erde bewahren müssen. Das ist unbedingt notwendig. Ich hoffe und bete, dass ich eines Tages diese Botschaft über den Umweltschutz und die Sorge umeinander auch dem chinesischen Volk überbringen kann. Da der Buddhismus den Chinesen keineswegs fremd ist, glaube ich, dass ich für sie in praktischer Hinsicht hilfreich sein könnte. Der neunte Panchen Lama[71] gab eines Tages in Peking eine Einführung ins Kalachakra.[72] Wenn ich also einmal das gleiche machen könnte, hätte ich bereits einen Vorgänger. In meiner Eigenschaft als buddhistischer Mönch erstreckt sich meine Sorge auf alle Mitglieder der Menschheitsfamilie, ja sogar auf alle fühlenden Lebewesen.

Mit den immer stärkeren Auswirkungen der Wissenschaft auf unser aller Leben spielen Religion und Spiritualität sogar eine noch größere Rolle dabei, uns an unser Menschsein zu erinnern. Diese beiden Ansätze stehen nicht im Widerspruch zueinander. Jeder von ihnen liefert uns kostbare Einsichten, die es uns ermöglichen, einander gegenseitig besser zu verstehen. Die Wissenschaft und auch die Lehren des Buddha sprechen uns vom wesentlichen Einssein alles dessen, was lebt.«[73]

Samenkörner des Friedens

Kurz nach dem Empfang des Friedensnobelpreises vollzog der Dalai Lama das tantrische Kalachakra-Ritual, das im tibetischen Buddhismus als das höchste gilt und den Frieden auf der

Welt fördern soll. Am Schluss der Zeremonie segnete er die Samen verschiedener Obstbäume, ließ sie an die aus der ganzen Welt hergekommenen Teilnehmer austeilen und erklärte:

»In unseren Tagen führt die Schädigung der Wälder, ausgelöst von der starken Bevölkerungszunahme und der anwachsenden Menge verschiedener chemischer Substanzen in der Atmosphäre, zu unregelmäßigen Regenfällen und einer globalen Erwärmung. Daraus resultieren Klimaveränderungen, sodass der ewige Schnee, der unsere Berge krönt, im Abschmelzen begriffen ist, was sich nicht nur auf die Menschen auswirkt, sondern auch auf andere Lebewesen.

Diese gefährliche Situation wird in der Welt durchaus wahrgenommen. In Tibet hatten früher die Berge mit ewigem Schnee eine viel dickere Schneeschicht. Unsere Alten erzählen, dass in ihrer Jugend die Gipfel eine sehr dichte Schneedecke hatten. Ihrer Überzeugung nach ist das Abnehmen des Schnees eines der Anzeichen des Weltuntergangs. Zwar stimmt es, dass der Klimawandel ein äußerst langsamer Prozess ist und man seine Auswirkungen erst nach einer sehr langen Zeit zu spüren bekommt. Zudem passen sich die Lebewesen und Pflanzen auf unserem Planeten dem Wandel auch ein Stück weit an. Genauso entwickelt sich auch die physische Gestalt des Menschen gemäß den Klimaveränderungen von Generation zu Generation.

Infolge des weltweiten Bevölkerungswachstums werden in großer Zahl Bäume gefällt, um als Brennmaterial zu dienen und die landwirtschaftlichen Anbauflächen zu vergrößern. Zudem haben die Chinesen in Tibet die altehrwürdigen Bäume gefällt, wie man den Schädel eines Menschen abrasiert – was einer massiven Vernichtung des tibetischen Erbes gleichkommt. Außerdem hat der ständige Schwund der Wälder in mehreren Weltgegenden einschließlich der beiden Amerikas negative Auswirkungen auf das globale Klima, das bereits begonnen hat, sich zu ändern und damit die Existenz sowohl der Menschengemeinschaft als auch aller Lebewesen zu erschüttern.

Das Wohl aller fühlenden Lebewesen, um das es hier geht, ist in unsere Verantwortung gelegt. Wir alle müssen unseren Beitrag zum Schutz der Umwelt leisten. Da auch ich meinen Anteil an Verantwortung trage, und damit die gegenwärtigen und auch die künftigen Generationen in den Genuss des erfrischenden Schattens und der Früchte der Bäume kommen, habe ich diese Samen von Obstbäumen mitgebracht. Ich habe sie mit einem Teil des Geldes gekauft, das ich bei der Verleihung des Friedensnobelpreises bekommen habe. Ich habe darum gebeten, sie bei dieser großen Versammlung zum Kalachakra an euch, die ihr die fünf Erdteile vertretet, auszuteilen. Diese Körner wurden in der Nähe des Mandalas ausgelegt, damit sie dessen Segnungen erfahren. Es sind Samen von Aprikosenbäumen, Haselnusssträuchern, Papayabäumen, Guavenbäumen und anderen Bäumen, die ihr entsprechend eurer verschiedenen Breitengrade aufziehen könnt.«[74]

Diese Geste des Dalai Lama hatte mich tief beeindruckt, und ich bin in Oxford darauf zu sprechen gekommen:

»Eure Heiligkeit, ich habe mehrmals die Kalachakra-Initiationen empfangen, die Sie regelmäßig in Indien und im Abendland abhalten, und ich war dabei auch als Übersetzerin tätig. In diesem Mandala, in dem die Umdrehungen der Planeten nach menschlichen Atemzügen bemessen werden, habe ich eine Erfahrung universalen Bewusstseins gemacht. Ich habe wahrgenommen, dass dieselbe Lebensenergie, die mich atmen lässt, ebenso alle Existenzen und den Kosmos atmen lässt. Und nachdem ich Sanskrittexte aus der Kalachakra-Tradition übersetzt hatte, die noch niemals in eine abendländische Sprache übersetzt worden waren[75], hat sich meine Ahnung vertieft, dass alles miteinander verbunden ist, vom unendlich Großen bis zum unendlich Kleinen. Auf Grundlage der Kalachakra-Meditation habe ich begriffen, warum die Lehre von der universellen Verantwortung Ihr wichtigster Beitrag zum Frieden auf der Welt ist.

Es hat mich tief berührt, dass Sie ausgerechnet in Sarnath, genau dem Ort, an dem der Buddha seine erste Lehre erteilt hatte, einen Teil Ihrer Nobelpreis-Prämie dafür verwendet haben, die Samenkörner zu kaufen, die Sie dann als Samen des Friedens ausgeteilt haben. Nachdem Sie am Ende des Rituals ins Bewusstsein der Teilnehmer Frieden gesät hatten, war es, als hätten Sie auch in die ganze Welt diesen Nektar ausgestreut. Ich spreche heute den Wunsch aus, der Geist des Friedens von Kalachakra möge mit der Veröffentlichung des *Manifests der universellen Verantwortung* reiche Frucht tragen.«

Bäume für den Frieden pflanzen

Die Erwähnung des Kalachakra hat uns weit vom Magdalene College weggeführt, nämlich zu den Uranfängen der tantrischen Rituale, die den Zugang zu unermesslichen, mit dem unendlichen Leben verbundenen Bewusstseinszuständen eröffnen. Nach dieser Abschweifung bemerkt der Dalai Lama mit tief aus dem Inneren kommender Stimme:

»Der Friede ist nichts Ungreifbares. Es genügt nicht, ihm ein Ritual zu widmen. Den Frieden muss man leben. Bäume zu pflanzen ist eine Friedensgeste. Es trägt dazu bei, unzählige Lebewesen, Insekten und Vögel, zu schützen, deren Wohnstätte sie werden. Die Bäume nähren auch die Menschen mit ihren Früchten und nehmen am großen Kreislauf des Lebens teil, indem sie Kohlendioxid aufnehmen und den Sauerstoff abgeben, den wir atmen.«

Ich komme auf unser Thema zurück:

»Wenn das Pflanzen eines Baums eine Friedensgeste ist, verstößt dann das Fällen von Bäumen nicht gegen den Frieden? Das ist ja der Grund, weshalb Sie unablässig die in großem Maßstab in Tibet stattfindende Abholzung verurteilt haben.«

Dazu sagt der Dalai Lama direkt nichts, sondern kommt

wieder auf die globale Auswirkung des Verbrechens zurück, das man mit der Zerstörung des ökologischen Erbes Tibets begeht:

»In der neuen, im globalen Maßstab vernetzten Wirklichkeit zeigt sich klar und deutlich, dass die massive Abholzung eine Katastrophe für die ganze Welt ist, ganz gleich, wo sie geschieht, sei es in Tibet, in Afrika oder in Amazonien. Was Tibet angeht, stimmt es, dass ich von Anfang meines Exils an öffentlich davon gesprochen habe.«

Der Dalai Lama weist mich auf seine Ansprachen vor den internationalen Gerichtshöfen hin, wo er unablässig die missbräuchliche Ausbeutung der Ressourcen seines Landes durch China angeklagt hatte, bei der man keinerlei Rücksicht auf die Folgen für die Umwelt nimmt. In der Sammlung seiner Ansprachen finde ich seinen Vortrag »Tibet in Gefahr« wieder, der besonders ergiebig und immer noch aktuell ist:

»Die Abholzung von Tibet ist nicht nur um der Landschaften willen bedauerlich, die ihre Schönheit verloren haben, sondern auch wegen der Einwohner, die sich fortan schwer damit tun, noch Brennholz zum Heizen zu finden. Dieser Punkt ist relativ unbedeutend im Vergleich mit den schweren Folgen der Entwaldung, wenn man sie im größeren Zusammenhang bedenkt.

Der überwiegende Teil Tibets besteht nämlich aus Trockenzonen, die in großer Höhe liegen. Das bedeutet, dass der Boden länger als in gemäßigteren und feuchteren Zonen dafür braucht, sich zu erneuern. Die negativen Auswirkungen sind länger zu spüren. Zudem entspringen die meisten Flüsse, die einen Großteil Asiens bewässern, fast alle in Tibet: Die Flüsse von Pakistan, Indien, China, Vietnam, Laos und Kambodscha, wie zum Beispiel der Gelbe Fluss, der Brahmaputra, der Jangtsekiang, der Saluen und der Mekong. Die Verschmutzung der Flüsse wirkt sich katastrophal auf die flussabwärts gelegenen Länder aus. Nun finden aber ausgerechnet in deren Quellregionen die größten Schädigungen statt: einerseits die Abholzung in großem Maßstab und andererseits der Abbau von Bodenschätzen.

Nach chinesischen Statistiken kommen in Tibet 126 verschiedene Mineralien vor. Als diese Ressourcen entdeckt wurden, begannen die Chinesen damit, sie intensiv auszubeuten, und sie trafen dabei keinerlei Maßnahmen zum Schutz der Umwelt. Die Folge ist, dass die Abholzung und der Bergbau zu immer mehr Überschwemmungen in den tiefer als Tibet gelegenen Ländern führen.

Nach Angabe der Experten wird die Entwaldung des Hochlands von Tibet die Wirkung der Abstrahlung des Eises in den Raum verändern (weil die Wälder mehr Sonnenstrahlung absorbieren), und das wird sich auf den Monsun auswirken, nicht nur in Tibet, sondern auch in den benachbarten Zonen. Von daher ist es von höchster Bedeutung, die sehr verletzliche Umwelt von Tibet zu erhalten. In der kommunistischen Welt sind verhängnisvollerweise aus reiner Nachlässigkeit viele Probleme durch Umweltverschmutzung hervorgerufen worden. Das hat man ja in Ländern wie der ehemaligen Sowjetunion, Polen oder auch Ostdeutschland früher deutlich sehen können. Die Fabriken steigerten ihre Produktion, ohne sich um die daraus entstehenden Schäden für die Umwelt zu kümmern.

Genau das wiederholt sich jetzt wieder in der Volksrepublik China. In den 1970er- und 1980er-Jahren achtete man überhaupt nicht auf die Verschmutzung, aber dann entwickelte sich in vielen Ländern ein ernsthaftes Bewusstsein dafür. Deshalb glaube ich, dass die Verhaltensweisen davor hauptsächlich der Ignoranz zu verdanken waren.

In Tibet gehen die chinesischen Funktionäre in Umweltangelegenheiten mit diskriminierenden Maßnahmen vor, sodass sie ihre Nachlässigkeit vorwiegend in Regionen walten lassen, die von bestimmten Bevölkerungsgruppen bewohnt sind. So hat mir ein Tibeter, der aus Dingri im Süden von Tibet stammt, von einem Fluss erzählt, aus dem die Dorfbewohner ihr Trinkwasser schöpften. Aber die dort wohnenden Chinesen der Volksbefreiungsarmee wurden angewiesen, daraus nicht zu trinken, ohne dass man die Tibeter über die mit dem Verbrauch dieses Wassers verbundenen Risiken informiert hätte. So pflegten sie weiterhin daraus zu trinken. Das zeigt, dass die Nachlässigkeit anhält, was aber nicht daran liegt, dass die Chinesen zu wenig informiert wären, es gibt andere Gründe.

Die Kinder leiden bereits an Krankheiten, die mit der Luftverschmutzung zusammenhängen. Im Verborgenen der bescheidenen Behausungen herrschen Leiden und Ängste, die draußen gar nicht vernommen werden. Im Namen dieser unschuldigen Menschen erhebe ich meine Stimme.«[76]

Tibet wird seiner Lebenskraft beraubt

Die Politik der systematischen Abholzung zum Nutzen Chinas hat Tibet bereits um 85 Prozent seiner Wälder beraubt.[77] Auf die Invasion von 1949 folgte tatsächlich unverzüglich das massive systematische Fällen von Jahrhunderte alten Bäumen, deren gewaltige Stämme auf Lastwagen verladen wurden. Diese Fahrzeuge pendelten in unendlichen Schlangen längs der Serpentinenstraßen von Szechuan zwischen dem Dach der Welt und den Hochöfen der chinesischen Metropolen, die auf vollen Touren gefahren wurden. In Dartsendo, der »Pforte von Tibet« und Grenzstadt zwischen dem Hochland und dem chinesischen Tiefland, beobachteten die Bauern, dass im Zeitraum, den sie benötigten, um eine Tasse Tee zu trinken, rund fünfzehn Transporter von großen Baumstämmen durchfuhren.[78]

In Oxford nahm der Dalai Lama dieses Thema auf. Er beklagte, dass er ständig von erst unlängst ins Exil gegangenen Landsleuten zu hören bekomme, diese Lastwagenkonvois transportierten unaufhörlich, 24 Stunden am Tag, Holz aus Osttibet in die chinesischen Tiefebenen.

Die Abholzung entblößte die gesamten Hügellandschaften der China nahe gelegenen tibetischen Region Kham. Auch im

Südosten von Tibet wurde die Region Kongpo durch Abholzung in eine tote Wüstenei verwandelt, die einer Mondlandschaft gleicht.[79] Die ausgebluteten Hochplateaus wurden ihrer Lebenskraft beraubt, um die wachsende Volksrepublik zu ernähren, die sich damit auf den Rang der größten Volkswirtschaft der Welt erhob. Bis heute schreitet die Abholzung unerbittlich voran, trotz allen Umweltschutzkonferenzen, an denen China teilnimmt.

Im Jahr 2015 unterließ es der Dalai Lama nicht, die unverantwortliche Politik des Pekinger Regimes anzuklagen. Langfristig gesehen gefährdet die globale Erwärmung des dritten Pols das Überleben der Menschheit. Wer könnte es da noch hinnehmen, dass die gewaltigen ökologischen Probleme, die sich auf dem Hochland von Tibet abzeichnen, als rein innerchinesische Angelegenheit betrachtet werden? Kann man sie denn tatsächlich noch gemäß »anachronistischer Denkschemata« behandeln, die der neuen Wirklichkeit der heutigen Welt völlig widersprechen?

Die Experten und auch die Politiker der Volksrepublik haben in ihre offiziellen Reden den Ausdruck »dritter Pol« zur Bezeichnung Tibets übernommen. Zu ihrer eigenen Entschuldigung räumen sie ein, dass der dritte Pol gemäß seinem Namen nicht auf eine Provinz der Volksrepublik reduzierbar sei und nicht einfach ein Eldorado chinesischer Unternehmer sein dürfe. Der dritte Pol gehört zu unserem Planeten. Sein weiteres Schicksal ist eine Angelegenheit der gesamten Menschheit, und das Schicksal der Menschheit hängt heute vom dritten Pol ab.

Der Dalai Lama erinnert unermüdlich daran. Aber während ich noch einmal das Video unseres Gesprächs vom 15. September 2015 durchgehe, packt mich die Überzeugung: Trotz allen Gefahren ist der Anbruch der neuen Wirklichkeit unvermeidlich … einer neuen Wirklichkeit, die nicht bloß eine Utopie ist, denn sie beginnt im Bewusstsein der Menschen Raum zu greifen. Die neue Wirklichkeit ist diejenige einer Menschheit, die im Begriff ist, sich angesichts der Mängel unserer Epoche miteinander zu versöhnen und sich das Thema der Hoffnung für die künftigen Generationen zu eigen zu machen.

Das Auftauchen dieser neuen Wirklichkeit, die aus der Taubheit der alten Welt aufbricht, erfordert eine Zwischenzeit, eine Übergangszeit. Es handelt sich um einen Übergang, der nicht nur den Energieverbrauch, die Ökologie oder das Sozialleben betrifft, sondern auch unser Inneres. Der innere Übergang verleiht allen anderen Übergängen ihren Sinn und ermöglich sie. Er besteht darin, eine Wahrheit existenzieller Art wiederzufinden, im Sinn des indischen *satya*, womit die »Wahrheit des Seins« gemeint ist. Das ist eine Erfahrungswahrheit, die wir entdecken müssen, und sie ist, mit Krishnamurti gesprochen, »die Wahrheit eines weglosen Landes«. Diese Wahrheit liegt nicht auf dem Feld der Theorie, also in einer spekulativen Äußerlichkeit, die den Geist vom Geist entfernt.

Diesbezüglich hat der hervorragende Sinologe Simon Leys geschrieben: »Die Wahrheit ist wie ein Schmetterling: Wenn wir sie festhalten, töten wir sie.«[80] Wenn man es also mit der Wahrheit versucht, die sich nicht auf einen Begriff reduzieren lässt, kommt man ihr am besten nahe. Ihre unvorhersehbaren Verlaufsbahnen, die sich von Sekunde zu Sekunde erschließen, eröffnen uns den ihr innewohnenden Geist. Den Geist wieder in den Geist heimzubringen, ist aber das, was der Dalai Lama mit der Einübung in die Meditation lehrt. Beim Glücksspiel des Lebens geht es um eine solche verwandelnde Praxis. Auf die Innerlichkeit und die Entwicklung des Mitgefühls ausgerichtet, bietet sie dem Konsumdenken die Stirn, das das Lebende vernichtet, und es erschließt die neuen Ansätze zu einem altruistischen In-der-Welt-Sein.

II.
DAS ZEITALTER
DER UNIVERSELLEN
VERANTWORTUNG

*Probleme kann man niemals mit derselben
Denkweise lösen, durch die sie entstanden
sind. Man muss es lernen, die Welt mit
neuen Augen zu sehen.*

ALBERT EINSTEIN

1.

DAS ANTHROPOZÄN, DAS ZEITALTER DER MENSCHHEIT

Wir sind auf diesem Planeten Besucher und höchs-tens 90 oder 100 Jahre lang da. Während dieser Zeit müssen wir versuchen, aus unserem Leben etwas Gutes und Nützliches zu machen. Das eigentliche Ziel und der wahre Sinn des Lebens bestehen darin, zum Glück anderer beizutragen.

DER DALAI LAMA

Das Beste erhoffen und sich zugleich auf das Schlimmste gefasst machen

»Alle Phänomene dieser Welt sind ihrer Natur nach miteinander verbunden. Zuweilen mag man denken, dass manche auf ein bestimmtes Gebiet oder eine bestimmte Zeit beschränkt sind. Aber das ist nicht der Fall; in Wirklichkeit ist alles wechselseitig voneinander abhängig. Unsere Gesundheit hängt mit dem Klima zusammen, das Klima mit den Aktivitäten der Menschen, deren Aktivitäten mit politischen Entscheidungen, die Politik mit der Geistesverfassung der Regierenden. Was die Menschen angeht, können sie sich bei zum Erhalt ihrer Gesundheit nicht einfach nur auf ein einzelnes Symptom konzentrieren und Medikamente einnehmen, um dieses spezifische

Problem zu lösen, ohne ihren Allgemeinzustand zu berücksichtigen. Das würde nicht genügen. In unserem Körper ist vom Kopf bis zu den Füßen alles miteinander verbunden. Und was noch wichtiger ist: Man muss auch den Einfluss der Gefühle mit in Betracht ziehen. Unser Körper, unsere Gefühle und unser Geist sind gegenseitig sehr voneinander abhängig. So gilt also als allgemeine Regel, dass es notwendig ist, eine ganzheitliche Sichtweise einzunehmen.«

Sobald wir das Thema wechseln, verfliegt der Schleier der Traurigkeit sehr schnell, der das Gesicht des Dalai Lama während der Ausführungen über Tibet überzogen hatte. Sicher, die Umweltzerstörung am dritten Pol ist verheerend. Wäre Tibet eine vom Rest der Welt losgelöste Insel, wie die chinesische Volkspartei das glauben machen will, könnte die Katastrophe, die dort im Gang ist, unumkehrbar sein. Aber das ist nicht der Fall. Da alle Phänomene miteinander zusammenhängen, entwickeln sie sich auf der Kette der Ereignisse des Lebens mit unendlich vielen Rückwirkungen.

Eine der Lieblingsformulierungen des Dalai Lama ist: »Hoffen wir auf das Beste und bereiten wir uns auf das Schlimmste vor.« Damit wir noch hoffen können, leitet uns die ganzheitliche Sichtweise dazu an, auf die Tatsache zurückzukommen, dass wir zunächst einmal grundsätzlich alle Menschen sind und dass dies wichtiger ist als alle zweitrangigen Unterscheidungen wie etwa hinsichtlich unserer Nationalität oder Religion. Im Namen dieser realistischen Sichtweise setzt der Dalai Lama Chinesen und Tibeter nicht einander entgegen, sondern er sieht sie als Brüder und Schwestern, die alle gleichermaßen auf das Glück aus sind. Und er fordert unermüdlich dazu auf, niemals zu vergessen, dass das, was uns miteinander verbindet, stärker ist als das, was uns trennt:

»Jede und jeder von uns ist Teil der Menschheit und muss sich bemühen, der Menschheit zum Wohl zu gereichen. Aber bei unserer Geburt gibt es keine Unterschiede, und erst recht nicht, wenn wir krank sind. So sind wir also grundsätzlich alle geistig, emotional und körperlich die gleichen Menschenwesen. Das Wichtigste aber ist, dass sich jeder ein glückliches Leben wünscht, ohne Leiden, ohne Krieg, ohne Gewalt. Die Gewalt fällt ja nicht einfach vom Himmel, sondern wir sind es, die sie an den Tag legen. In den USA sage ich oft, dass es nicht genügt, bloß immer über das Verbot von Feuerwaffen zu reden. Die eigentlich wirksame Maßnahme gegen die Waffen ist ein Geist, der sich ganz und gar der Gewaltfreiheit verschrieben hat. Würden das alle tun, so wäre selbst dann, wenn überall Waffen verfügbar wären, niemand versucht, sie zu gebrauchen.

Leider muss man feststellen, dass weder die Religion noch die Moral, noch die Naturwissenschaft, noch die Medizin, noch das derzeitige Erziehungssystem es fertiggebracht haben, den Menschen die Grundsätze der Gewaltfreiheit beizubringen. Ich sehe deshalb nur noch die Möglichkeit, an die Verantwortung zu appellieren, die sich aus unserem gemeinsamen Menschsein ergibt. Angesichts unseres gemeinsamen Menschseins werden die Unterschiede hinsichtlich ethnischer, religiöser oder sonstiger Zugehörigkeit zweitrangig. Sie treten in den Hintergrund. Wir alle fühlen uns verantwortlich für die sieben Milliarden Menschenwesen und eine nachhaltige Umwelt, wie sie für das Leben notwendig ist. Das sind die Aspekte unserer gemeinsamen Verantwortung.

Verändern wir den Sachverhalt! Am Anfang vieler positiver sozialer Entwicklungen stehen nicht die Vereinten Nationen, sondern Volksbewegungen. Die Bevölkerung hat die Macht, die Welt zu verändern.

Das Volk ist die Gesamtheit der Individuen, und folglich ist auch jeder einzelne von uns in der Verantwortung und dazu verpflichtet, seinen Beitrag für eine Welt zu leisten, die in Glück und Frieden leben kann. Ob dieses jetzige Jahrhundert glücklich verlaufen wird, hängt letztlich von jedem einzelnen von uns ab.«

Die Veränderung der Welt kommt zunächst
im Bewusstsein der Menschen zustande

Die universelle Verantwortung kennt keine Grenzen und beginnt damit, dass jeder einzelne Mensch sich dessen bewusst wird, dass er persönlich Teil der sich stellenden Probleme ist und folglich auch Teil der Lösungen. Der jetzige Zustand unseres Planeten, der in vielerlei Hinsicht als Endzustand anmutet, ist kein blindes Verhängnis. Der Dalai Lama weiß das mehr als jeder andere, obwohl sein Durchhaltevermögen bereits dadurch auf die Probe gestellt wurde, dass seit inzwischen mehr als einem halben Jahrhundert die unrechtmäßige Besetzung seines Landes andauert. Aber er weiß auch, dass nichts endgültig ist.

Der Irrtum ist viel zu sehr verbreitet, sich vorzustellen, eine bestimmte Situation überfordere uns völlig und wir stünden den Krisen unserer Welt machtlos gegenüber. Jede Handlung, selbst die scheinbar unbedeutendste, ist ein wesentlicher und sehr konkreter Beitrag zur Besserung, wie der Dalai Lama erklärt:

»Ich persönlich achte sehr darauf, meinen Energieverbrauch einzuschränken. Und es freut mich, mit anzusehen, dass es in den Hotels mehr und mehr Inschriften gibt, mit denen die Gäste dazu eingeladen werden, sich umweltfreundlich zu verhalten. Ich selbst achte immer darauf, jedes Mal, wenn ich ein Zimmer verlasse, alle Lichter auszuschalten. Ich bade auch kaum mehr, sondern dusche nur noch …«

Unter schallendem Lachen sagt der Dalai Lama: »Ich gebe zu, ich dusche täglich zwei Mal … Aber jedenfalls ist das immer noch besser, als täglich zwei Mal zu baden!«

Dann wird er wieder ernst:

»Das größte Problem sind aber meine Flugreisen, die meinen Kohlendioxydverbrauch in die Höhe treiben. Doch wie dem auch sei, wir müssen immer wachsam sein und dürfen die Ressourcen dieses Planeten nicht vergeuden.

Jede Geste zählt und auch jeder Gedanke. Denn was letztlich die Menschheit zu einem segensreichen Verhalten bekehren wird, ist das wache Gewissen, das jede und jeder aufbringt. Die Veränderung der Welt kommt in erster Linie durch das Bewusstsein aller zustande. Wie sollte man sich vorstellen können, dass sich die Welt ändern ließe, ohne dass sich zuvor der Geist des Menschen ändert? Die neue Wirklichkeit ruft uns zu dieser dringenden Veränderung auf.«

Ich stelle ihm sodann die Frage, wie man diesen Wandel auf unserer mörderischen Welt denn anpacken solle. Die Politiker versprechen diesen Wandel und die Völker verlangen nach ihm, denn die auf die Berichte von Experten gestützte allgemeine Überzeugung ist, dass der derzeitige Lauf der Welt uns in eine Apokalypse steuern wird. Aber es zeichnet sich keine klare, kohärente Richtung ab. Wo soll man denn da anfangen?

Die Antwort kommt spontan, direkt, präzise. Sie besteht aus dem einen Wort: »Interdependenz«, also: »wechselseitige Abhängigkeit«. Darauf tritt Schweigen ein.

»Da dies ist, wird das existieren«

In diesem Schweigen vernehme ich das Echo von so vielen Erklärungen des Dalai Lama. Im Rahmen seiner Lehren und öffentlichen Vorträge habe ich viele von ihnen übersetzt. Um den spezifischen Sinn zu verstehen, den der Dalai Lama dem Begriff »Interdependenz«[81] gibt, habe ich mich in die Metaphysik des *Mittleren Wegs* vertieft, wie sie Nagarjuna erläutert. Zudem habe ich viele Stunden damit verbracht, dem Dalai Lama zuzuhören, wenn er die Geheimnisse dieser Philosophie darlegte, die sich bemüht, die Wirklichkeit so zu beschreiben, wie sie ist:

»Der Buddhismus legt eine Methode vor, die uns besser macht, indem wir über die wahre Natur der Dinge reflektieren, ohne uns von den Erscheinungen täuschen zu lassen. Bei der

Wahrnehmung, die wir von ihnen haben, verfügen die Phänomene, wie sie sich uns darbieten, über keine letzte Wirklichkeit. Nehmen wir als Beispiel einen Berg. Er scheint heute genauso auszusehen, wie er gestern war. Vor Millionen von Jahren geformt, stellt er in der Welt der Phänomene etwas Kontinuierliches dar. Aber auch wenn man seinem äußeren Erscheinungsbild grob gesehen eine relative Stabilität zuschreibt, muss man dennoch einräumen, dass jedes seiner Partikel auf der Ebene der Feinanalyse sich ständig von einem Augenblick zum andern verändert. Diese auf minimalster Ebene vor sich gehende ständige Veränderung geht in unserem Geist mit einer scheinbaren Beständigkeit einher. Aber diese so wahrgenommene Beständigkeit ist illusorisch. Denn nichts dauert an; es gibt keine zwei aufeinanderfolgende Augenblicke, die identisch wären.

Nehmen wir nach dem Beispiel vom Berg dasjenige einer Blume, deren Hinfälligkeit und vergänglicher Charakter offensichtlich sind. Die heute in Blüte stehende Blume war zuvor ein Samenkorn und wurde dann eine Knospe. Diese Zustandsveränderungen veranschaulichen die subtile Unbeständigkeit jedes Augenblicks; sie ist die wahre Natur der einem rapiden Verfall geweihten Blume. Ganz gleich, ob es sich nun um einen Berg oder eine Blume handelt, müssen wir uns an das Verständnis gewöhnen, dass in dem Augenblick, in dem ein Phänomen erscheint, es bereits in sich die Ursache seines eigenen Endes trägt.«[82]

Diese Beispiele des Dalai Lama veranschaulichen sehr gut den Prozess der Herstellung von äußeren Phänomenen. Nach einer Metapher, die der Buddha gern verwendet hat, bricht aus dem Samenkorn der Trieb auf, sofern einerseits die sieben zusammenhängenden Ursachen wirken: Samenkorn, Keim, Keimblatt[83], Stängel, Knospe, Blüte und Frucht, und andererseits die sechs daran geknüpften Bedingungen: Erde, Wasser, Feuer, Wind, Raum und Zeit. Mit dem Schildern dieser Metapher erläutert der Buddha die spezifischen Züge der Interdependenz von Ursachen und Wirkungen, deren es fünf gibt. Die erste ist die Unbeständigkeit: Der Keim bricht nur auf, wenn das Samenkorn mit seinem Eigenleben aufgehört hat. Die zweite ist die Kontinuität, denn es ist zwischen dem Aufhören des Samenkorns und der Geburt des Keims kein Bruch zu bemerken. Die dritte ist das Spezifische, also die besondere Eigenart jedes der aufeinanderfolgenden Phänomene, denn Samenkorn und Trieb haben je eigene Identitäten und Funktionen. Viertens verfügt eine minimale Ursache über das Potenzial, eine große Wirkung hervorzurufen, so wie etwa ein winziges Samenkorn zu einem riesigen Baum werden kann. Und fünftens schließlich folgen Ursache und Wirkung mit einer Kontinuität des Wesens aufeinander: Ein Weizenkorn treibt eine Weizenähre aus und keinen Maiskolben.

In Fortführung dieser Überlegung leitet der Dalai Lama aus der Interdependenz der Phänomene ab, dass sie keine ihnen inhärente Existenz haben, oder er nennt das auch ein Leersein:

»Wenn man sagt, dass alle Dinge wechselseitig voneinander abhängen, bedeutet das, dass sie von äußeren Ursachen und Bedingungen abhängig sind. Sie sind in dem Sinn leer, dass sie nicht in sich selbst die Ursachen und Bedingungen für ihre Existenz tragen. Schon allein das in den Phänomenen wirkende Verwandlungspotenzial verweist auf die grundlegende Wechselseitigkeit des Lebens.

Kann man behaupten, dass eine Wesenheit ›Blume‹ in sich existiert? Die Antwort lautet: nein. Die Blume ist lediglich eine Ansammlung von Merkmalen wie etwa ihrer Form, ihrer Farbe oder ihrem Duft. Es gibt keine Blume, die unabhängig von ihren Erscheinungsweisen wäre. Der Buddha stellt nicht in Abrede, dass die Dinge erscheinen, aber er behauptet, dass Erscheinungen und Leerheit eins sind. Wenn sich also eine Blume zeigt, schreiben sich ihre Formen und Charaktermerkmale unserem Geist ein. Aber ihre Eigennatur ist bar einer ihr innewohnenden Existenz.

Genauso beruht unsere Zeitwahrnehmung auf einem irrtümlichen Wirklichkeitsverständnis. Was ist denn tatsächlich die Vergangenheit? Die Vergangenheit ist keine Wirklichkeit, sondern nur ein Begriff. Und die Zukunft besteht aus Projektionen, also gedanklichen Vorwegnahmen, die ebenfalls keine Wirklichkeit haben. Die Vergangenheit war bereits, die Zukunft ist noch nicht. Diese Begriffe wirken auf uns wie Wirklichkeiten, ohne jedoch irgendeine Substanz zu haben. Die Gegenwart ist die Wahrheit, dass wir hier und jetzt leben, aber das ist eine ungreifbare Wirklichkeit ohne Andauer. Wir befinden uns also in der paradoxen Situation, dass die Gegenwart eine Grenze bildet, eine Linie zwischen einer Vergangenheit und einer Zukunft, die beide ohne konkrete Wirklichkeit sind. Die Gegenwart ist der ungreifbare Augenblick zwischen dem, was nicht mehr ist und dem, was noch nicht ist.«[84]

Beim Bemühen, diese Lehren des Dalai Lama zu verstehen, versuchte ich, sie mir anschaulicher zu machen, um besser nachvollziehen zu können, wie der Buddha dazu gekommen war, die Lehre von der Leerheit zu formulieren. Diese seine Lehre ist keine abstrakte Spekulation, sondern eine Erfahrungswahrheit als Ergebnis einer langen meditativen Askese. Im Herzen der Nacht, die dem Erwachen vorausgeht, hatte Shakyamuni klar und deutlich die Kette kausaler Interaktionen am Ursprung der bedingten Existenz im Lebensrad, dem *samsara*, wahrgenommen: »Dieses war, jenes beginnt zu existieren«, erklärte er. »Aus der Erscheinung von diesem kommt jenes. Dieses ist abwesend, jenes ist es nicht. Infolge des Aufhörens von diesem hört jenes auf.«[85]

Aus nichttheistischer Sicht gibt es keine substanzielle oberste Ursache, sondern nur ein Geflecht von bedingten Phänomenen, die wiederum neue Phänomene bedingen und formen. Die Ereignisse produzieren sich nicht separat oder unabhängig auf absolute Weise, denn sie sind relativ, vergänglich und ohne Primärursache. So lehrt der Buddha: »Das Leben ist wie ein Echo, ein Regenbogen, eine Blase in einem Wasserlauf. Es gleicht dem Aufleuchten des Blitzes am Sommerhimmel, es ist wie ein Tautropfen auf einem Grashalm.«

»Alle die Begriffe, die wir für ›die Realität‹ halten, sind bloße intellektuelle Fabrikate«, erklärt der Dalai Lama. »Sie stehen nicht für unabhängige Realitäten, die in sich selbst und aus sich selbst existieren. Laut dem Buddha existieren die Phänomene, die wir wahrnehmen, nur aufgrund ihrer Bezeichnung, also wegen der Namen und Begriffe, die wir ihnen zuschreiben. Das Wirken der Phänomene offenbart nämlich keine greifbare Wesenheit, die ihnen eigen wäre, sondern sie sind wie eine Luftspiegelung: Je mehr man sich ihnen nähert, desto weiter entfernen sie sich und verschwinden schließlich. Genauso entziehen sich die Phänomene dem sie analysierenden Geist.

Folglich muss man also zwei Wahrheiten voneinander unterscheiden: eine relative Wahrheit, die den Anschein der Phänomene betrifft, ihr Erscheinen und ihr Verschwinden; und eine letzte Wahrheit, die für die Abwesenheit der Eigenrealität der Phänomene steht. Wenn man sagt, die Phänomene seien bar einer ihnen innewohnenden Existenz, heißt das nicht, dass sie nicht existierten, sondern gemeint ist damit ihre Interdependenz und die Tatsache, dass sie keine abgetrennte Realität besitzen. Die Rede von der Leerheit der Phänomene ist also alles andere als eine geistige Konstruktion oder ein Konzept, sondern sie entspricht genau der Realität der Welt der Phänomene.«[86]

Die Unterscheidung aller dieser Parameter geht dem Geist nicht auf, der nicht in die geistige Ruhe und die analytische Meditation eingeübt ist, welche man als »höhere Schau« oder »Tiefenschau« oder auch als »alldurchdringende Schau«[87] bezeichnet. Das richtige Erfassen der Natur der Realität ist befreiend, denn es durchtrennt die Illusion einer festen und abgetrennten Existenz der Personen und Phänomene. Das hat der Buddha in den *Sutras* gelehrt: »Hat man seinen Geist auf einen Meditationsgegenstand fixiert, so untersucht man diesen mithilfe der

Tiefenschau. So bricht die Klarheit der Erkenntnis auf und es lässt sich die Saat der Illusion ausmerzen.«

Interdependenz und physische Quantität

Während ich im Präsidentensalon des Magdalene College dem Dalai Lama gegenübersitze, kommt mir eine prägende Erinnerung wieder in den Sinn. Ich sehe das geistliche Oberhaupt so wie vor drei Jahren vor mir, in seine purpurfarbene Toga gekleidet. Das ist in Bodhgaya, wo er im Januar 2012 für eine Masse von 200 000 Menschen seine zweiunddreißigste Kalachakra-Initiation gibt. Seine Silhouette hebt sich stark vom ockerfarbenen Stein der Stupa von Bodhgaya ab. An dieser von innerer Glut bebenden Stätte, wo der Buddha sein Erwachen erlebte, kommt er mir derart als »Sohn Indiens« vor, wie er sich selbst gern vorstellt, der in der spirituellen Stammlinie der großen Meister von Nalanda steht. Mit Festigkeit wendet er sich an die Journalisten der indischen Presse, die herbeigeströmt sind, um ihn zu interviewen. Ich höre ihn mit der gleichen Überzeugungskraft betonen, dass es zum Verständnis der heutigen Welt notwendig sei, deren interdependente Natur zu begreifen, gemäß der genauen und einzigartigen Lehre des Buddha.

An diesem 15. September 2015 in Oxford erinnert der Dalai Lama unter anderem daran, dass die Logik der bedingten Hervorbringung von der zeitgenössischen Naturwissenschaft bestätigt werde:

»Vor fünfzehn Jahren gestand mir der indische Physiker Raja Ramanna, er habe Nagarjuna gelesen, den Theoretiker der interdependenten Hervorbringung. Er bewunderte diesen großen Philosophen und Meditierenden, einen der ersten Äbte der tantrischen Universität von Nalanda, dessen Kommen in diese Welt der Buddha prophezeit hatte, damit er den tiefen Sinn seiner Lehren erläutere. Nun hatte dieser Gelehrte zu seiner

Überraschung entdeckt, dass Nagarjuna in seinen *Wurzelversen über den Weg der Mitte* das Wesen des Erfassens der Realität genau so dargestellt hatte wie die heutige Quantenphysik. Zudem hat mir voriges Jahr in Kalkutta Professor Bhattacharya anvertraut, nach der Quantenphysik existiere nichts, weder von sich aus noch auf objektive Weise, was ganz der Aussage von Nagarjuna entspreche, dass die Dinge keine substanzielle Realität haben, sondern nur in Interdependenz in Form von Bezeichnungen existieren.

Es ist dreißig Jahre her, seit ich eine Reihe von Gesprächen mit Gelehrten von internationalem Renommee auf dem Gebiet der Neurowissenschaften, aber auch der Quantenphysik in die Wege geleitet hatte. Eines der grundlegenden Phänomene dieser Disziplin ist die Verschränkungstheorie, die besagt, dass zwei voneinander verschiedene physische Systeme in Wirklichkeit nur ein einziges darstellen. Das Gleiche gilt für zwei Partikel: Jeder Einfluss auf das eine betrifft auch das andere, so groß die Distanz zwischen ihnen auch sein mag, selbst wenn diese Lichtjahre zählt. Diese Eigenschaften der Ortlosigkeit und gegenseitigen Verschränkung gehören in der Quantenmechanik zu den verwirrendsten Rückschlüssen und werden in der buddhistischen Beschreibung der bedingten Hervorbringung in Begriffen der Nichttrennbarkeit dargelegt. Genau wie es schon in den alten Schriften warnend heißt, dass die Interdependenz und die daraus sich ergebende Leerheit für ungeübte Geister schockierend sei, hat auch ein berühmter Physiker[88] gesagt, wer nicht schockiert sei, wenn er die Quantentheorie entdecke, der habe nichts begriffen.«

Der Dalai Lama schweigt. Kurze Stille. Er blickt in die Vergangenheit zurück. 1954 in Peking, seine Begegnung mit Mao Zedong. Als er an dieses Ereignis 2015 im Magdalene College erinnert, habe ich das Gefühl, dass ich mit ihm zusammen binnen eines Augenblicks einundsechzig Jahre zurückspringe. Die Vergangenheit überschwemmt die Gegenwart; Ort und

Augenblick unseres Gesprächs verschwimmen, derart ist der kommunistische Führer im Gedächtnis des tibetischen Pontifex gegenwärtig. Während ich ihm zuhöre, tauchen wieder vertraute Archivbilder von diesem Besuch des damals noch nicht ganz neunzehn Jahre alten Dalai Lama in Peking vor meinen Augen auf. Der jugendliche und entschlossene Ausdruck des in Brokatgewänder Gekleideten steht im krassen Gegensatz zur Strenge des Revolutionärs des *Langen Marsches,* der einen nüchternen Anzug aus hellem Tuch trägt.

»Mao war sehr überrascht«, erinnert sich der Dalai Lama. »Er hat mich sogar dazu beglückwünscht, dass ich wissenschaftlich derart Bescheid wusste. Für ihn war es zweifellos unbegreiflich, dass ich mit einer solch modernen Mentalität Mönch und höchstes Oberhaupt von Tibet sein konnte. Mit seiner Überzeugung, dass die Religion Gift sei, hatte er eine falsche Vorstellung von unserer Religion, die in erster Linie eine Geisteswissenschaft und Philosophie ist. Hätte Mao länger gelebt, so hätte er bestimmt auch darüber gestaunt, dass Gelehrte höchsten Ranges Interesse für die traditionellen Kenntnisse an den Tag legten, die wir an den monastischen Universitäten weitergeben.«

Das maoistische China und die universelle Verantwortung in Aktion

Mir kommt gerade eine Frage zu einer Aussage des Dalai Lama am Tag vor unserem Gespräch in den Sinn. In einem Vortrag hatte er ausführlich von seiner Begegnung mit Mao erzählt, die zwar nicht Tibet vor der Invasion durch die Chinesen gerettet, jedoch sein politisches und soziales Denken angeregt und in diesem neuen Kontext sein Bewusstsein der universellen Verantwortung geweckt hatte:

»1954 habe ich einige Monate in China verbracht, Ich habe den Sozialismus und auch den Marxismus studiert. Vom Marxismus und seiner Theorie des Klassenkampfes habe ich mich sehr angezogen gefühlt. Wenn ich heute zuweilen von der universellen Verantwortung spreche, hat das durchaus mit den Lektionen von damals zu tun, in denen es im Namen der sozialen Gerechtigkeit um eine Brüderlichkeit ohne Grenzen ging.«[89]

Ich bitte den Dalai Lama, mir diese Verbindung zwischen der kommunistischen Ideologie und der universellen Verantwortung etwas genauer zu erklären. Er räumt ein:

»Natürlich habe ich es nicht in China gelernt, über die universelle Verantwortung zu meditieren. Ich habe mich darin bereits in sehr frühem Alter bei meinen spirituellen Meistern eingeübt. Aber was ich in Peking gesehen habe, hat mich stark beeindruckt. Das war universelle Verantwortung in Aktion.

In sozioökonomischer Hinsicht bin ich ein Schüler von Marx, denn der Marxismus kommt mir gerecht vor. Dagegen bin ich völlig gegen den totalitären Leninismus. Auf der persönlichen Ebene hat mich Mao in Peking sehr liebenswürdig empfangen. Bei meinen Einladungen zu diesen endlosen Banketten, die die Funktionäre der chinesischen KP ausrichteten, ließ er mich immer neben sich sitzen, teilte mit mir den Inhalt der ihm aufgetischten Platten und brach mir Stücke von seinem eigenen Brot ab … Im Übrigen hatte ich etwas Angst, er könne mich mit Mikroben anstecken, denn er war starker Raucher und hustete und spuckte viel!«

Der Dalai Lama lachte bei diesen letzten Worten und kam dann, ehe er unser Thema fortführte, noch einmal nachdenklich auf seine Erinnerungen zurück:

»Anfangs war Mao ein untadeliger Revolutionär. In Peking kam er mir als Revolutionsheld vor, der sich ganz seinem Volk widmete. Ich entsinne mich, dass er damals die Gewohnheit hatte, ständig zu wiederholen, innerhalb der Partei sei Kritik notwendig. Er ermutigte auch zur Selbstkritik. Die Kritik ist ja für uns so notwendig wie für den Fisch das Wasser, und in der buddhistischen Tradition raten wir dringend vom blinden Glauben ab und fordern ebenfalls zur Kritik auf.

In der Frühzeit der Volksrepublik gab es ein allumfassendes Ideal. Der Kommunismus schrieb sich eine Verantwortung für die ganze Menschheit auf die Fahnen, und das beeindruckte mich stark und hinterließ dauerhaft Spuren bei mir. Davon bin ich heute noch geprägt. Aber in der Folge änderte sich Mao. Die Macht hat ihn verdorben. Ab 1957 wurde es zum Verbrechen, seine Direktiven zu kritisieren, und von da an entwickelte sich das chinesische Regime in Richtung Totalitarismus. Mao verursachte den Tod von Millionen von Menschen.«

Ich bestätige, dass man die Zahl der Toten auf 78 Millionen schätzt und Mao der blutrünstigste Staatenlenker der Geschichte war. Aber beim Anhören dessen, was der Dalai Lama erzählt, stelle ich mir das China im Revolutionsfieber vor, das er als Neunzehnjähriger entdeckte. Es kam ihm wie ein neuer Planet vor. In diesem Laboratorium der Moderne, worin man vom brüderlichen Ideal des Kommunismus beseelt war, hatte er ein lebendiges Beispiel der Interdependenz vor Augen. Seine spirituellen Meister hatten sie ihm gelehrt, aber sie war für ihn in seiner Abgeschiedenheit hinter den Mauern des Potala lange Zeit etwas Abstraktes geblieben, wohingegen sie 1954 in Peking konkrete Gestalt angenommen hatte.

Ich sage zum Dalai Lama, dass ihn seine Reise von 1954 nach Peking nicht nur über rund 4000 Kilometer hinweg geführt habe, sondern zugleich auch über mehrere Jahrhunderte:

»Eure Heiligkeit, war dieser Besuch in China für Sie nicht geradezu eine Reise in eine andere Zeit?«

»Ja, das stimmt, aus dem Mittelalter bis in die heutige Welt«, bestätigt der Dalai Lama und fügt dann scherzhaft hinzu: »Das war ›ein großer Sprung nach vorn‹, wie der Präsident Mao gesagt hätte! Darauf hatte mich meine Erziehung überhaupt nicht vorbereitet.«

Die Abendländer kennen den Begriff der Interdependenz überhaupt nicht

Ich erinnere den Dalai Lama daran, wie er schon vor zwanzig Jahren beklagt habe, dass die Abendländer den Begriff der Interdependenz gar nicht kennen, und er erklärt:

»Ganz allgemein war ich von der abendländischen Gesellschaft stark beeindruckt. Ich bewundere ihre Energie, ihre Kreativität und ihren Wissensdurst. Allerdings kommt mir eine Anzahl von Elementen in der abendländischen Lebensweise bedenklich vor. So habe ich zum Beispiel gemerkt, wie sehr die Menschen dazu neigen, in Begriffen von Schwarz-Weiß oder Entweder-Oder zu denken und die komplexe Natur der Interdependenz und des Relativismus verkennen. Sie neigen dazu, die Grauzonen zu übersehen, die es unvermeidlich zwischen zwei gegensätzlichen Meinungen gibt.

Eine weitere Beobachtung, die ich gemacht habe, ist die, dass es im Abendland viele Menschen gibt, die sehr komfortabel in großen Villen leben, aber von der großen Masse der Menschen so gut wie isoliert sind. Es verwundert mich sehr, dass trotz eines derartigen materiellen Wohlstands und Tausenden von Brüdern und Schwestern als Nachbarn eine so große Zahl von ihnen es nicht fertigbringt, ihre Zuneigung über ihre Katzen und Hunde hinaus auch diesen Menschen zuzuwenden. Das verrät meiner Ansicht nach einen Mangel an spirituellen Werten. Zum Teil rührt dieses Problem vielleicht vom ungeheuren Wettbewerb in diesen Ländern. Er ist eine Quelle der Angst und der tief sitzenden Unsicherheit.«[90]

2015 in Oxford betont der Dalai Lama die Notwendigkeit, gründlich über die Interdependenz nachzudenken, um überhaupt die gesamte Komplexität der Probleme unserer Zeit richtig erfassen zu können. Tue man das nicht, so warnt er, werde unsere Logik verkürzend wirken:

»Nur wenn man die Interdependenz versteht, wird man die

Welt retten können. Wenn man in Kategorien der Interdependenz denkt, eröffnet sich einem zum Beispiel auch die Einsicht, dass die Terroristen nicht schon als Terroristen *geboren* werden. Sie sind dazu infolge einer Aneinanderreihung von Ursachen und Wirkungen geworden, die man entwirren muss, um den Ursprung dieses Problems zu erkennen und sein eigenes Stück Verantwortung dafür zu übernehmen. Wenn wir uns bloß darauf beschränken, die Terroristen anzuklagen, und dabei die Illusion haben, sie seien abseits der Welt aus dem Nichts so geworden, und wenn wir darauf beharren, die Quelle des Bösen, das sie anstellen, nur auf ihrer Seite zu suchen, können wir dem Terrorismus kein Ende bereiten.

Die Medien und die öffentliche Meinung verurteilen die Dschihadisten einhellig. Aber sie verkennen, dass ihre hoch entwickelten Waffen von der abendländischen Technologie entworfen und in der Vergangenheit genau von jenen Ländern geliefert worden sind, gegen die die Dschihadisten sie heute anwenden. Die Gier derjenigen Staaten, die Waffenhandel betreiben, gehört genauso angeklagt wie die blutige Barbarei derer, die Tod und Schrecken verbreiten. Alle haben Blut an ihren Händen. Die Herstellung von Waffen und der Handel mit ihnen schaffen negative karmische Abdrücke bei denjenigen, die deren Entwicklung betreiben oder sich daran beteiligen. Das tun sie auch dann noch, wenn sie persönlich diese ihre Tätigkeit aufgeben, und zwar in dem Maß, in dem das Unternehmen noch im Gang ist und die verkauften Waffen noch eingesetzt werden. Nur die Logik der Interdependenz wirft ein Licht auf den Gesamtkomplex der Ursachen und Bedingungen einer gegebenen Situation. Das gilt für die Politik genauso wie für die derzeitige Umweltkrise.«

Der Dalai Lama stimmt mir zu, als ich bemerke, dass die abendländischen Gesellschaften im Begriff seien, sich diesbezüglich weiterzuentwickeln. Ich zitiere als Beispiel die Enzyklika von Papst Franziskus *Laudato si'* »über die Sorge für das gemeinsame Haus«, deren Erscheinen der Dalai Lama begrüßt hat. Im Juli 2015 hat er sich auf dem Festival von Glastonbury hinter die radikale Botschaft des römischen Pontifex gestellt und die Oberhäupter der anderen Religionsgemeinschaften aufgefordert, ebenso dazu Stellung zu nehmen. Ich habe übrigens in dieser Enzyklika rund fünfzehn Erwähnungen der Interdependenz ausgemacht, zum Beispiel wenn die Rede ist von der brüderlichen Gemeinschaft des heiligen Franz von Assisi mit allen Geschöpfen Gottes und mit den Elementen, die ihre Sendung von »kostbarer Schönheit« erfüllen.

An dieser Stelle unseres Gesprächs zitiere ich den Heiligen Vater: »Die gegenseitige Abhängigkeit der Geschöpfe ist gottgewollt. Die Sonne und der Mond, die Zeder und die Feldblume, der Adler und der Sperling – all die unzähligen Verschiedenheiten und Ungleichheiten besagen, dass kein Geschöpf sich selbst genügt, dass die Geschöpfe nur in Abhängigkeit voneinander existieren, um sich im Dienst aneinander gegenseitig zu ergänzen.«[91]

Ich füge hinzu:

»Eure Heiligkeit, im Textverlauf von *Laudato si'* wird die gegenseitige Abhängigkeit als Herzstück des Projekts Gottes für seine Geschöpfe vorgestellt. Der Papst weist auf die dringliche Notwendigkeit eines ›unverzichtbaren weltweiten Konsenses‹ um des Überlebens der Menschheit hin.

Als Beispiel möchte ich hier dieses zweite Zitat aus der Enzyklika anführen, das ich mir auf meinem Tablet vermerkt habe. Sie werden sehen, es kommt dem Buchstaben und Geist nach eng an Ihre eigenen Erklärungen heran: ›Seit der Mitte des vergangenen Jahrhunderts und nach Überwindung vieler Schwierigkeiten hat sich allmählich die Tendenz durchgesetzt, den Planeten als Heimat zu begreifen und die Menschheit als ein Volk, das ein gemeinsames Haus bewohnt. Eine interdependente Welt bedeutet nicht einzig und allein, zu verstehen, dass die schädlichen Konsequenzen von Lebensstil, Produktionsweise und Konsumverhalten alle betreffen, sondern es bedeutet in erster Linie, dafür zu sorgen, dass die Lösungen von einer globalen Perspektive aus vorgeschlagen werden und nicht nur der Verteidigung der Interessen einiger Länder dienen. Die Interdependenz verpflichtet uns, an eine einzige Welt, an einen gemeinsamen Plan zu denken.‹[92]

Der Dalai Lama gesteht mir, dass er diese Enzyklika noch nicht im Detail gelesen hat, zeigt sich jedoch sehr angetan über die genauen Entsprechungen zwischen den Aussagen des Papstes und den seinigen:

»Eure Heiligkeit, es zeigt sich klar, dass das Thema Interdependenz ab jetzt in den abendländischen Gesellschaften im Kern der Reflexion über den ökologischen Wandel steht. Und zwar so, dass die Metaphysik der Weisen des alten Indiens, wie Sie sie auf die heutige Welt anwenden, höchst aktuell wird. Das *Manifest der universellen Verantwortung* wirkt von daher ungemein modern.«

Das Anthropozän, das Zeitalter der Menschheit[93]

Zur Vorbereitung unserer Begegnung in Oxford hatte ich auf Wunsch des Dalai Lama die Protokolle der Konferenz »Mind & Life« besorgt, die im Oktober 2011 fünf Tage lang bei ihm in Dharamsala stattgefunden hatte. In seiner Residenz, die von Himalaya-Zedern in stolzer und mächtiger Größe umhegt wird und hoch über der Ebene der *maharadjas* von Kangra[94] liegt, hatten sich dazu rund zehn Umweltexperten und spirituelle Persönlichkeiten aus allen Traditionen sowie Naturwissenschaftler getroffen, um miteinander über das Thema *Ökologie, Ethik und Interdependenz* zu diskutieren. Daran hatten zum Beispiel der siebzehnte Karmapa, Matthieu Ricard, der Neurologe Richard Davidson und der Psychologe Daniel Goleman teilgenommen. Diese Begegnung war außergewöhnlich, sowohl angesichts der

Qualität der Gesprächspartner als auch wegen ihres Anspruchs, etwas ganz Neues zu schaffen. Ihr Ziel war es, eine auf einem vertieften Verständnis beruhende Umweltethik vorzulegen.

Auf das »Anthropozän« kam man von Anfang an zu sprechen, und der Übersetzer des Dalai Lama erläuterte den Sinn dieses neuen Begriffs griechischen Ursprungs, für den es im Tibetischen keine Entsprechung gibt. »Anthropozän« ist zusammengesetzt aus »anthropos« (»Mensch«) und »kainos« (im Sinn von »jüngste Vergangenheit«). Die Experten von »Mind & Life« hatten präzisiert, dass wir im Schoß des Quartärs das Holozän[95] verlassen hätten, um in ein neues Erdzeitalter einzutreten, dessen Charakter vom Einwirken der Menschheit auf das System Erde und einer brutalen Reduktion der Zeitstufen geprägt werde. In einem kurzen Zeitraum, der Mitte des 20. Jahrhunderts eingesetzt habe, sei die Industriezivilisation entwickelt worden und habe tatsächlich eine derartige Stärke erreicht, dass sie das Ausmaß einer ganz eigenen geologischen Kraft angenommen habe. Im Lauf eines halben Jahrhunderts hätten ihre Auswirkungen auf die Biosphäre zu den gleichen Folgen geführt, wie sie in der Vergangenheit im Lauf von Millionen von Jahren durch Vereisung, Vulkanausbrüche oder sintflutartige Regenfälle der verschiedenen Erdzeitalter zustande gekommen seien.

In diesem Stadium unseres Gesprächs in Oxford stelle ich dem Dalai Lama die Frage, welche Bedeutung man dieser Beschleunigung im Anthropozän zuordnen solle, die in der Geschichte der Menschheit einmalig sei. Er gibt mir zur Antwort:

»Die Unbeständigkeit ist das zentrale Thema der buddhistischen Lehre. Das ist ein Naturprozess. Die Manifestation aller Phänomene erfolgt in einer Abfolge von Geborenwerden, Reifwerden, Verfall und Verschwinden – oder, im Fall der beseelten Lebewesen, Tod. Wenn sich dieser Zyklus ganz natürlich abspielt, haben die Ökosysteme genügend Zeit, um sich den Veränderungen durch eine Abfolge von Mutationen anzupassen, wie das zum Beispiel die darwinsche Evolutionstheorie zeigt. Aber binnen eines sehr kurzen Zeitraums hat die Einwirkung der Technik das Handlungsvermögen des Menschen beträchtlich gesteigert, und zwar weit über die von seinen biologischen Fähigkeiten festgelegte Schwelle hinaus. Dadurch sind die Formen der Evolution der Arten überrollt worden. Die Menschheit sieht sich also heute, was die Lebenszyklen angeht, einem einmaligen Faktum gegenübergestellt, wie es unser Planet noch nie gekannt hat. Zum ersten Mal hat das Verhalten einer Spezies die Biosphäre zerstört, die die Matrix des irdischen Daseins ist, und sie gefährdet damit ihr eigenes Überleben und auch dasjenige aller anderen Spezies, die dieser gleichen Umwelt angehören.«

Ich hake nach und entgegne dem Dalai Lama, dass die These vom Übergang ins Anthropozän noch keine offizielle Anerkennung gefunden habe. Darauf sagt er:

»Die Internationale Kommission für Stratigraphie[96] soll 2016 zusammentreten, um den Übertritt in die neue Ära zu bestätigen, was dann von den Gelehrten des Internationalen Geologenkongresses[97] formell ratifiziert werden wird. Sie werden die Anzeichen der Umweltveränderung auswerten, die die Experten heute auf der Erdoberfläche in Form von Nuklearabfällen, Nitraten, Pestiziden, umherfliegender Kohlenstoffasche oder auch Verbrennungsrückständen von fossilen Energieträgern sammeln.«[98]

Auch wenn sich alle Paläontologen darüber einig sind, dass wir in der Menschheitsgeschichte eine Schwelle überschreiten, interpretieren dennoch manche das Anthropozän lediglich im kulturellen Sinn. Dann wäre das derzeitige Zeitalter der Menschheit lediglich eine Entsprechung zum Bronzezeitalter oder Eisenzeitalter. Auch diese Zeitalter zeichneten sich ja durch die Meisterung von bislang noch unbekannten Erkenntnissen und Techniken aus. Von daher gesehen würde das Anthropozän eher der Geschichte der menschlichen Spezies zugerechnet als der Erdgeschichte. Aber ganz unabhängig davon, welche Hypothese man übernimmt, sind sich die Naturwissenschaften ganz gleich welcher Disziplin darin einig, dass das Jahr 1950 den Anbruch eines neuen Zeitalters markierte.

Das System Erde oder die Interdependenz alles Lebendigen

Auf der Konferenz »Mind & Life« zum Thema *Ökologie, Ethik und Interdependenz* hatten die um den Dalai Lama versammelten Experten einhellig das Jahr 1950 als das Jahr der *Großen Beschleunigung* vorgestellt, die sich durch die exponentielle und irreversible Auswirkung der Aktivitäten des Menschen auf die Biosphäre auszeichnet. Die Periode vor 1950 wurde von da an als *BP*, »*Before Present*« (»vor der Gegenwart«) bezeichnet, womit man diese neue Kennzeichnung anstelle des *BC*, *Before Christ* (»vor Christus«) einsetzte, das eine Zählung der jüdisch-christlichen Zivilisation gewesen sei und bislang als Norm galt, aber jetzt überholt sei.

Diana Liverman[99], die bei dieser Konferenz dabei war, hatte dem Dalai Lama erläutert, dass ab 1950 mit dem Beginn der globalen Wirtschaft sich in der Erdgeschichte noch nie da gewesene Phänomene abgespielt hätten[100], was zu einer allgemeinen und unerträglichen Ausbeutung aller Naturressourcen geführt habe, die man in den Dienst des Wirtschaftswachstums stellte, und das im gleichen Zug mit einer gefährlichen Steigerung unserer Ansprüche an materiellem Komfort. Das sei so weit gegangen, bis gegen 1970 die physischen Grenzen der Erde erreicht worden seien. Der 23. Dezember dieses Jahres 1970 markiere den Tag des globalen Umkippens.[101]

Als der Dalai Lama diese schrecklichen Auswirkungen des Menschheitszeitalters vernahm, rief er lächelnd aus:

»1950! 1950 fällt zusammen mit der chinesischen Invasion in

Tibet. Also läuft seit damals alles schlecht. Das ist ein verfluchtes Jahr!«[102]

Diana Liverman amüsierte sich, hatte fast das Gefühl, sie müsse sich entschuldigen und gestand, dass 1950 auch ihr Geburtsjahr sei. Sodann hatte sie auf bemerkenswerte Weise die von der *Großen Beschleunigung* ausgelöste Zerrüttung des Systems Erde dargestellt, womit sie überzeugend vor Augen führte, wie die Interdependenz in der Biosphäre am Wirken ist. Der Dalai Lama hatte ihr mit Interesse zugehört, ohne sie zu unterbrechen:

»Das System Erde funktioniert in Wechselwirkungen. Es reagiert auf die irdischen Interaktionen mit physikalischen, chemischen und biologischen Prozessen. Das System Erde umfasst die an die Oberfläche gelangten Erdteile, die Meere, die Atmosphäre und die Lebewesen. Zugleich gehören zu ihm auch die natürlichen Zyklen der chemischen Substanzen, deren wichtigste Kohlenstoff, Wasser und der im Dünger enthaltene natürlicher Stickstoff sind. Es gibt auch Phosphor- und Schwefelgas-Zyklen. Das Leben entsteht an der Schnittstelle der Gesamtheit dieser chemischen Zyklen. Wir beeinträchtigen den Kohlenstoffzyklus, weil wir das Kohlenstoffdioxid ausatmen und Pflanzungen anlegen, die den Kohlenstoff speichern. Mit unseren Ackerbaupraktiken beeinflussen wir den Stickstoffzyklus. Zudem bringen wir auf vielfältige Weisen den Wasserkreislauf durcheinander, nämlich durch unseren Verbrauch, aber auch mit dem Bau von Stauanlagen, die die Flüsse zurückhalten oder umleiten.

Es ist also wichtig, uns daran zu erinnern, dass das System der Erde nicht unabhängig von uns funktioniert. In Wirklichkeit sind wir Teil dieses Systems Erde, das die menschliche Gesellschaft mit einschließt. Wir aber wirken auf dieses System auf die Weise ein, dass wir das Gleichgewicht der natürlichen Zyklen zerstören. Für die Wissenschaftler ist die Komplexität aller dieser Zyklen etwas Großartiges, aber auch Unfassbares.

Es fällt sehr schwer, alles zu begreifen, was sich da abspielt, weil alles eng miteinander verknüpft ist. Eine Veränderung an einer Stelle kann Auswirkungen auf ganz andere, womöglich weit entfernte Stellen haben.«[103]

Der Mensch ist nicht der Feind des Menschen

Zum Schluss dieser Darstellung hatte der Dalai Lama die Notwendigkeit betont, die Öffentlichkeit über die Bedrohungen zu informieren, mit denen das Anthropozän das Überleben der Menschheit belastet. Er hatte die Naturwissenschaftler aufgerufen, in der heutigen Welt die Rolle einer Art von »Gurus« zu übernehmen, und zwar in dem Sinn, dass sie aus ihren Laboratorien herauskämen und öffentlich das Wort ergriffen:

»Es bedarf unablässiger Anstrengung. Wenn wir Jahr für Jahr die Zahl der Menschen steigern, die sich klar und deutlich dessen bewusst werden, was sich da abspielt, könnte ihnen ihre Klarsicht den Schwung zum Handeln geben. Würden Sie alljährlich zehntausend Menschen gründlich darüber aufklären, so wären das im Lauf von zehn Jahren schon hunderttausend Menschen, und schließlich würde man merken, dass sich etwas ändert. Dazu ist dringend Bildung notwendig. Mit der Bildung müssen wir anfangen. Heutzutage werden die Erkenntnisse auf dem Gebiet der Ökologie Allgemeingut.

Ich wiederhole oft, dass sich im vergangenen Jahrhundert sehr wenige wirklich um die Ökologie gekümmert haben. Dank der Naturwissenschaftler hat es diesbezüglich jedoch nach und nach Fortschritte gegeben, und die Öffentlichkeit hat angefangen, diese Wissenschaft ernst zu nehmen. Als ich 1959 aus Tibet gekommen bin, hatte ich nicht die geringste Vorstellung von Ökologie. Aber jetzt befasse ich mich ernsthaft mit dem Thema Umwelt, bei dem es um das Überleben der Menschheit geht. Dabei handelt es sich überhaupt nicht um eine Sorge, die nur mich persönlich oder einige hundert Menschen angehen würde, sondern sie geht sieben Milliarden Menschen an. Das ist also etwas sehr Ernstes.

Folglich müssen wir aus unserem Gewissen heraus aktiv tätig werden, statt uns nur mit der Meditation zu begnügen. Wir müssen mittels der Hilfe der Naturwissenschaftler Klarsicht entwickeln. Aus diesem Grund sage ich, dass sie unsere ›Gurus‹ sind.[104] Es ist heute eine gute Sache, wenn wir unsere fixen Ideen aufgeben und unseren Geist öffnen. Zuweilen kommt es ja vor, dass religiös geprägte Menschen sehr starre und einseitige Vorstellungen haben. Stattdessen gilt es, Unparteilichkeit und Objektivität zu entwickeln und Fakten zu verstehen und sie dann ernst zu nehmen.«[105]

Diana Livermann hatte ja bedauert, dass das Kohlendioxid farblos und folglich unsichtbar sei und gemeint, wenn es zum Beispiel rosarot wäre, würden die Menschen es sehen. Daran knüpfte der Dalai Lama einen originellen Vorschlag, wie man den weltweit Verantwortlichen die Dringlichkeit dieser ökologischen Probleme deutlicher machen könnte:

»Wäre es denn nicht möglich, die obersten Führer dieser Welt einige Minuten lang in einem Raum einzusperren und dann dieses wirklich giftige Gas Kohlendioxid da hineinzuleiten, und zwar mit einer leicht unerträglichen Dosis? Dann käme ihnen deutlicher die Realität der Luftverschmutzung und ihrer Auswirkung auf den Menschen zu Bewusstsein.«[106]

Darüber brachen alle Teilnehmer der Konferenz in schallendes Gelächter aus, ehe sie wieder auf das Dilemma der Ökologie zu sprechen kamen, das uns mit einem traurigen Aspekt unseres Menschseins konfrontiere. Der Eindruck liege nahe, dass wir uns in unserer Epoche vor uns selbst schützen müssten. Das sei so, als sei im Zeitalter der Humanität in Wirklichkeit der Mensch zum schlimmsten Feind des Menschen geworden, und zwar ein verborgener, weil innerlicher Feind. Tatsächlich fällt es ihm ja sehr schwer, gegen seine eigenen Neigungen Widerstand aufzubringen, sich sein Versagen einzugestehen und seinen Wunsch danach zu zügeln, ein bequemes Leben zu führen, ohne sich um dessen Folgen für die künftigen Generationen zu kümmern.

Aber der Dalai Lama hatte darauf in kategorischem, geradezu strengem Ton erwidert:

»Wir dürfen uns nicht als unseren eigenen Feind betrachten. Auf keinen Fall. Sicher, unsere Emotionen, unsere destruktiven oder konfliktbereiten Emotionen sind unsere Feinde. Und insbesondere eine von ihnen, nämlich die Ignoranz, ist unser Feind Nummer eins. Aber insofern wir Menschen sind und insofern wir empfindende Lebewesen sind, müssen wir meiner Überzeugung nach positiv bleiben. Das ist der Grund dafür, dass wir überleben wollen, und über dieses Thema diskutieren wir ja auch. Wären wir Menschen tatsächlich Feinde des Menschen, dann wäre es am besten, gleich ganz Schluss zu machen. Warum sollten wir denn ernsthaft diskutieren, wenn nicht, um zu versuchen, unser Überleben zu gewährleisten? Ich glaube zutiefst an die positive Qualität des Menschen.«[107]

Die Zukunft ist desto gefährlicher, je weniger sie wehtut

Als Antwort auf den Dalai Lama hatte der Psychologe Daniel Goleman geäußert, dass die ökologische Krise uns mit den Grenzen unserer kognitiven Fähigkeiten konfrontiere: Wir seien nicht dafür ausgestattet, angesichts langfristig sich abzeichnender Gefahren unser zerebrales Alarmsystem einzuschalten.[108] Matthieu Ricard hatte das mit Humor aufgenommen und die Notwendigkeit betont, zwischen emotionalem und kognitivem Funktionieren des Gehirns zu unterscheiden:

»Auf emotionaler Ebene haben wir vor einer unmittelbaren Gefahr Angst. Würde jetzt hier plötzlich ein Elefant hereinbrechen, würde uns das gewaltig erschrecken. Aber wenn uns jemand sagen würde, dass in zehn Jahren ein Elefant hereinbrechen werde, würde sich kein Mensch rühren. Aus diesem Grund bedürfen wir des kognitiven Aspekts, der mit einer tiefgreifenden Untersuchung einhergeht und stimulierender ist. Wenn uns der Gedanke an die Zukunft einfach nicht zusetzt, weil sie noch zu weit fort ist, um uns emotional zu erschüttern, dann lasst uns also stärker die kognitive Ebene in den Vordergrund stellen.«[109]

Dem hatte der Dalai Lama zugestimmt:

»Es ist eine spezifische Eigenschaft des menschlichen Gehirns, über die Fähigkeit zu verfügen, langfristig zu erkennen. Die Tiere verfügen nicht über diese Art von Intelligenz. Deshalb leben sie unmittelbar von einem Tag auf den andern. Wir haben ein besseres Gehirn. Wir sind dazu fähig, zehn Jahre, ja hundert Jahre vorauszudenken. Tausend Jahre sind wahrscheinlich zu viel für uns. Und zweifellos wäre es vorzuziehen, einfach nur über die Unbeständigkeit zu meditieren. Wenn man die Unbeständigkeit begreift, hat man nicht mehr das Bedürfnis, sich Sorgen zu machen. Denn man begreift dann, dass alles im Begriff ist, sich zu verändern, denn das ist seine Natur.

Wir als Menschen verfügen also über die Fähigkeit, eine langfristige Sicht zu entwickeln und die Zukunft vorzubereiten, selbst die fernere. Das ist folglich eine spezielle Gabe, die wir nutzen müssen. Aber wenn wir uns wie die Tiere verhalten, gibt es keine Hoffnung mehr.

Wir haben zudem ein wunderbares Erinnerungsvermögen, das es uns ermöglicht, die Vergangenheit kennenzulernen. Dank der Naturwissenschaft können wir unsere Erkenntnisse über einen Zeitraum hin ausweiten, der Hunderttausende von Jahren zurückreicht. Wir, die Menschen, sind die einzigen, die das können. Vielleicht gibt es auch Engel, die über diese Fähigkeit verfügen, aber das bleibt ein Geheimnis. Offensichtlich aber ist, dass, wenn wir die Fähigkeit haben, mehrere Jahrhunderte weit zurückzuschauen, wir es auch fertigbringen müssten, mehrere Jahrhunderte vorauszudenken.«[110]

Die gute Nachricht

Die Verbindung zwischen der Umwelt und der buddhistischen Philosophie der Interdependenz taucht in der Lehre des Dalai Lama immer wieder auf. Er hatte sie bereits vor über zwanzig Jahren erstellt, nämlich seit der Zeit, als er den Friedensnobelpreis bekommen hatte:

»Die Voraussagen der Experten über die Umweltveränderungen sind für die gewöhnlichen Menschen schwer zu verstehen. Wir hören von der Erwärmung der Temperaturen, von der Anhebung der Meeresspiegel, der Zunahme der Krebserkrankungen, einem galoppierenden Bevölkerungswachstum, der Erschöpfung der Ressourcen und der Ausrottung von Arten. Die Tätigkeit des Menschen führt überall zu einer beschleunigten Vernichtung der Schlüsselelemente, auf denen das natürliche Ökosystem aller lebendigen Organismen beruht.

Die Weltbevölkerung hat sich im Lauf eines Jahrhunderts verdreifacht, und man rechnet damit, dass sie sich im 21. Jahrhundert noch einmal verdoppeln oder verdreifachen wird. Das Wachstum der globalen Wirtschaft wird nach einem Index von fünf bis zehn eingeschätzt, wozu extreme Steigerungen des Energieverbrauchs, der Herstellung von Kohlendioxid und der Abholzung der Wälder gehören. Es ist schwer vorzustellen, dass sich dies alles noch zu unseren Lebzeiten und denen unserer Kinder abspielen soll. Wir müssen uns auf Leiden und eine Umweltverschlechterung im Weltmaßstab gefasst machen, und das wird all das weit übertreffen, was wir bisher aus der Geschichte der Menschheit kennen.

Meiner Auffassung nach gibt es aber dennoch eine gute Botschaft! Das ist die Tatsache, dass wir jetzt alle gemeinsam das

Mittel finden müssen, um auf diesem Planeten zu überleben. Wir haben schon genügend Kriege, Armut, Umweltverschmutzung und Leiden erlebt. Nach den buddhistischen Lehren rühren diese Dramen von Ignoranz und egoistischen Verhaltensweisen her, weil es uns die meiste Zeit nicht gelingt, unsere gemeinsame Verbindung mit allen Wesen zu sehen. Die Erde kommt uns zuvor und signalisiert uns deutlich die im großen Maßstab eintretenden Konsequenzen und das negative Potenzial, das die Menschen durch ihr inkonsequentes Verhalten erschaffen.

Wollen wir diesen schädlichen Praktiken entgegenwirken, müssen wir lernen, uns deutlicher unserer gegenseitigen Abhängigkeit bewusst zu werden und uns gerechten Handlungen zu verschreiben, die auf der besseren Motivation beruhen, der Erde und unseresgleichen zu helfen. Das ist der Grund dafür, dass ich ständig davon spreche, wie wichtig ein echtes Gespür für unsere universelle Verantwortung sei.

Wir brauchen Erkenntnisse, die es uns ermöglichen, uns um uns selbst zu kümmern, um jeden Ort auf der Erde und um das Leben, das sie birgt. Das betrifft auch die künftigen Generationen, und folglich hat die Erziehung in Umweltbelangen für alle von Vorrang.

Die Naturwissenschaft und der technische Fortschritt sind für die Verbesserung der Lebensqualität in der heutigen Welt ganz wesentlich. Noch wichtiger ist es, uns darum zu bemühen, unsere natürliche Umwelt immer besser kennenzulernen, ganz gleich, ob wir Erwachsene oder Kinder sind. Wenn wir uns wirklich um die andern sorgen und uns weigern, ignorant zu handeln, werden wir dazu fähig sein, uns um die Erde zu kümmern. Lernen wir es, sie miteinander zu teilen, statt sie besitzen zu wollen und dadurch die Schönheit des Lebens zu vernichten.«[111]

Im Jahr 2015 frage ich den Dalai Lama im Magdalene College, ob diese gute Nachricht, die er der Welt gebracht habe, auch jetzt, ein Vierteljahrhundert später, noch aktuell sei. Haben wir immer noch eine Chance, auf diesem Planeten zu überleben? Er sagt ohne zu zögern:

»Diese Frage hängt von uns ab, den sieben Milliarden Menschen, und sollte Teil unserer sorgenvollen Überlegungen sein. Wir müssen auch in unserem Alltag an die langfristigen Folgen unserer Handlungen denken. Wenn ich dieses mache, hat das jene Auswirkungen. Die Änderung geht von den Einzelnen aus, und sodann vervielfachen sich die Ergebnisse auf exponentielle Weise. Das ist also ganz dringend geboten. Dringender denn je! Die neue Wirklichkeit ist nicht das Ende der Welt. Bei ihr geht es um Bewusstseins- und Gewissensbildung und Wachsein. Ein Zyklus geht zu Ende. Die neue Wirklichkeit ist ein neuer Anfang!«

2.

FÜR EINE ETHISCHE REVOLUTION

Der Mensch ist ein Teil des Ganzen, das wir Universum nennen – ein in Raum und Zeit begrenzter Teil. Wir erfahren uns, unsere Gedanken und Gefühle als etwas vom Rest Getrenntes – eine Art optischer Täuschung des Bewusstseins. Diese Täuschung ist für uns eine Art Gefängnis, die uns auf unsere persönlichen Wünsche und auf die Gefühle für die wenigen Personen reduziert, die uns am nächsten sind. Unser Ziel muss es sein, uns aus diesem Gefängnis zu befreien, indem wir den Kreis unserer Nächstenliebe so erweitern, dass er alle lebenden Wesen und das Ganze der Natur in ihrer Schönheit einschließt.

ALBERT EINSTEIN

Die Aktualität des Manifests der universellen Verantwortung

»Wir sind im 21. Jahrhundert, der neuen Wirklichkeit. Das ist heute. Diese neue Wirklichkeit müssen wir akzeptieren, indem wir uns eine neue Denkungsart zu eigen machen und uns auf diese neue Wirklichkeit einstellen. So ist der Zeitpunkt dafür gekommen, das *Manifest der universellen Verantwortung* zu veröffentlichen.

Die universelle Verantwortung beruht zunächst einmal darauf, sich bewusst zu machen, dass alle Lebewesen sich diesen einen Planeten teilen müssen. Offensichtlich übersteigt diese universelle Verantwortung alle Unterschiede zwischen den Nationen, wie das ja bei der Umweltproblematik oder der Weltwirtschaft zu sehen ist. Folglich müssen alle im Geist voller und umfassender Solidarität zusammenarbeiten. Die sieben Milliarden Menschen müssen sich dessen bewusst sein, dass sie alle Teil der einen Menschheitsfamilie sind.

Zweitens leben wir in einer Gesellschaft. Alle Einzelnen hängen genau wie jede Gesellschaft mit ihrem Wohlstand und ihrem Wohlergehen von der ganzen übrigen Welt ab. Ob uns das gefällt oder nicht, wir müssen an das Wohlbefinden der anderen denken, weil das die Grundlage unseres eigenen weiteren Wohlbefindens ist. Einen Geist der universellen Verantwortung zu entwickeln heißt also, sich eine altruistischere Denkungsart anzueignen. Wir alle müssen mehr an die anderen denken, ja an die ganze Welt. Das gereicht unwillkürlich jedem Einzelnen zum persönlichen Vorteil.

Wenn man im heutigen Kontext der neuen Wirklichkeit nur an sich selbst, sein Land oder seine Gemeinschaft denkt, ist das eine völlig unrealistische Einstellung. Meiner Ansicht nach verdanken wir viele der Probleme, auf die wir stoßen, einem engstirnigen und viel zu individualistischen Denken. Zuweilen stellt man sich vor, manche Arten von Problemen ließen sich mit Gewalt lösen, aber damit trägt man in Wirklichkeit nur zur Schaffung neuer Probleme bei. Die Hochachtung füreinander schließt die Aggressivität aus und leitet dazu an, zur Lösung der Konflikte den Dialog zu wählen. Die einzig mögliche Lösung besteht also darin, so weit zu kommen, die anderen als Teil von uns und von mir zu betrachten und dementsprechend mit ihnen umzugehen. Viele Streitereien ließen sich lösen, wenn man sich an diesen Grundsatz halten würde.«

Das *Manifest der universellen Verantwortung* fasst das Wesentliche des Engagements des Dalai Lama für die Welt zusammen. Am Vorabend seiner Veröffentlichung möchte ich gern wissen, wann das Oberhaupt der Tibeter zum ersten Mal im Abendland von der universellen Verantwortung gesprochen hat. Ohne zu zögern antwortet er mir:

»1973 gelegentlich meiner ersten Europareise, und zwar im Rahmen des interreligiösen Dialogs, den ich zunächst in Rom mit Papst Paul VI. und dann in England mit dem Erzbischof von Canterbury begonnen habe. Damals habe ich in der Schweiz, den Niederlanden, in Belgien, in Irland, in Norwegen, in Schweden, in Dänemark, in Westdeutschland und in Österreich zahlreiche Geistliche und Laien getroffen. Wir haben uns jedes Mal vollkommen offen und sehr tiefgehend über die großen Menschheitsprobleme unterhalten. In der buddhistischen Analyse der Wirklichkeit sind die Interdependenz und die damit zusammenhängende universelle Verantwortung maßgebend, und diese Analyse zeigt auf, dass dem einzelnen Atom eine Eigenexistenz für sich abgeht und genauso auch dem kurzen Bewusstseinsmoment. Zudem muss man jedoch einsehen, dass die Interdependenz und die universelle Verantwortung auch außerhalb des strikt religiösen Bereichs gelten. Diese Werte waren mir als wesentlich für den Versuch erschienen, die ungeheuren Herausforderungen der damaligen Zeit des Kalten Kriegs und der nuklearen Abschreckung anzugehen.

Als Tibeter habe ich meinen Beitrag für die Menschheit immer auf unsere Weisheit gegründet, die lehrt, dass wir alle Bestandteil eines einzigen Leibes sind. Von daher ist der Wille, jemand anderen zu töten, sinnlos, denn das ist, als wolle man sich mit seiner rechten Hand die linke abhacken. Das ist einfach absurd. Sobald uns aufgeht, dass wir mit unserem Schicksal gegenseitig voneinander abhängen, übernehmen wir die Verantwortung für das Wohlbefinden anderer genauso sehr, wie wir sie für uns selbst empfinden.«

Der Dalai Lama macht eine kurze Pause. Während dieses ganzen Rückblicks hatte er abgehackt gesprochen und mehr oder weniger lange Schweigepausen gemacht, um jedes Wort genau abzuwägen, bevor er es in seinem holprigen Englisch von sich gab. In seine Erinnerungen vertieft, fährt er fort:

»Auf politischer Ebene gab es zwei wichtige Gelegenheiten, bei denen ich auf die universelle Verantwortung zu sprechen gekommen bin. Zuerst 1987 vor dem US-Senat in Washington und dann ein Jahr später, im Juni 1988, im Europa-Parlament in Straßburg. Im Zuge dieser Ansprachen habe ich offiziell auf die Forderung nach Unabhängigkeit für Tibet verzichtet und mich stattdessen für einen unabhängigen Status im Schoß der Volksrepublik China ausgesprochen. Aber die ganze Welt hat das nicht begriffen. Ich habe erläutert, dass diese Ausrichtung notwendig sei, um in unsere Verhandlungen mit China die Grundsätze der Interdependenz und der universellen Verantwortung einzubringen. Heutzutage kann keine Nation mehr ihre Probleme für sich allein lösen. Wenn es nicht gelingt, ein Gespür für die universelle Verantwortung aufzubringen, ist das Überleben der Menschheit gefährdet. Es ist dringend notwendig, dieses Verständnis sowie Kooperation und Respekt zwischen den verschiedenen Völkern und Nationen aufzubringen. Das habe ich ebenso 1989 zum Abschluss meiner Rede beim Empfang des Friedensnobelpreises in Oslo betont, als ich dazu aufgerufen habe, universelle Verantwortung zu übernehmen und Brüderlichkeit zu pflegen.«

Ich bin sehr bewegt, als ich dem Dalai Lama von meinem Tablet das genaue Zitat aus seiner Friedensnobelpreis-Rede vorlese. Es ist, als halte ich ihm einen Spiegel vor, der einen entscheidenden Augenblick seines Lebens und einen großen Augenblick der Geschichte wiedergibt:

»Eure Heiligkeit, als Sie am 10. Dezember 1989 als Wortführer des Friedens auf Erden anerkannt wurden, waren Sie nicht mehr nur der Dalai Lama von Tibet. Sie waren damit zum Dalai Lama der ganzen Welt geworden, und als solcher haben Sie sich an die Menschheit mit den folgenden Worten gewandt: ›Die Probleme, vor die wir uns heute gestellt sehen, sind vom Menschen geschaffen, seien es die gewalttätigen Konflikte, die Umweltzerstörung, die Armut oder der Hunger. Diese Probleme können dank menschlicher Bemühungen gelöst werden, sofern wir begreifen, dass wir alle Brüder und Schwestern sind und von daher Sinn für diese Geschwisterlichkeit entwickeln. Wir müssen füreinander eine gegenseitige Kultur der universellen Verantwortung entwickeln und diese auf den Planeten ausweiten, den wir bekommen haben, um ihn miteinander zu teilen.‹«

Ich hebe den Blick. Das Gesicht des Dalai Lama hat sich mit einem Lächeln aufgehellt, das ihm immer noch einen jugendlichen Ausdruck verleiht – trotz der Wechselfälle seines lebenslangen Bemühens um die Befreiung seines Volkes, das seit sechs Jahrzehnten dem Joch einer Diktatur unterworfen ist, die zur weltgrößten Wirtschaftsmacht geworden ist.

An diesem 15. September 2015 rufe ich im Magdalene College aufs Neue die Geschichte seines Engagements für die universelle Verantwortung in Erinnerung und zitiere die Gedenkrede vom 10. März 1997. Tatsächlich war der Dalai Lama an diesem Tag auf den bevorstehenden Übergang ins neue Jahrtausend mit Begriffen der Interdependenz und Verantwortung zu sprechen gekommen:

»In diesem zu Ende gehenden 20. Jahrhundert hat die Menschengemeinschaft eine kritische Schwelle erreicht. In einer immer kleiner und gegenseitig immer stärker voneinander abhängig werdenden Welt können die Nationen ihre Probleme nicht mehr allein lösen. Wenn wir es versäumen, unsere universelle Verantwortung zu übernehmen, bringen wir unsere Zukunft in Gefahr. Die heutigen Probleme hinsichtlich der Entmilitarisierung, der Entwicklung, der Ökologie und der Überbevölkerung sowie die Suche nach neuen Energiequellen und Rohstoffen werden immer größer. Sie erfordern mehr als Flickwerk und kurzfristige Lösungen. Der derzeitige Fortschritt der Naturwissenschaften hat es ein Stück weit ermöglicht, die Probleme der Menschheit zu lösen. Aber was die globalen Fragen betrifft, ist es notwendig, nicht nur die rationale Intelligenz einzusetzen, sondern auch noch andere bedeutende Fähigkeiten des Menschen: die Kraft der Liebe, das Mitgefühl und die Solidarität. Neue Denkweisen sind zur notwendigen Bedingung dafür geworden, auf verantwortliche Weise zu leben und zu handeln. Falls wir nur veraltete Werte und Glaubensvorstellungen bewahren, ein in abgetrennte Fächer einteilendes Bewusstsein und ein egozentrisches Denken, bleiben wir gegenüber der heutigen Realität in überholten Verhaltensweisen stecken. Eine solche Einstellung seitens der Mehrheit würde jeden Fortschritt in Richtung einer interdependenten Gesellschaft, der Globalisierung und Zusammenarbeit und des Friedens blockieren.«[112]

Achtzehn Jahre danach in Oxford bekräftigt der Dalai Lama diese Aussage und erinnert dabei an die weltweite Hilfe und Solidarität, die die Weltgemeinschaft ja tatsächlich angesichts dramatischer Ereignisse aufbringe, wie etwa nach dem Erdbeben im April 2015 in Nepal und dann noch einmal nach dem Tsunami am 26. Dezember 2004 in Sri Lanka:

»Ich wollte mich an der außerordentlichen Dynamik der weltweiten Hilfsbereitschaft für Nepal beteiligen und auch eine Spende zur Hilfe für die Opfer dieser heimgesuchten Regionen beisteuern, wie ich das bereits zuvor nach dem Tsunami in Sri Lanka getan hatte. Im Allgemeinen werden alle großen Katastrophen über die Medien im Weltmaßstab bekannt gemacht sodass sie internationale humanitäre Hilfe mobilisieren. So verwirklicht sich das Prinzip einer universellen Verantwortung in Taten, wie das die neue Wirklichkeit dringend verlangt. Ich sehe darin einen Grund zur Hoffnung, ein Zeichen dafür, dass die Welt in ihrem globalen Ausmaß in Richtung einer besseren Zukunft geht.

Ich stelle heute ein wachsendes Interesse für Frieden, für Gewaltfreiheit, Demokratie, Gerechtigkeit und Umweltschutz fest.

Unlängst habe ich in der Vorbereitungsphase der UN-Klimakonferenz in Paris ein für das aufrichtige Engagement der Regierungen und Persönlichkeiten weltweit zugunsten der Klimagerechtigkeit sehr ermutigendes Zeichen wahrgenommen. Es wurden mehrere Stimmen laut, die sich dafür einsetzten, dass die reichsten Länder den weniger begünstigten dabei behilflich sein sollten, ihre Energiewende voranzubringen. Das ist ein Indiz dafür, dass wir besser begreifen, in gegenseitiger Abhängigkeit aufeinander angewiesen zu sein, und der Notwendigkeit unterliegen, unsere universelle Verantwortung wahrzunehmen.«

Erziehung zur universellen Verantwortung

So hat also der Dalai Lama bereits vor über einem halben Jahrhundert die Völkergemeinschaft und jede und jeden von uns aufgefordert, den Weg des Friedens einzuschlagen, der über die universelle Verantwortung führt. Im Jahr 2016 verleiht die Dringlichkeit des Umweltschutzes dem *Manifest der universellen Verantwortung* seine besondere Aktualität. Wenn der Dalai Lama gerade jetzt dessen Publikation empfiehlt, dann, um ein Bewusstsein dafür zu schaffen, dass hierin eine Bedingung für das Überleben der Menschheit zur Sprache kommt. Zudem betont er im Magdalene College, wie notwendig es ist, die neue Generation gezielter darin auszubilden und in dieser Hinsicht zu prägen:

»Ich habe mit einigen meiner Freunde unter den Friedensnobelpreisträgern über das *Manifest der universellen Verantwortung* gesprochen. Es wäre großartig, wenn die führenden Köpfe der verschiedenen spirituellen Traditionen sich auf diesen Diskurs einließen. Meiner Ansicht nach sollten die Ordensleute, die spirituellen Persönlichkeiten, die Denker, die Naturwissenschaftler und die Spezialisten der wichtigsten Wissensgebiete fortan diesbezüglich eine aktivere Rolle spielen. Die Gewohnheit, ihre Forschung im Abseits von der Gesellschaft zu betreiben, ist jetzt überholt. Ich ermutige sie dazu, sich zu zeigen und die Öffentlichkeit zu informieren. Wir müssen unsere Denkweisen modernisieren, gemeinsam handeln und die Wirklichkeit akzeptieren, uns auf die neue Wirklichkeit einstellen.

Um die Bewusstseinsbildung für diese neue Wirklichkeit voranzutreiben, sind Kooperation und intellektuelle Solidarität zwischen Naturwissenschaftlern und Erziehern und Ausbildern notwendig. Wir müssen ernsthaft darüber nachdenken, auf welche Art und Weise wir eine moderne Pädagogik einführen können, die nicht nur auf die äußerlichen materiellen Werte ausgerichtet ist. Das genügt zur Erhaltung des Friedens auf der Welt nicht mehr.

Viele der Unruhestifter unserer Welt waren in ihrem Erziehungssystem gute Schüler. Gefehlt hat eine gezielte ethische Erziehung, die die humanen Werte und die innerliche Dimension der Individuen gefördert hätte. Diese Erziehung muss nicht auf religiöse Überzeugungen gründen. Wenn ich von Ethik spreche, meine ich damit eine säkulare Ethik, wie man sie in Indien betreibt, in Respekt gegenüber allen Religionen und auch dem Atheismus, also nicht im abendländischen Sinn, in dem man Säkulares und Religiöses als Gegensätze auffasst.

Es geht also nicht darum, die auf der Religion gegründeten Werte zu fördern. Wir sind jetzt sieben Milliarden Menschen, und unter uns gibt es Nichtgläubige und auch Gläubige, von denen manche etwas zwielichtige Gestalten sind. Um allen diesen Menschen die Überzeugung für moralische Werte einzupflanzen, bedarf es vom Kindergarten an der Einrichtung eines fortlaufenden Ethikunterrichts. Es erfordert noch einen gewissen Forschungsaufwand, um eine spezifische Pädagogik zu definieren. Wir sollten in naher Zukunft in der Lage sein, die erste Fassung eines solchen Lehrplans vorlegen zu können. Sodann könnte man in einigen Schuleinrichtungen einen Pilotversuch durchführen. Sollte er positive Resultate zeitigen, könnte man diesen Versuch auf hundert Schulen ausweiten. Würde man diese Art von Pädagogik ins Werk setzen, wäre die nächste Generation anders. Findet das nicht statt, so interessiert man sich nur noch für materielle Werte, und das zum Nachteil der moralischen.

Die säkulare Ethik, verbunden mit innerem Frieden, ist die Grundlage der universellen Verantwortung. Wenn man sie lehrt, kann man glücklichere und mitfühlendere Individuen formen. Und wenn man die moralischen Werte und die Prinzipien der universellen Verantwortung auf die verschiedenen menschlichen und beruflichen Aktivitäten anwendet, werden diese produktiver sein. Man kann also sagen, dass die universelle Verantwortung eine Quelle sein wird, die ihre Energie an das ganze Leben der Gemeinschaft weitergibt.«

Realismus und Altruismus

Das Leben ist eine Schule des Realismus. Ich stelle dem Dalai Lama die Frage, welchen Sinn man in unserer Zeit dem Realismus geben solle. Er erwidert mir in kategorischem Tonfall:

»Der Realismus ist nicht das Gleiche wie ein platter Materialismus. Es handelt sich dabei um ein globales Verständnis der neuen Wirklichkeit, also der Verflechtung aller Phänomene miteinander. Da die äußeren Erscheinungsbilder uns in der Illusion wiegen, von ihnen abgetrennt zu sein, ist es nötig, sie zu analysieren. Ein Realist muss Altruist sein, denn er weiß, dass das Wohlbefinden des anderen, das er unterstützt, indem er zu seiner universellen Verantwortung steht, letztlich gar nicht von seinem eigenen Wohlbefinden getrennt ist.«

Auf dem Gebiet der Erziehung empfiehlt der Dalai Lama, den Geist systematisch darin einzuüben, Realist zu werden:

»Man muss Realist sein. Ein unrealistischer Ansatz ist katastrophal. Das Ziel der Erziehung ist ja, uns dabei zu helfen, die Kluft zwischen den Erscheinungsbildern und der Realität zu reduzieren. Viele unrealistische Empfindungen entwickeln sich wegen dieser Diskrepanz. Wir verfügen über eine menschliche Intelligenz, und folglich bedürfen wir der Ausbildung. Der Zweck der Ausbildung ist es, aus unserem Geist einen weisen Geist zu machen, der vernünftig und realistisch ist. Das eigentliche Ziel der Ausbildung ist es, uns hinsichtlich des ganzen Lebens, beim Verfolgen aller unserer Ziele, realistisch zu machen. Das gilt sogar für den Fall, dass es sich um destruktive Ziele handelt, wie etwa bei Terroristen. Um ihre Ziele zu erreichen, brauchen sie bestimmte Methoden, sonst gehen sie das Risiko ein, zu sterben, ehe sie ihre Mission ausgeführt haben.

Alles menschliche Handeln muss realistisch sein. Es obliegt uns, in den internationalen Beziehungen und in allen Umweltfragen genau wie auch auf jedem anderen Gebiet Realisten zu sein.«[113]

Für eine Revolution der Ethik

Ich komme jetzt auf den ethischen Anspruch der universellen Verantwortung zu sprechen. Es geht dabei um eine Ethik, deren Schwerpunkt darin liegt, sich selbst zu ändern. Das ist die notwendige Voraussetzung, um auch die Welt verändern zu können, wie der Dalai Lama selbst sagt:

»Den materialistischen Lebensstil gibt es nicht nur im Westen – es gibt jetzt sogar in Indien eine noch viel materialistischere Gesellschaft. Dort ist der größte Teil darauf aus, seine Lust und Wonne über die Fenster der Sinne zu gewinnen: Theater und Kino, Filme, Musik, gutes Essen, Parfüms, wohlige Körperempfindungen, darunter sexuelle. Auf diese Weise bemühen sich viele darum, nur über äußere Mittel, also auf sinnlicher Ebene, Befriedigungen zu finden.

Aber die eigentliche Quelle der Befriedigung liegt im Inneren. Man findet sie nicht auf dem Weg über sinnliche Erfahrungen, sondern durch Schulung des Geistes. Um so weit zu kommen, muss man mit seinen verunreinigten Handlungen aufhören. Deren Verunreinigung liegt nicht in der Umwelt begründet. Unsere Handlungen werden von falschen Ansichten oder Unwissenheit verunreinigt. Um dieses verunreinigte Karma, das die Ursache unserer Probleme ist, auszuschalten, müssen wir zunächst die Ignoranz ausmerzen. Das vertritt der buddhistische Weg. Die akademischen Einrichtungen anerkennen immer mehr, wie wichtig es ist, unsere Emotionen und unseren Geist zu schulen.«[114]

Der Buddhismus ist eine Geisteswissenschaft, denn er hat eine vertiefte Erkenntnis der Mechanismen und des Funktionierens unseres Geistes erarbeitet, um diesen zu bessern. Den Geist zu verändern heißt, dessen negative und destruktive Faktoren zu entdecken und auszumerzen, also die egozentrischen Antriebe, die die Realität verfälschen. In seinen Lehren über die Ethik appelliert der Dalai Lama diesbezüglich an unser grundlegendes Gutsein. Er entwickelt keine moralisierende oder abstrakte Lehre, sondern verankert seine Anweisung in der Suche nach dem Glück und bemüht sich, die folgende Frage zu beantworten: »Wenn es doch so einfach ist, glücklich zu sein, warum tun wir uns dann so schwer, es zu werden?« Der Grund dafür könnte darin liegen, dass wir unserer inneren Dimension zu wenig Pflege angedeihen lassen:

»Ob sie nun von außen kommen wie etwa die Kriege, Gewalttaten und Verbrechen, oder ob sie sich von unserem Inneren her bemerkbar machen, wie psychisches oder affektives Leiden: Alle unsere Probleme bleiben jedenfalls so lange ungelöst, wie wir unsere innere Dimension weiterhin ignorieren. An dieser Ignoranz liegt es, weshalb es keinem der großen Ideale der letzten etwa hundert Jahre – Demokratie, Liberalismus, Sozialismus – gelungen ist, uns die allgemeinen Vorteile zu verschaffen, die man sich von ihnen erhofft hatte. Es besteht kein Zweifel, dass tatsächlich eine Revolution notwendig ist. Aber keine politische oder wirtschaftliche und nicht einmal eine technische Revolution. Das letzte Jahrhundert hat von all dem genug kennengelernt, und wir wissen, dass ein rein äußerer Ansatz nicht genügen wird. Deswegen möchte ich lieber eine ethische Revolution ausrufen.«[115]

Wenn der Dalai Lama die Ignoranz als Hauptursache allen Leidens bezeichnet, bleibt er damit genau auf der Linie der Lehre des Buddha. Fünfundzwanzig Jahrhunderte nach der ersten Rede in Sarnath über die *Vier Edlen Wahrheiten* empfiehlt er zur Bekämpfung unseres Leidens infolge unserer Ignoranz immer noch dasselbe Gegenmittel. Den Weg fort vom Leiden weist die Ethik. Sie verpflichtet zu einer Revolution im Sinn einer radikalen Umorientierung, die weit entfernt von allen egoistischen Absichten ist und bei der es um ein Verhalten geht, das die Interessen anderer berücksichtigt. Diese ethische Revolution gründet auf der Einsicht, dass jeder Mensch sowohl der Schmied seines eigenen Glücks wie dessen aller anderen ist, und zwar aus einer universellen Verantwortung heraus, die er voll und ganz übernimmt. Das ist eine ganz wesentliche, dem Dalai Lama teure Einsicht, auf die er in Oxford zurückkommt und dabei Akzente setzt, von denen er tief überzeugt ist:

»Eine solche Revolution ermöglicht es, das Potenzial jedes einzelnen Menschen im Höchstmaß zu entfalten und ihm den Weg zu eröffnen, der dazu führt, sich selbst zu verändern und sodann auch die Welt. Das ist ein Engagement im Namen der ganzen Menschheit, der einen und interdependenten. Das Bewusstsein, dass alles miteinander verknüpft ist, kommt auf individueller Ebene durch das Mitgefühl zum Ausdruck und auf kollektiver Ebene in Form der universellen Verantwortung. Die grundlegende Wechselseitigkeit oder Interdependenz des Lebens verwirklicht sich also auf der ethischen Ebene in Form der ausgeweiteten Verantwortung, indem das Individuum sein persönliches Interesse auf der Basis des allgemeinen Interesses bemisst. Dank eines richtigen Verständnisses der Wirklichkeit gründet die Ethik also auf der Weisheit. Und indem wir in dem Maß glücklich sind, in dem wir uns um andere kümmern, wird die Ethik zum Gegengift für unser Leiden. Sie bringt die authentische Freude mit sich, die mit der Praxis der spirituellen Eigenschaften zusammenhängt, also der Liebe, dem Mitgefühl, der Geduld und Toleranz, der Vergebung oder der Demut – also all der Werte, die uns dadurch glücklich machen, dass wir andere glücklich machen.«

Die Welt wird sich dank eines neuen Bewusstseins ändern

Ein ethisches Verhalten ermöglicht es, im Sinne des für das Leben wesentlichen Gutseins zu leben. Für den Dalai Lama ist die verwandelnde Kraft der Ethik der Realismus:

»Die Menschen werden zunehmend realistischer. Ich beobachte, wie sich in unserer Zeit ein realistischer Ansatz verbreitet, der in unserem eigenen Interesse als Individuen ist. Wenn wir noch gründlichere Realisten sein wollen, müssen wir bewusst leben und uns über all das informieren, was uns die Arbeiten der Experten lehren. Sodann müssen wir entschieden unsere egoistischen Sorgen aufgeben, denn wir müssen uns um unser Gemeinwohl kümmern. Wir sind ja heute auf unserem Globus eine einzige große Gemeinschaft. Von daher ist es notwendig, dass wir uns informieren und die Öffentlichkeit erziehen. Dazu setzen wir nicht auf die Politiker oder Staatschefs, sondern auf die Naturwissenschaftler. Ich sage es zum wiederholten Mal: Sie sind unsere Meister, unsere Gurus der neuen Wirklichkeit. Entwickeln wir also unser Bewusstsein anhand der Wissenschaft.

Wie ich schon oft gesagt habe, war gegen Ende des 20. Jahrhunderts ein enormer Wandel des menschlichen Bewusstseins zu beobachten. In der ersten Hälfte des 20. Jahrhunderts gab es unaufhörlich Kriege. Später konnte man feststellen, dass, wenn eine Nation den Krieg erklärte, die Menschen massenhaft dagegen demonstrierten. Das sind klare Anzeichen dafür, dass die Menschheit realistischer geworden ist. Was die Umwelt betrifft, kamen zu Beginn des 20. Jahrhunderts darauf erst wenige zu sprechen. Selbst bei unseren ›Mind & Life‹-Dialogen war davon kaum einmal die Rede. Aber nach und nach trat dieses Thema in den Vordergrund und kommt jetzt in unseren Diskussionen immer wieder vor. Sicher, wir sind nur eine kleine Gruppe, aber wir vertreten die Interessen einer großen Zahl von Menschen und deren aufrichtige Sorgen. Es ist wichtig, die positiven Aspekte einer vorgegebenen Situation ins Auge zu fassen. Denn wenn man nur alle Arten von entmutigenden Neuigkeiten hört, verliert man seinen Enthusiasmus und sagt sich: ›Was kann ich als Einzelner denn schon tun?‹ Zuweilen hält man sich sogar lieber die Ohren zu und kapselt sich in seiner Routine ab. Aus meiner persönlichen Erfahrung heraus kann ich sagen, dass es besser ist, sich angesichts einer Tragödie, bei der man Trauer und eine Art von Frustration empfindet, vorzunehmen, diese Empfindungen in eine nur noch größere Entschiedenheit umzusetzen. Man muss also, um zu überleben – und um glücklich zu überleben –, einen Geist des Engagements pflegen und sich selbst Mühe geben. Die Welt wird sich nicht mit Gewalt ändern lassen, sondern nur mit einem neuen Bewusstsein. Im 21. Jahrhundert werden es uns die Vorschläge der Gurus unserer Zeit, der Naturwissenschaftler, ermöglichen, dies mit anderen Mitteln zustande zu bringen.«[116]

Im Salon des Magdalene College zeichnet sich der feine Schattenriss des Dalai Lama auf dem Gemälde ab, vor dem er sitzt. Hinter ihm sind Geschichtsszenen dargestellt, Erinnerungen an Bruderkriege von früher, als im 17. Jahrhundert König Karl I. von England und seine anglikanischen Getreuen sich gnadenlos gegen die calvinistischen Parlamentarier, die »Roundheads«, wandten. Deren Anführer Oliver Cromwell ging schließlich aus einer Reihe blutiger Schlachten als Sieger über die Royalisten hervor. Er ließ den König enthaupten, sicherte sich eine ruhmvolle Herrschaftszeit und wurde Lordprotektor des britischen Commonwealth. Vier Jahrhunderte nach diesen Ereignissen, die damals das Land zerrissen, übersteigt der Vorschlag des Dalai Lama Raum und Zeit. Ich stelle mir anschaulich vor, wie sich der Friede, den er verkörpert, gleich einem Lichthauch über die an der Wand hängenden Bilder zieht. Die verletzenden Erinnerungen an derart viele Konflikte und so viel destruktiven Hass laden die Herzen mit einer gewaltig negativen Kraft auf, die alle Zeiten überspringt. Auch diese Erinnerungen bedürfen der Befriedung. Das *Manifest der universellen Verantwortung*, das ganz der grundlegenden Sehnsucht des Menschen nach Glück und Wohlergehen entspricht, führt den Un-Sinn derartiger Machtkämpfe, die noch durch religiöse Rivalitäten verschärft worden waren, deutlich vor Augen. Der Friede der früheren, gegenwärtigen und künftigen Welt liegt in unseren Händen.

»Ich glaube nicht an Ideologien«

An diesem 15. September 2015 wird mir das ganze Ausmaß der Originalität und Stärke der Einstellung des Dalai Lama bewusst, der zur Lösung der Umweltprobleme auf den Einzelnen und die Ethik setzt. Da jeder Mensch persönlich von innen her sein Menschsein verwirklichen sollte, verschreibt sich der Dalai Lama nicht Ideologien, deren Nachteil darin liegt, dass sie die notwendige Bewusstseinsbildung umgehen. Das Mitgefühl, diese Eigenheit des Menschenwesens, lebt davon, dass es beim Individuum eine altruistische Einstellung entwickelt. Auf weltweiter Ebene führt das schließlich dazu, dass jeder Mensch seine universelle Verantwortung wahrnimmt. In der jetzigen globalen Geschichte und weltumspannenden Zivilisation muss jeder dort, wo er sich befindet, seinen Teil universeller Verantwortung übernehmen. Jede individuelle Handlung wirkt sich auf das Ganze aus. Der Handlungsspielraum jedes Menschen ist weltweit geworden, und die individuelle Freiheit bringt genauso viele Pflichten wie Rechte mit sich. Zu diesem letzten Punkt sagt der Dalai Lama ganz entschieden:

»Ich glaube weder an die Gründung von Massenbewegungen noch an Ideologien. Noch weniger schätze ich die Vorgehensweise, eine Organisation ins Leben zu rufen, um mit ihr diese oder jene Idee zu fördern, was bedeutet, dass nur eine kleine Gruppe für die Verwirklichung eines bestimmten Projekts verantwortlich ist, während alle anderen ausgeschlossen sind. In den gegenwärtigen Zeitläufen kann niemand mehr davon ausgehen, ein anderer würde seine Probleme lösen. Jeder muss seinen Teil der universellen Verantwortung selbst übernehmen. In dem Maß, in dem auf diese Weise die Zahl besorgter und verantwortungsbewusster Einzelner zunimmt – also auf zehn, hundert, sodann Tausende und schließlich Hunderttausende ansteigt –, wird sich das allgemeine Klima verbessern.

Positive Entwicklungen gehen nicht rasch voran, sie verlangen viel Anstrengung und Durchhaltevermögen. Verlieren wir den Mut, erreichen wir nicht einmal die grundlegenden Ziele. Mit zäher Beständigkeit und Entschiedenheit können wir hingegen auch die höchsten Ziele erreichen. Eine universelle Verantwortung zu übernehmen ist im Wesentlichen eine ganz persönliche Angelegenheit. Die Wirklichkeit unseres Mitgefühls bemisst sich nicht nach abstrakten Reden, sondern nach unserem Alltagsverhalten.«[117]

Diese Aussage des Dalai Lama bestärkt mich in meiner Überzeugung, dass wir in der Epoche der neuen Wirklichkeit Zeugen einer Ausweitung des historischen Bewusstseins werden. Im großen Rahmen der Menschheit werden die Veränderungen nicht mehr – nach dem alten politischen Paradigma – von oben her kommen und nicht mehr von dort her allen auferlegt werden, künftig werden die Veränderungen vielmehr insgesamt von jedem Einzelnen verlangt, erfunden und durchgeführt werden. Das wird nicht mehr in der Form der Konkurrenz und des Wettbewerbs geschehen, sondern gemäß dem neuen, anbrechenden Paradigma in Zusammenarbeit und Solidarität.

Wir kommen auf das *Manifest der universellen Verantwortung* zurück. Dieser Text, dessen Absicht nicht spekulativer Natur ist, lädt uns dazu ein, uns auf unser inneres Menschsein zu konzentrieren und den Anteil an Universellem und Unbegrenztem zu entdecken, den jede und jeder in sich trägt. Mit einem Aufleuchten in den Augen wendet sich der Dalai Lama halb ernst und halb amüsiert an mich:

»Stellen wir uns vor, einer der Großen dieser Welt würde sich für die universelle Verantwortung entscheiden! Er könnte dann den Wunsch haben, allen aufzuerlegen, sich im Namen der universellen Verantwortung ihm anzuschließen, und zwar in dem Sinn, wie er sie auslegen würde. Wer weiß, ob er nicht sogar dazu fähig wäre, die universelle Verantwortung zur Rechtfertigung einer Diktatur zu verwenden? Um dieser Art von Missbrauch vorzubeugen, muss die universelle Verantwortung auf einen echten inneren Frieden jedes Einzelnen gegründet sein. Im *Manifest* muss man deshalb den inneren Frieden betonen. Er ist die Grundlage der universellen Verantwortung.«

Ursachen für den inneren Frieden schaffen

Zum Thema des inneren Friedens verweist mich der Dalai Lama auf eine ganze Reihe seiner weltweiten öffentlichen Unterweisungen und Vorträge. Ich finde namentlich die Mitschrift einer Unterweisung vom 11. Oktober 2003 im Palais Omnisports Paris-Bercy, das zu diesem Anlass mit einem Podium in Purpur und Gold ausgestattet war, auf dem der Dalai Lama und sein Übersetzer Matthieu Ricard vor sechstausend Menschen

Platz nahmen. Von dort her waren zeitlose Weisheitsworte ertönt, die sich stark von dem Rahmen abhoben, der gewöhnlich ganz anderen Veranstaltungen diente. Aber diese Worte waren allesamt tiefgründige Verweise auf unser innerliches Menschsein:

»Die Ursachen für den inneren Frieden liegen in dem Potenzial, das wir alle haben, nämlich Zärtlichkeit, Zuneigung, altruistische Liebe und Mitgefühl zunehmen zu lassen und zum Ausdruck zu bringen. Dieses Potenzial müssen wir zuerst einmal erkennen, uns für seine Entwicklung interessieren und das Notwendige dafür tun, dass es aufblüht und in uns immer mehr Bedeutung gewinnt. Achtung, ich spreche hier von keiner religiösen Praxis und auch von keiner Glaubensüberzeugung. Ich spreche aus Erfahrung. Es geht darum, zu begreifen und mittels Reflexion auf das eigene Leben und Verhalten zu erkennen, welche Vorzüge sich daraus ergeben, wenn man einander gegenseitig zugetan ist, andere selbstlos liebt und Mitgefühl für andere hat. Inwiefern trägt dies alles zu unserer eigenen inneren Ausgeglichenheit bei und was bringt es an Positivem in die Gesellschaft ein? Man muss das nicht nur begreifen, sondern auch bestimmte menschliche Werte fördern, wie etwa im Rahmen des Schulsystems den Altruismus und das Mitgefühl, um auf diese Weise sich dessen bewusst zu werden und den Wert dieser Einstellungen schätzen zu lernen.

Im Lauf dieser letzten Jahre ist mir bei meinen Begegnungen mit Spezialisten der Kognitionswissenschaften und in der Zusammenarbeit mit ihnen aufgegangen, wie wichtig es ist, seinen Geist in Altruismus und Mitgefühl einzuüben. Sie haben herausgefunden, dass Menschen, die besonders viel Lebensfreude, Begeisterung, Liebe und Mitgefühl an den Tag legen, einen aktiveren linken Frontallappen der Großhirnrinde haben. Dagegen ist bei eher verschlossenen Menschen mit weniger Freude am Leben und weniger Hang zum Altruismus der rechte Frontallappen aktiver. Menschen, die lange meditiert hatten, um Altruismus und Mitgefühl einzuüben, verzeichneten eine beträchtlich verstärkte Aktivität auf der linken Seite.

Das zeigt, dass die Umwandlung des Geistes oder dessen Einübung mittels Meditation keine bloße Utopie oder Theorie ist, sondern sich sogar auf physiologischem Gebiet auswirkt. Ich persönlich betrachte mich in politischer Hinsicht eher als Sozialist, aber auch vom Gehirn her gesehen bevorzuge ich die Linke. Diejenigen, die der rechten Hirnhälfte den Vorzug geben, sind deprimierter und weniger altruistisch.

Für die Entwicklung des Kindes sind Zärtlichkeit, Zuneigung und wohlwollende Präsenz ungemein wichtig. Im Übrigen haben mir Wissenschaftler von ihren Erfahrungen mit Affen berichtet. Die kleinen Affen, die man die ganze Zeit bei ihrer Mutter gelassen hatte und die voll in den Genuss der Aufmerksamkeit und Zärtlichkeit ihrer Mutter gekommen waren, spielten besonders gern, waren relativ ruhig und legten ein normales Verhalten an den Tag. Anderen kleine Affen dagegen, die man von Geburt an von ihrer Mutter getrennt hatte, fehlte der Spieltrieb, und sie erwiesen sich als viel aggressiver, ängstlicher und gewalttätiger. Bei dieser Untersuchung kam man also zum Schluss, dass man diese Unterschiede nur dem Mangel an mütterlicher Zärtlichkeit und liebevoller Gegenwart zuschreiben konnte.«[118]

Ich habe schon oft den Einwand gehört, dass die Vorstellung, universell verantwortlich zu sein, erdrückend sei, weil sie unseren persönlichen Aktionsrahmen bei Weitem überschreite. Wie sollte man sich denn eine derartige Verantwortung aufladen können? Die Antwort des Dalai Lama ist ganz klar, indem sie Mitgefühl und universelle Verantwortung miteinander verbindet:

»Wenn das Mitgefühl von Weisheit ergänzt und bestärkt wird, gewinnt der Einzelne nicht nur die Fähigkeit zur Empathie, sondern auch die Fähigkeit, die Ursachen und die Bedingungen zu verstehen, die zum Leiden führen. Er kann sich vornehmen, sich aus diesem Zustand zu befreien. Aus diesem Grund spürt er, dass sein auf die Weisheit gegründetes Mitgefühl sehr stark und immer wirksamer werden kann. Das ist ein mit mehr Energie geladener Geisteszustand.

Gewöhnlich beschreibt man das Mitgefühl als Geistesverfassung eines Menschen, der andere von ihren Leiden befreien will. In gewisser Hinsicht kann jemand, der Mitgefühl empfindet, zugleich auch einen Zustand der Ohnmacht empfinden. Zu Anfang kann man diese Art von Mitgefühl mit einer bestimmten Form von Empathie vergleichen: Man hat den lebhaften Wunsch, ein anderer Mensch möge von seinem Leiden befreit werden. Aber das Mitgefühl kann auf jeden Fall noch stärker werden, wenn zum Wunsch, einen anderen Menschen von seinem Leiden befreit zu sehen, der Wille hinzukommt, ihm dabei zu helfen. Hier spielen Weisheit oder Intelligenz eine entscheidende Rolle, indem sie dem empathischen Wunsch helfen, zu einem altruistischen Handeln zu werden. Es ist auch die Rede von einem grenzenlosen oder einem ganz großen Mitgefühl. Das ganz große Mitgefühl wandelt sich zum entschlossenen Mitgefühl, dem die altruistische Aspiration entspringt, die darin besteht, zum Wohl aller auf das Erwachen aus zu sein.«[119]

Diese Ausführungen des Dalai Lama zeigen, dass das Engagement für die universelle Verantwortung nur dann erdrückend ist, wenn man die Illusion aufrechterhält, im Schoß der Menschheit eine Insel für sich zu sein. Wenn man stattdessen das Mitgefühl weniger als eine Gefühlsempfindung wahrnimmt, sondern eher als Vertrauen auf unsere grundlegende Güte erlebt, eröffnet das eine weiträumige und offene Präsenz, eine universelle Dimension des Bewusstseins.

Das »große liebevolle Mitgefühl ohne Grenzen und Vorurteile«, von dem der Buddha spricht, interpretiert der Neurologe Wolf Singer[120] als »Mitgefühl auf Distanz«, und aus ihm entspringt die universelle Verantwortung. Ihr Endziel ist es, alle Wesen vom Leiden zu befreien und das höchste Glück hervorzubringen. Der Dalai Lama legt das ganz ausdrücklich dar und lässt dabei keinerlei Ausflüchte gelten:

»Wenn jeder von uns sich darin engagieren würde, das Glück aller zu verwirklichen, und das bei jeder Gelegenheit und in allen Tätigkeiten seines Lebens: Könnte man sich das vorstellen, in welchem Maß dann die Welt voller Freude wäre? Wie so ganz anders sie wäre als die gespaltene und konfliktbeladene Welt, wie wir sie kennen?

Was sind die Hauptursachen aller unserer Probleme? Nach der Lehre des Buddha finden sich im Grund jeder unserer Schwierigkeiten die drei destruktiven Emotionen Ignoranz, Begehren/Anhaften und Hass.

Der Ursprung aller Mängel, die wir feststellen können, liegt darin, dass wir zunächst Begehren oder Hass entwickelt haben und beides zur Ignoranz führt, zum Nichtwissen. Diese beiden Emotionen lassen sich von der Liebe, dem Mitgefühl und dem Anerkennen unserer eigenen Verantwortung ausmerzen. Die entsprechende Arbeit an sich selbst steht jedem Menschen offen. Wir sollten sie bewusst praktizieren, bis wir dazu fähig werden, uns für das Glück aller Lebewesen verantwortlich zu fühlen. Von da an wird diese Haltung in alle unsere Tätigkeiten einziehen, in unsere Handlungen, Worte und Gedanken, und alles, was wir tun, wird dadurch anders werden: wie wir gehen, laufen, essen, reden, denken, arbeiten, schlafen …

Was für ein großer Unterschied ist es doch, ob wir diese alltäglichen Verrichtungen nur um unserer eigenen beschränkten Befriedigung willen tun und unser Geist dabei von einer egoistischen Motivation beherrscht ist, oder ob wir genau dieselben Verrichtungen im Dienst aller Lebewesen und im Zustand eines grenzenlosen Bewusstseins ausführen!

Wenn wir nur aus unserem eigenen Interesse heraus handeln, werden unsere Taten schnell zur Ursache von Leiden, selbst wenn wir alles nur tun, um unser Glück zu finden, denn unsere Motivation ist dann egozentrisch. Wenn wir dagegen dieselben

Tätigkeiten dem Glück anderer widmen und sie aus der Sicht der universellen Verantwortung auf uns nehmen, machen sie uns tief glücklich, dauerhaft glücklich.

Was den Umweltschutz angeht, ganz gleich, ob es sich dabei um die Tiere, die Weltmeere, die Flüsse, die Wälder oder die Gletscher handelt, muss die Entscheidung, konkret aktiv zu werden, aus dem Herzen des Menschen kommen. Unsere Hauptmotivation muss sich auf ein authentisches Gefühl universeller Verantwortung für unseren schönen blauen Planeten gründen, den eine unendliche Zahl von fühlenden Lebewesen mit uns teilt.«

3.

DAS ZEITALTER DER UNIVER-SELLEN VERANTWORTUNG

Ein Gespür der universellen Verantwortung zu ent-
wickeln – dafür, dass jede unserer Handlungen sich
universell auswirkt und alle anderen die gleichen
Rechte auf das Glück und einen Zustand des Nicht-
leidens haben wie wir – heißt, eine Einstellung von
der Art zu entwickeln, dass wir immer dann, wenn
sich eine Gelegenheit ergibt, dass wir anderen zum
Wohl gereichen können, diese eher nutzen, als uns
mit der Befriedigung unserer eigenen beschränkten
Interessen zu begnügen.

DER DALAI LAMA

Menschliche und nichtmenschliche fühlende Wesen

Ich fasse für den Dalai Lama die philosophische Debatte zusammen, die sich mit dem Eintritt ins Anthropozän eröffnet hat. Zu der Zeit, als das Magdalene College erbaut wurde, das uns für unser Gespräch aufgenommen hat, setzte die Renaissance den Menschen in den Mittelpunkt von Gottes Schöpfungswerk. Universitäten wie diejenige von Oxford wurden errichtet, um damit das siegreiche menschliche Denken zu ehren und dessen Errungenschaften, die man für großartig hielt, weiterzugeben.

Aber mit diesem Zeitalter der Humanität ging die neue Fragestellung nach der Hierarchie der Lebewesen einher. Damals entstanden Begriffe wie »nichtmenschlich«, »übermenschlich« und »menschenähnlich«, und sie entstanden zur gleichen Zeit, als die Naturwissenschaftler damit begannen, unermüdlich an der Verbesserung des menschlichen Daseins zu arbeiten. Bis ins vorige Jahrhundert wurde nicht infrage gestellt, dass der Mensch in der Natur eine herausragende Stellung einnehme, aber heute sind sogar die Grenzen des Bewusstseins fließend geworden. Ich stelle diese Fragen dem Dalai Lama:

»Wie soll man heute die Demarkationslinie zwischen Mensch, Tier und Pflanze ansetzen? Zwischen Bewusstsein und Natur? ›Pflanzen ist es eigen, ohne Gehirn denken zu können‹, lautet zum Beispiel eine Formulierung, die ich mir aus den Arbeiten des renommierten französischen Botanikers Francis Hallé behalten habe. Er beschreibt eine jungfräuliche Natur, worin die Intelligenz der Pflanzen sich in ihren Handlungen niemals täuscht, und das, ohne dass sie von einem Organ gesteuert wird, das speziell für die Verarbeitung von Informationen zuständig wäre.«[121]

Ich füge hinzu, dass im Abendland die Philosophen der Aufklärung die nichtmenschlichen Lebewesen aus der Gesellschaft ausgeschlossen und mittels Vereinbarungen und Verträgen reglementiert hatten:

»Als Erben dieses Denksystems haben wir alles, was nicht so ist wie wir, mit negativen Begriffen definiert, das heißt alles Nichtmenschliche, das die Biosphäre umfasst, also die gesamte Tier- und Pflanzenwelt. Aber diese Gewissheiten kommen allmählich ins Wanken. Heutige Anthropologen sprechen von der dringenden Notwendigkeit, unser Verständnis der Interaktionen zwischen menschlichen und nichtmenschlichen Lebewesen zu überdenken, und im Kontext der heutigen Umweltkrise ist die Öffentlichkeit für ihre Argumente empfänglich.«[122]

Für den Dalai Lama ist es klar, dass in unserem Universum mehrere Bewusstseinsdimensionen nebeneinander existieren und man mit einer Vielzahl unterschiedlicher Klassen von Wesenheiten in Beziehung treten kann, namentlich im Schlaf und in der Meditation:

»Verschiedene Lebensformen sind nicht mit den Sinnen wahrnehmbar, aber man kann ihre Gegenwart spüren. Davon berichten die Buddhisten und auch die Christen, Letztere etwa, wenn sie von Engeln sprechen, deren Natur ebenso geheimnisvoll bleibt wie der Kontakt mit ihnen. Es ist schon etliche Jahre her, dass wir uns gemeinsam mit Francisco Varela[123] die Frage gestellt haben, wie man den Begriff des ›fühlenden Wesens‹ definieren könne. Am Schluss eines langen Gesprächs sind wir darin übereingekommen, dass mit dieser Bezeichnung jeder lebende Organismus gemeint ist, der über die Fähigkeit verfügt, sich auf autonome Weise von einem Punkt A nach einem Punkt B zu bewegen. Es handelt sich dabei um eine vorsätzliche Bewegung, die nicht von einem Faktor wie etwa der magnetischen Anziehungskraft ausgeübt wird, sondern an eine Motivation gebunden ist. Wo es Motivation gibt, da gibt es Wünsche und also Emotion und folglich Bewusstsein. Da gibt es zum Beispiel diese winzigen Insekten, die unverzüglich anhalten, sobald man kurz davor ist, sie zu berühren, und die sich sogar zuweilen tot stellen. Da kann man eindeutig beobachten, dass sie Sinnesempfindungen haben und den Willen, sich zu schützen.«[124]

Was die Grenzlinie zwischen Belebtem und Unbelebtem angeht, schlägt der Dalai Lama folgende Überlegungen vor:

»Im Tibetischen hat das Wort, mit dem man einen lebenden Organismus bezeichnet, den buchstäblichen Sinn ›ein Phänomen, das dem Prozess des Geborenwerdens und der Produktion unterliegt‹. Nehmen wir zum Beispiel einen Grashalm. Er wird hervorgebracht und geformt und macht im Lauf eines einzigen Jahres einen Prozess radikaler Umwandlung durch. Am Schluss ist vom Grashalm nichts mehr da, sondern er ist in etwas anderes umgewandelt. Auch ein Baum verwandelt sich in etwas anderes – und das kann ein ganzes Jahrhundert lang dauern. Überblicken wir dagegen einen ganz langen Zeitraum wie etwa eine Million Jahre, so durchlaufen selbst ein Stein oder ein Hügel eine radikale Wandlung. So beschränkt sich der Unterschied zwischen dem Belebten und dem Unbelebten gar nicht auf den Prozess der Verwandlung.

Ein einzelliger Organismus wie etwa eine Amöbe hat kein Nervensystem, ist aber ein Lebewesen. Er kann bestimmte Formen der Empfindsamkeit oder des Reagierens an den Tag legen, verfügt aber über kein Bewusstsein von Freude und Schmerz. Um diese Erfahrung machen zu können, würde es eines viel komplexeren Organismus bedürfen, vielleicht eines Mehrzellers wie der Hydra. Und bestimmt verfügt auch ein Pilz über keine bewusste Erfahrung seiner Umwelt.

Aus naturwissenschaftlicher Sicht unterstellt man der Amöbe, dass sie mit einer elementaren Erkenntnisfähigkeit ausgestattet ist, die es ihr ermöglicht, Zucker zu erkennen, ohne jedoch ein Bewusstsein zu haben, wie das bei einem fühlenden Lebewesen ist, das Freude und Schmerz empfindet. Denn dazu bedarf es eines viel komplexeren Nervensystems. Wenn das neuronale Netz zu beschränkt ist, kann es keine Sinnesempfindungen verspüren.

Aus buddhistischer Sicht unterscheidet man zwischen Wesen, die mit Sinnesorganen ausgestattet sind, und solchen ohne Sinnesorgane. Vergleicht man eine Pflanze mit dem menschlichen Körper, so gibt es, was die Zellstruktur angeht, eine wichtige gemeinsame Grundlage. Aber verfügt eine Pflanze über die Fähigkeit, Gutes und Schlechtes, Freude und Schmerz zu erkennen oder zu empfinden? Macht eine Pflanze bewusste Erfahrungen? Das lässt sich nicht allein anhand des Verständnisses der Zellprozesse beantworten. Das Bewusstsein entstammt nicht den Zellen. Das Bewusstsein ergibt sich nicht aus der Materie, sondern es verdankt sich der bewussten Wahrnehmung.

Ein gewisser Grad an primitivem Bewusstsein, wie etwa die visuelle Wahrnehmung, ist mit dem Körper verbunden und hängt mit den Mechanismen der Netzhaut und der Sehrinde zusammen sowie mit dem das Objekt vermittelnden Medium, wie etwa den Photonen oder dem Objekt, das man ansieht. Aber im Kern der visuellen Wahrnehmung befindet sich das besondere Element des Bewusstseins, das man auf Tibetisch *rigpa* nennt. Das ist die Komponente lichtvoller Erfahrung, die Bewusstseinskomponente, die in jeder Seherfahrung oder auch jeder Erkenntnis steckt. Wir sprechen hier von einer Ebene höherer Subtilität, die weder aufgrund des Sehvermögens noch des Mediums zustande kommt, das das Objekt vermittelt. Sie entstammt einzig einem vorausgehenden Bewusstseinsmoment.

Selbst im Buddhismus räumt man stillschweigend die Schwierigkeit ein, das Bewusstsein deutlich auszumachen. Wir wissen, dass das Bewusstsein existiert, aber wenn wir es definieren möchten, erweist sich das als sehr nebulös und schwer zu präzisieren. Grundsätzlich vertritt man im Buddhismus, es sei möglich, die Natur des Bewusstseins erfahrungsmäßig zu erkennen und genau auszumachen. So nimmt man zu Beispiel an, ein sehr fortgeschrittener Praktizierender könne im Augenblick des Sterbens ›das klare Licht des Augenblicks des Sterbens‹ erkennen, was der subtilsten Erfahrung des Bewusstseins entspricht.

Man unterscheidet also die Art und Weise, wie die Menschen und die Tiere die Erfahrung dieser Emotionen machen, und zwar in Begriffen der Komplexität und vermutlich auch des Selbstbewusstseins. Aber aus buddhistischer Sicht liegt der Unterschied zwischen den Bereichen von Tier und Mensch eher im Grad der Intelligenz. Was das subtile Bewusstsein angeht, gibt es keinen Unterschied zwischen Tieren und Menschen. Von jedem fühlenden Lebewesen, das die Fähigkeit zum Empfinden von Freude und Schmerz hat, nimmt man an, dass es über dieses subtile Bewusstsein verfügt.«[125]

Die Moskitos: Mücken, die mit Flötenklang singen

Angesichts der Tiere haben die Menschen die Pflicht, daran zu denken, dass sie Bestandteil der untrennbaren Gemeinschaft des Lebens sind. Sie sollen ihnen gegenüber Mitgefühl walten lassen und für sie eine universelle Verantwortung übernehmen. Aber, so fragt der Dalai Lama, wie weit kann unser Mitgefühl gehen?

»Was sollen wir tun, wenn wir Flöhe haben? Würde ich sagen, wir sollten sie nicht töten, bezweifle ich, dass sich viele an diesen Rat halten würden. Ich würde es selbst äußerst lästig finden, in einem von Flöhen heimgesuchten Bett schlafen zu müssen. Folglich besteht die Lösung, die ich empfehle, darin, diesen Problemen vorzubeugen. Hygiene, Sauberkeit, Einfachheit und Wachsamkeit können viel dazu beitragen, zahlreiche lästige Begegnungen mit Insekten und Nagetieren zu vermeiden.«[126]

Der Dalai Lama scherzt gern über die Mücken, denen gegenüber Wohlwollen zu erweisen nicht einfach sei. Zuweilen erinnert er daran, dass in der feuchten Hitze der Ebenen von Zentralindien, in Varanasi, ein großer tibetischer Meditierender sich die Mücken zum besonderen Gegenstand seines bedingungslosen Mitgefühls genommen und ihnen die zärtliche Bezeichnung »Mücken, die mit Flötenklang singen« gegeben habe. Als Einstellung gegenüber diesen Insekten, die die meisten Menschen für so lästig halten, dass sie der Auffassung sind, es sei legitim, sie zu töten, empfiehlt der Dalai Lama, eine demütige Haltung einzunehmen und ihnen einen Status als empfindende Lebewesen von ganz eigener Art zuzuerkennen:

»Es gibt in unserer Tradition einen Text namens ›Acht Verse der Geistesschulung‹, der als maßgeblich gilt. Seine ersten beiden Strophen lauten:

›Könnte ich doch, um das höchste Ziel zu erreichen,
Mich immer aller Lebewesen erfreuen,

Indem ich sie für bei Weitem größer erachte
Als das Kleinod, das alle Wünsche erfüllt!

Könnte ich doch in jeglicher Gesellschaft
Mich als den Kleinsten von allen erachten
Und aus tiefstem Herzensgrund den anderen
Einen höheren Wert zuerkennen als mir selbst!‹

Wenn Sie sich in das echte Mitgefühl einüben, halten Sie sich nicht mehr für den anderen überlegen. Sie sind allen gegenüber von Hochachtung erfüllt und betrachten sich selbst als den kleinsten von allen. Und wie ist das angesichts eines Insekts? Da ist es genau das Gleiche, selbst wenn es sich um eine Stechmücke handelt. Um das so sehen zu können, müssen Sie nachdenken. Betrachten Sie doch uns Menschen, wie besonders verschlagen wir sind. Wir verfügen über die Fähigkeit, die andern hereinzulegen und sie zu belügen. Sind die Stechmücken in gewisser Hinsicht nicht ehrlicher als wir? Und sind sie nicht sehr nüchtern? Wenn ihr Magen voll ist, verspüren sie keinerlei Art von Hunger mehr. Von daher gesehen sind wir schlimmer als die Stechmücken.

Unsere Sprache und unsere Begriffe helfen uns, auf selektive Art und Weise mit der Welt umzugehen, wenn wir mit ihr in Interaktion treten. Wir sehen nur eine Facette der Wirklichkeit. Wenn Sie also über die Stechmücken genauer nachdenken, können Sie so weit kommen, dass Sie sich sagen: ›Ach ja, ich bin ein Menschenwesen – oder in meinem Fall ein buddhistischer Mönch –, also ein höheres Wesen als die anderen Lebewesen. Aber was die Aufrichtigkeit angeht, bin ich in Wirklichkeit schlechter als eine Steckmücke!‹

Sicher, Sie werden unverzüglich denken: ›Oh, aber dafür habe ich doch dieses wunderbare menschliche Gehirn!‹ Gleichzeitig werden Sie allerdings bedauern müssen, dass Sie dieses Gehirn so schlecht einsetzen. Folglich betrachtet man mit eingeübtem Geist die Welt aus ganzheitlicher Sicht und entwickelt ein ganzheitliches Verständnis. Um ein richtiges Bewusstsein von der Wirklichkeit zu erlangen, ist diese ganzheitliche Sicht sehr wichtig. Folglich lassen sich auf unsere Einstellung gegenüber den Stechmücken tatsächlich diese beiden Strophen anwenden. Wenn wir uns mit diesen Insekten vergleichen, brauchen wir uns bloß zu Bewusstsein zu bringen, dass wir in gewisser Hinsicht durchaus schlechter sind als sie. Vergessen wir zudem nicht, dass die Stechmücken überhaupt nicht denken können, wir dagegen wesentlich intelligenter sind als sie. Wenn sie etwas Schlechtes tun, dann allein aus Ignoranz. Tun dagegen wir etwas Schlechtes, so tun wir das mit voller Kenntnis der Ursache. Das ist doch eindeutig schlechter!«« [127]

Nichts Lebendiges ist mir fremd

Das Beispiel mit der Stechmücke reizt zum Schmunzeln. Aber es kann auch nachdenklich machen. Es erinnert an den Spruch des lateinischen Dichters Terentius aus dem zweiten Jahrhundert vor Christus in Karthago: »Nichts Menschliches ist mir fremd.« Diese Worte haben zweitausend Jahre überlebt, aber heute ließen sie sich im Anschluss an den Dalai Lama noch besser umformulieren zu: »Nichts *Lebendiges* ist mir fremd.«

Die vom Dalai Lama genannte Stechmücke erinnert mich an Pierre Rabhi, der heute im Anschluss an Charles Darwin das Loblied des Regenwurms singt. Dieser Evolutionstheoretiker hat darauf hingewiesen, dass zwar der Pflug eine der ältesten Errungenschaften des Menschen sei, aber seit unvordenklicher Zeit hätten bereits die Regenwürmer den Boden umgegraben und ihn so dazu aufbereitet, dass er uns Ernten liefern konnte. Laut Darwin ist der Humus schon derart oft durch die Eingeweide der Würmer gewandert, dass es richtiger wäre, die Erde als »animalisch« zu bezeichnen statt als »pflanzlich«. [128]

Pierre Rabhi weist warnend auf die massive Vernichtung dieser »Verbündeten der Feldbesteller« hin. Der Missbrauch von Pestiziden und Fungiziden führe zu ihrer Ausrottung, sterilisiere die Böden und trage damit zur Erschöpfung der Natur und Abtötung der Bodenlebewesen bei. Er ruft zur »glücklichen Nüchternheit«[129] auf, mit der wir unser zentrales Anliegen darin sehen sollten, dem Leben in allen seinen Formen wieder zum Gedeihen zu verhelfen. Das ist auch das Anliegen des Dalai Lama, der darauf aufmerksam macht, dass das Lebendige stirbt, wenn ihm keine Liebe und kein Mitgefühl entgegengebracht werden:

»Die Praxis der Liebe und des Mitgefühls bedeutet, dass man sich selbst und die anderen liebt. Dazu gehört, dass man auch die Tiere liebt, sich der Natur annimmt, der Pflanzen, des Grases und alles Lebendigen. Eine der Vorschriften, die der Buddha für die Mönche erlassen hat, lautet, sie müssten es vermeiden, ›Leben zu nehmen‹. Das heißt, sie sollten darauf verzichten, Bäume zu fällen, Blätter abzureißen und Blumen zu pflücken oder sinnlos die Erde umzuwühlen. Zu einer Zeit, in der noch nicht von Ökologie die Rede war, war dies bereits ein Hinweis auf die Pflicht, mit der Umwelt behutsam umzugehen. Schließlich sind ja gerade die Bäume der Lebensraum einer großen Anzahl von Vögeln und Insekten, die ganz auf sie angewiesen sind. Wenn man also das Dasein dieser Lebewesen respektiert, muss man auch mit deren pflanzlichem Lebensraum behutsam umgehen.

Von seinem Wesen her liebt der Mensch alles Grün und das Leben der Natur. Selbst die heutigen Großstädte sind mit Blumen und künstlich angelegten Pflanzen und Bäumen verziert. Das ist ein Beweis dafür, dass das Bedürfnis nach etwas Grünendem tief in unserem Geist verwurzelt ist. Die von der modernen Technik hergestellten Gegenstände mögen sehr nützlich sein, aber sie sind meistens kurzlebig. Die Vegetation wie etwa die Bäume kann dagegen Jahrhunderte alt sein oder werden.

Folglich müssen wir alle die verschiedenen Lebensformen respektieren, insbesondere diejenigen, die etwas fühlen können. Zuweilen neigen Menschen dazu, jene Tiere zu lieben, die ihnen bestimmte Dienste erweisen, ihnen Zufriedenheit schenken oder ihnen guttun. Aber man kann die Tiere auch über diese ichbezogene Liebe hinaus lieben, ohne jemals von ihnen im Gegenzug irgendeinen Vorteil zu haben. Das ist dann eine Praxis des echten und zuweilen selbstlosen Altruismus.

So empfiehlt es sich also, ein echtes Verantwortungsbewusstsein und einen Gemeinschaftsgeist zu entwickeln und damit da anzufangen, wo man gerade steht. In den klassischen buddhistischen Schriften findet man zum Beispiel den Begriff des Karmas, der nicht unbedingt auf die Erfahrung des Einzelnen beschränkt ist. Denn es wird angenommen, dass es auch ein kollektives Karma geben kann, und zwar in Form der Umwelt, in der wir leben. Vom Umstand, dass der Ort, an welchem man lebt, ungastlich und unschön ist, wird oft angenommen, er sei zum Teil das Ergebnis eines kollektiven schlechten Karmas. Als Buddhist könnte man versucht sein, darauf zu antworten: ›Dafür kann ich nichts. Das ist eben mein Karma.‹ Aber in Wirklichkeit kann man spürbar etwas dazu beitragen, dass das eigene Lebensumfeld gastlicher und schöner wird, zum Beispiel, indem man Bäume pflanzt oder es insgesamt in einen gesünderen Zustand bringt.

Zudem gibt es in der Natur diese Vielfalt von Vögeln und wunderschönen Schmetterlingen, die eine wahre Zierde sein können. Wenn ich in Großstädten weile und es vorkommt, dass ich in einem von Bäumen umgebenen Quartier untergebracht bin und schon am frühen Morgen den Gesang von Vögeln höre, habe ich den Eindruck, Teil der Natur zu sein. Das ist eine sehr erfrischende Erfahrung. In Städten, in denen sich ungeheure Wolkenkratzer befinden, wie etwa in New York oder bestimmten heutigen chinesischen Metropolen, ist man von künstlichen Bauwerken umgeben, die keinen inneren Frieden bringen.

Wenn aber alles, was uns umgibt, künstlich ist, werden auch wir selbst künstlich und unwahrhaftig. In uns entstehen dann Gefühle der Unsicherheit und des Misstrauens. Wie soll man unter solchen Umständen aufrichtige Freundschaften pflegen, die nicht bloß auf Geld oder guten Beziehungen beruhen? Da fehlen die Voraussetzungen für das Glücklichsein. Vielleicht sind diejenigen, die solche Umwelten schaffen, der Auffassung, die Menschen seien gewissermaßen künstliche Produkte. Sie haben keine klare Vorstellung davon, was den Geist des Menschen ausmacht. Wir haben das Bedürfnis, von Leben umgeben zu sein. Bloßer Beton legt nun einmal keinerlei Anzeichen von Leben an den Tag. In gewisser Hinsicht ist natürlich sogar der Beton lebendig, denn nach einer bestimmten Zeit wird er brüchig. Aber im Vergleich mit den Bäumen ist er leblos. Wir aber haben das Bedürfnis, frische Dinge vor Augen zu haben, die wachsen und größer werden. Das schenkt uns das Gefühl, dass auch wir selbst frische und lebendige Wesen sind.«[130]

Wie können wir mit dem Bewusstsein leben, dass wir ständig ein ungeheures Gemetzel anrichten?

Ich möchte hier einige Zahlen nennen, die mich bedrücken:

»Um unseren Konsum zu befriedigen, töten wir jährlich sechzig Milliarden Tiere; das sind täglich 164 Millionen, stündlich sieben Millionen, jede Minute 114 000, jede Sekunde 1900.[131]

Wir töten alljährlich 1000 Milliarden Meerestiere, 45 Milliarden Hähnchen, 2,3 Milliarden Enten, 1,2 Milliarden Schweine, 850 Millionen Hasen, 700 Millionen Puten, 530 Millionen Gänse, 520 Millionen Schafe, 350 Millionen Ziegen, 300 Millionen Kühe und Stiere, 63 Millionen Vögel, 23 Millionen Büffel, vier Millionen Pferde, und opfern sie alle dem menschlichen Konsum. Wie lässt sich mit dem Bewusstsein leben, dass wir ständig ein derartiges Gemetzel anrichten?[132]

Diese Zahlen führen das systematische weltweite Töten drastisch vor Augen. Im gesamten Zeitalter der Menschheit war das Leben noch nie derart bedroht. Eine Feststellung, die angesichts der Tatsache, dass auf unserer Welt alle vier Sekunden ein Kind unter zehn Jahren an Hunger stirbt, umso unerträglicher ist. Zudem sterben täglich 37 000 Erwachsene an Hunger, und eine Milliarde wird vom Hunger versehrt.[133]

Objektiv gibt es jedoch keinen Mangel an Lebensmitteln, denn die Landwirtschaft von heute könnte bis zu zwölf Milliarden Menschen ernähren. Im Gegenzug kommt es beim Zugang zu Lebensmitteln und bei deren Verteilung zu immer größerer Ungerechtigkeit. Aus diesem Grund kommt ein Kind, das an Hunger stirbt, einem ermordeten Kind gleich. Wie können wir mit dem Bewusstsein um alle diese Morde leben?

Nach Auffassung des Dalai Lama bringt der Akt des Tötens über seine Schuldhaftigkeit als unerträgliche Gewaltausübung hinaus auch noch karmische Konsequenzen mit sich, die sich auf künftige Leben auswirken:

»Wenn man tötet, verkürzt diese Gewaltsamkeit das gegenwärtige Leben und schafft karmische Ursachen dafür, in einem nächsten Leben selbst getötet zu werden. Wenn man sich an den Akt des Tötens gewöhnt, bedeutet das, dass unser Geist stärker dazu neigt, auch in der Zukunft diese Handlungsweise auszuüben. Wenn wir in diesem Leben töten, werden wir mit einer stärkeren Freude am Töten wiedergeboren. Eine Veranschaulichung dafür kann man im Leben kleiner Kinder sehen. Manchen von ihnen scheint es Spaß zu machen, vorsätzlich ein Tier zu töten. Sehen sie ein Insekt, greifen sie schnell danach, quälen es und freuen sich lachend darüber, oder sie fangen Tiere und quälen sie zu Tode. Solche Handlungen sind das Anzeichen einer Vertrautheit mit dem Morden, die man sich in vorhergehenden Leben erworben hat. Im Gegensatz dazu zeigt die Tatsache, dass manche Kinder Mitleid an den Tag legen und den Anblick, dass ein Lebeweisen verletzt wird, nicht ertragen können, wie die positiven karmischen Samenkörner unser Leben von Geburt an beeinflussen können.«[134]

Als der Dalai Lama darüber informiert wurde, dass eine große Restaurantkette für ihre Kunden alljährlich weltweit 850 000 Hähnchen schlachten ließ, wandte er sich gegen die Eröffnung einer Niederlassung dieser Kette in Lhasa. In seinem offenen Brief an deren Betreiber, der von einer Organisation zum Schutz der Tierrechte[135] übermittelt wurde, drückte er sich folgendermaßen aus:

»Ihr Unternehmen, das die Grausamkeit und das massive Schlachten fördert, verletzt die tibetischen Werte. In der Regel sind die Tibeter keine Vegetarier, denn in Tibet ist das Gemüse knapp, sodass Fleisch eine wichtige Grundlage unserer Ernährung bildet. Allerdings hält man es für ethischer, das Fleisch von großen Tieren wie etwa von Yaks zu essen, als dasjenige von Kleintieren, denn um sich von solchen zu ernähren, muss man viel mehr von ihnen töten. Aus diesem Grund war traditionellerweise der Verzehr von Fisch und Geflügel immer sehr beschränkt. Wir haben Hühner einzig wegen ihrer Eier gehalten, nicht wegen ihres Fleischs. Im Übrigen verzehren wir auch wenig Eier, weil deren Verbrauch nach unserer Überzeugung die Lebendigkeit von Geist und Gedächtnis beeinträchtigt. Der Verzehr von Geflügelfleisch hat erst nach dem Einzug der chinesischen Kommunisten begonnen.

Wenn ich heute in einer Metzgerei eine ganze Reihe gerupfter Hähnchen aufgehängt sehe, tut mir das weh. Es ist inakzeptabel, dass am Anfang unserer Ernährungsgewohnheiten die Gewalt steht. Wenn ich in Indien im Auto durch die Städte komme, in deren Nähe ich wohne, sehe ich draußen vor den Restaurants Hähnchen in Käfigen, die darauf warten, getötet zu werden. Dieser Anblick macht mich traurig, denn sie haben in der Hitze keinen Schatten, in dem sie sich erfrischen könnten, und in der Kälte können sie sich nicht vor dem Wind schützen. Diese armen Hähnchen werden wie bloßes Gemüse behandelt.

In Tibet gab es die Gewohnheit, beim Metzger Tiere zu kaufen, um sie dann freizulassen und so ihr Leben zu retten. Viele von den Tibetern im Exil führen diese Tradition fort, überall, wo das möglich ist.[136] So ist es also für mich ganz natürlich, wenn ich diejenigen unterstütze, die in Tibet gegen die Einführung industriell betriebener Restaurants protestieren, die zur Ursache des Leidens einer großen Zahl von Geflügel führt.«[137]

Kann man noch von einer Wohlstandsgesellschaft sprechen, wenn die Kehrseite der Wirtschaftsleistungen darin besteht, massiv Leben auszurotten? Wenn die Sucht nach Konsumieren und Ansammeln materieller Güter den Preis unerträglichen Leidens, der Grausamkeit und des Tötens fordert?

Das programmierte Töten von Tieren zum Zweck eines übermäßigen Fleischverzehrs, der unsere Gesundheit schädigt, ist unerträglich. Dennoch dauert dieses mechanisierte Massaker in den Schlachthöfen weltweit rund um die Uhr an und ist nicht zum Stillstand zu bringen. Im Gegenteil: Experten sehen voraus, dass sich bis zum Jahr 2050 der weltweite Bedarf nach tierischem Eiweiß verdoppeln wird.

Der Dalai Lama sagt dazu:

»Wir stehen vor einem millionen-, ja milliardenfachen Massenmord an fühlenden Lebewesen und sind uns über diese Zahlen gar nicht im Klaren. Was die Fische angeht, ist deren Zahl überhaupt nicht zu ermessen ... Es gibt Menschen, die von Kindheit an zum Angeln und Jagen gehen, ohne sich im Geringsten den Kopf darüber zu zerbrechen, dass es hier um das Leben und Leiden von Tieren geht. In der Folge werden dieselben Menschen auch anderen Menschen Schmerz zufügen können; sie werden fähig sein, einander gegenseitig zu schlagen und abzuschlachten. Aus diesem Grund müssen unser Mitgefühl und unsere Sorge bei den unscheinbarsten Tieren anfangen, den Insekten und Stechmücken.

Wir Tibeter wachsen traditionellerweise in einer buddhistischen Gemeinschaft auf und haben von Kindheit an die Gewohnheit angenommen, nicht einmal die winzigsten Tiere zu töten. Von daher bedeutet für uns das Massaker an Menschen einen großen Schock. Aber heutzutage hört man vom Tod von Hunderttausenden von Menschen sprechen, ohne dass einen das noch überrascht. Man hat sich an das Töten gewöhnt ... Das ist sehr, sehr schlimm. Die Grundlagen der Welt müssten heute mehr denn je die Liebe, das Mitgefühl, die Achtung vor allem und das Lebensrecht auch noch des winzigsten Insekts sein.[138]

Für unseren Planeten wäre ein einziger Tag ohne Fleischverzehr bereits ein Riesenschritt

Der Dalai Lama kennt diese unerträglichen Aspekte der neuen Wirklichkeit. Matthieu Ricard hatte sie bei dem bereits genannten Treffen von »Mind & Life« ausführlich dargelegt. Er hatte namentlich die katastrophalen Auswirkungen der industriellen Massentierhaltung erläutert, nicht nur in ethischer Hinsicht, sondern auch in ihrer Konsequenz für die Umwelt, denn mehr als ein Viertel der derzeitigen Emissionen mit Treibhauseffekt stammt vom Methan, das das Vieh ausstößt. Das geht so weit, dass die Experten empfehlen, den Fleischkonsum zu reduzieren, um damit die Klimaerwärmung zu drosseln.

Matthieu Ricard hatte unter anderem erläutert, dass für die Produktion eines Kilos Fleisch zehn Kilo pflanzlichen Eiweißes notwendig sind, mit dem man bedürftige Bevölkerungsgruppen ernähren könnte[139], und dass heute das Nutzvieh zwei Drittel der Ackerflächen der Welt in Anspruch nimmt. Ricard hatte hinzugesetzt:

»Für wen ist das von Vorteil? Das sind die reichen Länder, in denen man mehr Fleisch verzehrt. Sie berauben durch die Viehhaltung die Menschen der am wenigsten mit Nahrungsmitteln begünstigten Länder um die pflanzlichen Ressourcen, die sie auf denselben Böden für sich produzieren könnten. So ist zum Beispiel der durchschnittliche Fleischverzehr in den USA sechsmal so hoch wie in Indien.[140] Kurz und knapp: Würde man die 775 Millionen Tonnen Getreide, die alljährlich ans Vieh verfüttert werden, für die menschliche Ernährung verwenden, könnte man damit 1,4 Milliarden Menschen ernähren. Damit wäre das Problem des Hungers auf der Welt mit einem Schlag gelöst. Zudem sagen Experten, wenn alle Amerikaner an einem Tag pro Jahr vegetarisch essen würden, würde es dies ermöglichen, pro Jahr 25 Millionen Menschen zu ernähren.«[141]

Bei den Worten von Matthieu Ricard, der auf seine übliche bescheidene Art so überzeugend sprach, kam mir unwillkürlich der Gedanke, was für ein ungeheurer, riesiger Schritt nach vorne es wäre, wenn man in allen Ländern, wo man die industrielle Tierzucht betreibt, auch nur einen einzigen regelmäßigen fleischfreien Tag einführen würde. Das wäre ein wichtiger Schritt in Richtung Hochachtung vor dem Leben der Tiere und der weltweiten Solidarität aller Menschen. Und mein Traum ging noch weiter: Da könnte doch zum Beispiel der 4. Oktober als der Festtag des heiligen Franziskus und seit 1931 auch der Welttag der Tiere als dieser internationale Tag des vegetarischen Essens eingeführt werden.

Der Dalai Lama hatte zunächst mit ernster Miene Matthieu Ricard seinen Dank für dessen Vortrag ausgesprochen und dann erklärt:

»1965 sah ich das Töten eines Hähnchens mit an, und das hat mich in meiner Entschiedenheit bestärkt, Vegetarier zu werden. Ich wohnte damals zufällig in einem Gästehaus der indischen Regierung, und von meinem Zimmer aus ging der Blick direkt auf die Küche des gegenüberliegenden Gebäudes. Zufällig bekam ich den Anblick mit, wie ein Hähnchen getötet und geschlachtet wurde. Das empfand ich als so schockierend, dass ich beschloss, auf der Stelle streng vegetarische Essgewohnheiten einzuhalten, ohne Eier und mit viel Nüssen und Milchprodukten. Ich befolgte die Ernährungsratschläge indischer Freunde, aber nach zwanzig Monaten bekam ich Probleme mit meiner Gallenblase, und in der Folge wurde meine Haut gelb, und das wurden auch meine Augen und meine Finger- und Zehennägel. Ich glich damals – mit einem chinesischen Ausdruck gesprochen – sozusagen tatsächlich einem leibhaftigen Buddha. Aber das verdankte ich nicht meiner spirituellen Praxis, sondern meiner Gallenblase!

In Tibet hatte ich seit meinem dreizehnten Lebensjahr verlangt, dass bei allen offiziellen Feiern komplett vegetarische Mahlzeiten aufgetischt werden sollten, zudem habe ich eine große Anzahl von Tieren aus Metzgereien gerettet, mehr als zehntausend. Immer wenn ich mit ansehen musste, wie man ganze Tierherden in die Schlachthäuser trieb, setzte mir das sehr zu, und ich empfand ein heftiges Würgen im Hals. Ich bin der Überzeugung, dass ich diesen wohltätigen Akten gegenüber den Tieren meinen guten Gesundheitszustand verdanke, der mich auch noch in fortgeschrittenem Alter in Form sein lässt.

Später in Indien, Anfang der 1960er-Jahre, rieten bestimmte internationale Organisationen unserer Exilgemeinschaft, in unseren verschiedenen Niederlassungen Geflügelkolonien einzurichten, nicht zum Essen, sondern um Eier verkaufen zu können. Es war auch die Rede von Schweine- und Fischzucht, aber wir wollten von Anfang an nichts derartiges einführen. In der Folge stellte ich die Frage, was denn aus den Hühnern werden sollte, wenn sie über das Alter des Eierlegens hinaus wären. Darauf habe ich nie eine klare Antwort bekommen. Ich sagte damals, falls aus wirtschaftlicher Sicht solche Hühnerfarmen wirklich wesentlich seien, hätte ich nichts dagegen. Aber ich bat, wenn sie nicht unbedingt notwendig seien, solle man sie abschaffen. Seit zwanzig oder dreißig Jahren sind alle abgeschafft. Und seit rund fünfzehn Jahren gibt es in den Klöstern nur noch vegetarische Kost.«[142]

Für eine Ethik der Verwundbarkeit

In diesem Kontext einer Banalisierung der Gewalt, die zu einer lebensbedrohlichen Beschädigung der Biosphäre führt, erfolgt die Veröffentlichung des *Manifests der universellen Verantwortung*. Diese Art der Gewalt wird unbemerkt ausgeübt. Wenn man jedoch auf sie hinweist, reagiert die Öffentlichkeit mit Resignation und Nichtstun, ausgenommen diejenigen, die sich militant für die Rechte der Tiere einsetzen. Im Bereich der Agrarwirtschaft dominieren die von einer globalisierten Marktwirtschaft vorgegebenen Geschäftsziele, kurzfristig rentabel und produktiv zu sein, und so ist sie ein weithin rechtsfreier Raum geworden, in dem man völlig ungestraft massenhaft Lebewesen töten kann.

Im Zeitalter des anbrechenden Anthropozäns wird jede und jeder von uns an einem bestimmten Tag geboren, der unter dem Schutz eines Tierkreiszeichens steht, je nach den verschiedenen Traditionen: der griechisch-lateinischen, lateinamerikanischen oder chinesischen. Der Begriff »Tierkreiszeichen« sagt schon, dass die einzelnen Abschnitte des Jahreskreises – es sind zwölf – bestimmten Tieren zugeordnet werden. Der Volksglaube schreibt jedem Menschen, der im Jahresabschnitt eines dieser Tiere geboren ist, bestimmte Charakter- und Schicksalszüge zu. Abgesehen davon, wie weit das stimmen mag, entspricht ab jetzt dem Jahr unserer Geburt jeweils auch das Aussterben einer bestimmten Tierart. Eine englische Zeitschrift regte unlängst ihre Leser dazu an, anhand einer – nicht ganz umfassenden – Liste ausgestorbener Tierarten zu ermitteln, welche Tierart im Jahr ihrer Geburt ausgestorben ist.[143] »Sechste Massenausrottung«, murmelt der Dalai Lama, ehe er sich ins Schweigen zurückzieht.

Er und ich, wir wissen, dass seit der »globalen Beschleunigungskrise« ab 1950 die Hälfte der wilden Lebensarten von der Erdoberfläche verschwunden ist.[144] Unsere im Übermaß ausgebeutete Erde stirbt. Die entsprechenden verhängnisvollen Aktivitäten des Menschen verschlechtern die Ökosysteme, also die empfindlichen Lebensträger, bis zu ihrer völligen Erschöpfung.

Den Dalai Lama interessiert, wie in den westlichen Gesellschaften die öffentliche Meinung darauf reagiert, und auf seine Frage hin erzähle ich ihm von heutigen Philosophen, die mit ihrem Querdenken einen Humanismus einfordern, mit dem man sich seiner Verantwortung für die nichtmenschlichen Lebewesen und die künftigen Generationen bewusst ist:

»Eure Heiligkeit, der norwegische Philosoph Arne Næss[145], der sich für den Buddhismus interessierte, war der Begründer der ›Tiefenökologie‹, die er auch ›Ökophilosophie‹ nannte. Er analysierte unsere Beziehung zu unserer Umwelt, und zwar anhand des Interdependenz-Denkens, das der Logik von Nalanda entspricht, die Sie lehren. Arne Næss vertrat die Ansicht, der Naturbereich sei von Beziehungen durchwirkt und jeder lebende Organismus darin sei ›ein Knoten‹ und Feld der Koexistenz und der Interaktionen. Er propagierte einen ›biospärischen Egalitarismus‹, wandte sich gegen jede Instrumentalisierung des Lebens und rief dazu auf, ›eine universale Sorge‹ für unsere Umwelt zu entwickeln. Wenn man begreife, dass es kein Abgetrenntsein gibt, sondern alles miteinander verbunden ist, stelle die Aggression gegen ein anderes Lebewesen einen Riss im Gewebe des Lebens dar und folglich letzten Endes eine Aggression gegen sich selbst.«

Zudem zitiere ich dem Dalai Lama die von Corine Pelluchon entwickelte »Ethik der Verwundbarkeit«[146]:

»In den Arbeiten dieser sehr für die Sache der Tierwelt sensibilisierten Philosophin habe ich Prinzipien gefunden, die der von Ihnen vertretenen Revolution der Ethik sehr nahe kommen. Tatsächlich stellt sie den Gedanken eines alles verwandelnden Anderswerdens in den Mittelpunkt ihres Vorhabens, wozu gehöre, die Existenz des Individuums neu zu definieren, und zwar als sich überschneidend mit der Existenz ›aller anderen menschlichen und nichtmenschlichen Lebewesen in Vergangenheit, Gegenwart und Zukunft«.[147] Das Anderssein, das man in der Philosophie als Grundlage des Subjekts betrachtet, verbindet sich dabei mit dem Altruismus, den das meditierende Subjekt praktiziert. Im einen wie im anderen Fall vollzieht sich die Verwandlung des Selbst auf dem Weg über das Wohlwollen gegenüber anderen.«

Der Dalai Lama präzisiert das:

»Wobei nicht vergessen sei, dass das Wohlwollen gegenüber anderen bedeutet, dass man zuvor auch sich selbst gegenüber wohlwollend ist.«

Ich bin ihm für diese Bemerkung sehr dankbar, denn es ist ja nur zu wahr: Will man anderen gegenüber wohlwollend sein, muss man sich zuerst einmal darum bemühen, sich mit sich selbst auszusöhnen, indem man alle Wurzeln des Aggressivseins und der Gewalttätigkeit gegenüber sich selbst entfernt. Um so weit zu kommen, muss sich der Geist anhand der Friedensmeditation und der inneren Heilung einüben, um seine wahre Natur zu erkennen, die liebe- und lichtvoll ist. Hat er sie erst einmal erkannt, offenbaren sich die grundlegende Großzügigkeit des Lebens sowie die wertvollen Eigenschaften Liebe, Mitgefühl und Vergebung. Das bringt ja die Formulierung zum Ausdruck: »Alle fühlenden Lebewesen sind meine lieben Mütter«, von der die buddhistische Spiritualität Asiens sowie auch die Traditionen und die Volkskultur Tibets geprägt sind.

Lhaksam, *die ungewöhnliche Einstellung universeller Verantwortung*

In diesem Stadium unseres Gesprächs gestehe ich dem Dalai Lama, dass ich bei meinen ersten Überlegungen zur Redaktion des *Manifests der universellen Verantwortung* darüber meditiert habe, dass alle fühlenden Lebewesen durch ein mütterliches

Band miteinander verbunden sind und dass dies die grundlegende Wahrheit des Erwachens sei:

»In der Nacht vor seiner endgültigen Verwirklichung, durch die er zum Buddha Shakyamuni wurde, gingen dem indischen Prinzen Siddharta Gautama die Ursachen und Bedingungen seines gegenwärtigen Daseins auf. Er erkannte jedes einzelne seiner unzähligen früheren Leben, und ihm wurde klar, dass ausnahmslos alle fühlenden Wesen seine Mütter gewesen waren. In diesem Augenblick erwachte er und wurde zum Kind des universellen Lebens. Da ging ihm auf, dass alle Mutterwesen, die den Leib seiner vergangenen Existenzen zur Welt gebracht hatten, ihm eine unermessliche Zärtlichkeit hatten zukommen lassen. Deshalb wollte der Buddha ihnen seine Dankbarkeit erweisen. Er ließ ein Übermaß von Liebe und Mitgefühl über sie strömen, weil er ihren Zustand derzeitigen Leidens erkannte. Das war also der Grund für seine Entscheidung, allen Mutterwesen gegenüber ›die außerordentliche Einstellung‹ einzunehmen, nämlich den Entschluss, sie vom Leiden zu befreien – also das, was man auf Tibetisch als *lhaksam* bezeichnet.«

Hierauf komme ich auf einen Interpretationspunkt zu sprechen, den mir Samdhong Rinpoche erläutert hatte:

»Eure Heiligkeit, Sie übersetzen *lhaksam* mit ›universelle Verantwortung‹. Wenn Sie die ›außerordentliche Einstellung‹ als ›universelle Verantwortung‹ interpretieren, sagen Sie damit etwas Neues. Sie sagen etwas, was vor Ihnen noch nie ein Dalai Lama gesagt hat.«

Ich zitiere Samdhong Rinpoche:

»Das Wort *lhaksam* für ›außerordentliche Einstellung‹ wird gemäß der Interpretation des Vierzehnten Dalai Lama mit ›universelle Verantwortung‹ übersetzt. Er hat sich für diese Formulierung entschieden, um damit die sehr moderne Bestrebung nach universeller Verantwortung bezeichnen zu können. Denn wir können uns allen Mängeln unserer Zeit stellen und sie beheben, wenn wir als Einzelne unsere universelle Verantwortung entwickeln und sie ausüben, also das aufrichtige Empfinden, dass wir jedem Lebewesen im Universum gegenüber verantwortlich sind.

Wie der Buddha erklärt hat, sind alle unsere Handlungen mit dem gesamten Universum verbunden und wirken sich direkt oder indirekt darauf aus. Zur universellen Verantwortung gehört dieses Empfinden, mit der Gesamtheit des Universums verbunden zu sein, also mit allen auf dieser Erde lebenden fühlenden Lebewesen, und folglich die Sorge und Verantwortung für alle auf sich zu nehmen. Wenn ich zum Beispiel irgendeine schlechte Handlung gleich welcher Art ausführe, beschränken sich deren Auswirkungen nicht auf den direkt betroffenen Menschen oder Gegenstand, sondern diese meine Handlung wirkt sich universell aus. Das ist eine Tatsache, die die Naturwissenschaftler heute bestätigen. Eine Stecknadel, die man fallen lässt, wirkt sich noch in der Ferne, in weiter Ferne aus. Sie kann sogar noch Auswirkungen in Entfernungen von vielen Lichtjahren haben. Das ist die Realität.

Das Verständnis dieser universellen Wechselbeziehung und Auswirkung macht den Kern der Bedeutung von *lhaksam* aus. Dieses Verständnis verleiht der universellen Verantwortung ihre außerordentliche Qualität und unterscheidet sie von anderen üblichen Begriffen. Nur wenn man den Geist der universellen Verantwortung entwickelt, kann man dazu beitragen, die zahlreichen Mängel unseres heutigen Zeitalters zu beheben. Ich bin der festen Überzeugung, dass die einzigartige Interpretation von *lhaksam* als universeller Verantwortung einer der großen Beiträge des Dalai Lama für unsere Welt von heute ist. An uns liegt es, dieses Geschenk, das er uns damit gemacht hat, zum Wohl künftiger Generationen ins Leben umzusetzen.«[148]

Das Rad mit sieben Speichen

Wie kann man zur universellen Verantwortung erwachen? Diese Frage habe ich im Jahr 2010 dem Dalai Lama und Samdhong Rinpoche gestellt. Sie hatten mir den Rat gegeben, über »das Rad mit sieben Speichen« zu meditieren, das in fortschreitender Reihenfolge die Etappen der Nacht des Erwachens des Buddha nachvollzieht. Diese sieben Speichen werden auch »die sechs Ursachen und die eine Wirkung« genannt. Die erste Ursache besteht darin, in allen Wesen, in allen Lebensformen, ob nah oder fern, gegenwärtig oder zukünftig, zu erkennen, dass sie meine Mütter waren. Die zweite Ursache ist, mich von der Güte aller meiner Daseins-Mütter durchdringen zu lassen, die es um den Preis großer Leiden bei Schwangerschaft und Geburt meinem Körper ermöglicht haben, sich auszuformen und zu wachsen und dann bei meinen verschiedenen Inkarnationen zur Welt zu kommen. Die dritte Ursache besteht im Willen, den Daseins-Müttern ihre wohlwollende Güte zurückzuzahlen. Die vierte Ursache besteht darin, die Daseins-Mütter zu lieben, indem man auf ihr Glück hinarbeitet. Die fünfte Ursache ist das Mitgefühl mit den Daseins-Müttern, die ich von allen ihren Leiden befreien möchte. Die sechste Ursache ist die außerordentliche Einstellung, die darin besteht, die Verantwortung für die Befreiung der Daseins-Mütter aus der bedingten Existenz des Samsara zu übernehmen. Die Wirkung dieser sechs Ursachen, also die siebte Speiche, besteht darin, in meinem Bewusstseinszustand den Geist altruistischen Erwachens um des Wohls aller Daseins-Mütter zur Geburt kommen zu lassen.

Der Dalai Lama lehrt, dass dieser außergewöhnliche Geisteszustand durch ein tiefes Empfinden des Mitgefühls erweckt wird, einer Sorge angesichts des Leidens anderer und dem Wunsch, diesem abzuhelfen:

»Das Mitgefühl hat nur dann Kraft, wenn es von der Liebe getragen ist. Man muss so sehr lieben, dass einem das Leiden anderer unerträglich wird, so sehr, dass man jeden Menschen sympathisch findet und einem von Herzen an dessen Glück gelegen ist, wie das eine Mutter für ihr einziges Kind empfindet. Aber erst wenn uns die Güte der anderen offensichtlich wird, beginnen wir sie auf diese Weise zu lieben. Daher ist es gut, uns zunächst darin einzuüben, sie bei derjenigen kennenzulernen, die sie uns im Lauf unseres Lebens erwiesen hat, und sodann das gesamte Empfinden der Dankbarkeit, das uns dabei überkommt, auf alle auszuweiten. Im Allgemeinen ist diejenige, die wir als besonderes Vorbild der Liebe und Güte empfinden, unsere Mutter, denn niemand war uns je näher und hat sich uns mehr gewidmet als sie.

Da hier vom Prinzip der Wiedergeburten die Rede ist, sei jetzt in Klammern noch etwas dazu gesagt. Was die Vorstellung von Wiedergeburten als gut begründet erscheinen lässt, ist im Grunde die Tatsache, dass das Bewusstsein, das von Natur aus lichtvoll und mit Erkenntnisvermögen ausgestattet ist, nur einem vorherigen Bewusstseinsmoment entstammen kann, einer vorausexistierenden Wesenheit voller Licht und Erkenntnis. Die Materie könnte nicht seine Wesensursache sein. Angesichts der Tatsache, dass das Bewusstsein einem ihm vorausgehenden Bewusstseinsmoment entstammt, ist das Prinzip nicht akzeptabel, dass es von sich aus im Lauf einer Bewusstwerdung entstehe. Ganz gleich, ob man es also global nimmt oder auf seiner subtilsten Ebene, steht also fest: Der Geist fängt nie an und hört nie auf. Das ist die Grundlage der Theorie der Wiedergeburten.

Seit der Nacht der Zeiten, im Lauf unzähliger Inkarnationen, hat sich jedes Wesen unserer Existenzsphäre verbunden gefühlt und mit uns eine Beziehung geknüpft, die derjenigen gleicht, die uns in diesem Leben mit unserer Mutter verbindet. Davon muss man sich überzeugen lassen. Aber um so weit zu kommen, muss man sich zuvor in der Meditation des Gleichmuts üben.

Betrachten wir zunächst einmal insgesamt die Tatsache,

dass wir gewöhnlich unsere Umgebung in drei Hauptkategorien unterteilen: in Freunde, Feinde und Fremde. Ihnen gegenüber nehmen wir drei unterschiedliche Haltungen ein, nämlich Sehnsucht-Anhänglichkeit, Hass-Abneigung und Gleichgültigkeit. Solange diese drei Einstellungen vorherrschen, ist es unmöglich, einen altruistischen Geisteszustand einzunehmen. Folglich muss man zunächst einmal seine Anhänglichkeit, Feindseligkeit und Gleichgültigkeit neutralisieren.

Dafür ist das gründlichere Nachdenken über die Wiedergeburt sehr wirksam. Weil es im Kontinuum des Daseins keinen Anfang gibt, gibt es auch keine Grenze für die Zahl unserer Geburten. Folglich erlaubt uns nichts, zu glauben, dass unsere Freunde von heute bereits zu allen Zeiten unsere Freunde waren. Genauso waren unsere derzeitigen Feinde nicht unbedingt schon immer unsere Feinde. In dieser gegenwärtigen Existenz werden uns frühere Feinde zu Freunden, während frühere Freunde in die Reihe unserer Feinde übertreten können. So besteht also kein Grund zur Annahme, ein bestimmter Mensch sei uns grundsätzlich und für immer freundschaftlich zugetan und ein anderer sei für immer uns gegenüber feindselig.

Mit dieser Denkübung stellen wir nicht nur unsere Vorurteile infrage, die uns dazu verleiten, auf der einen Seite unsere Freunde und auf der anderen unsere Feinde aufzureihen, sondern auch unsere eingefleischte Abneigung, die unablässig diese Art von Unterscheidung trifft.

Ganz praktisch besteht diese Übung darin, sich lebhaft drei Menschen vor Augen zu halten: einen Freund, einen Feind und einen Unbekannten. Indem wir sie ansehen, bedenken wir, dass es keinerlei Garantie dafür gibt, dass jeder von ihnen sich allezeit uns gegenüber freundschaftlich beziehungsweise feindselig verhalten werde. Es ist hilfreich, sich bei dieser Meditation reale Personen vorzustellen, weil sonst das Bild zu verschwommen bleibt, um eine Einstellungsänderung bewirken zu können, wenn wir konkreten Menschen gegenüberstehen. Nach und nach empfinden wir ihnen gegenüber ein neutrales Gefühl, das sich zunehmend auf andere überträgt.

Ist dieser Schritt getan, besteht der folgende darin, über die Tatsache nachzudenken, dass im Lauf der endlosen Geburten in einem Prozess ohne Anfang und während dieser unaufhörlich aufeinanderfolgenden Existenzen jeder unvermeidlich schon einmal unser bester Freund oder engster Verwandter war. Auf der Grundlage dieser Einsicht werden wir nach und nach geneigt, alle Wesen als Freunde zu betrachten.

Stellen wir uns dann vor, mit welcher Güte sie uns schon einmal behandelt hatten, als sie unsere Mutter oder unser Vater waren und uns mit Wohlwollen beschützten, ganz so, wie das unsere derzeitigen Eltern mit uns in unserer Kindheit getan haben. Weil alle bereits in dem einen oder anderen Leben uns gegenüber eine gleiche Güte an den Tag gelegt haben, ganz egal, ob erst vor Kurzem oder in lange zurückliegender Zeit, sind folglich alle gleichermaßen gütig.

Ja, selbst wenn wir nicht schon einmal ihre Kinder waren, kamen wir dennoch in den Genuss ihrer Güte, denn in unseren Beziehungen mit anderen entfaltet sich der größte Teil unserer Eigenschaften. Sind im Übrigen die vielfältigen Annehmlichkeiten, die wir in dieser derzeitigen Existenz genießen, die großartigen Bauwerke, die Straßen und alles andere, nicht das Werk anderer Menschen? Sobald man sich des Wohlwollens der anderen bewusst wird, empfindet man ihnen gegenüber eine ungeheure Dankbarkeit. Welche Ausdrucksform wird sie annehmen?

In diesem Stadium sollte man sich dann für eine Form der Liebe öffnen, die unwillkürlich den unwiderstehlichen Wunsch weckt, alle Wesen möchten glücklich sein und niemand möge das Glück und die Ursachen des Glücks entbehren müssen. Je intensiver man auf alle Wesen einen liebevollen Blick wirft, desto mehr erschließt sich einem auch ihre Anmut. Je mehr man sie liebt, desto mehr engagiert man sich auch auf der nächsten Stufe, dem Mitgefühl, das unablässig darauf aus ist, sie frei vom Leiden und dessen Ursachen zu sehen.

Wenn sich Liebe und Mitgefühl entfalten, führt das zwar bestimmt zu einer Veränderung unserer Einstellung. Aber diejenigen, die uns dazu inspirieren, bleiben deswegen nicht weniger im Leiden. So bedarf es also eines weiteren Schritts, mit dem man seinen Altruismus über das bloße Denken hinausführt: ›Wie wunderbar wäre es, wenn alle Wesen vom Leiden und seinen Ursachen befreit wären und wenn sie das Glück und seine Ursachen besitzen könnten!‹ Dann reift in einem der Entschluss: ›Ich will alles tun, damit die Wesen vom Leiden und seinen Ursachen befreit werden und damit das Glück und seine Ursachen ihnen nie mehr abgehen.‹

So fasst man also den festen Vorsatz, sich nicht mit einem denkerischen Wunsch zu begnügen, sondern die Wesen ganz real und konkret von ihrem Leiden zu befreien und ihnen mittels eigener Anstrengung das Glück zu verschaffen. *Lhaksam*, die außergewöhnliche Einstellung, inspiriert zu einem ungeheuren Mut, sich diese schwere Aufgabe aufzubürden. Mit einer solchen Seelenstärke wird man desto entschiedener und mutiger, je härter die Prüfungen werden. Die Schwierigkeit verzehnfacht den Willen.

Die Unerschrockenheit ist eine kostbare Eigenschaft, und das nicht nur für die religiöse Praxis; ihrer bedürfen alle. Ein sehr hilfreiches Sprichwort lautet: ›Wo ein Wille ist, da ist auch ein Weg.‹ Wenn man sich in schlechter Verfassung fühlt, einem jeglicher Wille und Mut abgeht, man sich als Versager fühlt und denkt: ›Mir fehlt einfach das Format, um eine so schwierige Sache anzugehen‹, dann wertet man sich ab, und das hilft im Leiden überhaupt nichts. So ist es also wichtig, seinen Mut in dem Maß wachsen zu lassen, in dem die Schwierigkeit sich einstellt.

Wenn man anderen hilft, geht es dabei nicht nur darum, ihnen Nahrung oder Asyl zu bieten, sondern man muss auch die grundsätzlichen Ursachen ihres Leidens lindern und ihnen grundsätzlichen Ursachen des Glücks erschließen. So kann sich zum Beispiel die Sozialhilfe nicht darauf beschränken, die Unglücklichen mit Lebensmitteln und Kleidung zu versorgen. Sie muss sie zugleich auch dafür ausbilden, dass sie selbst für die Befriedigung ihrer Bedürfnisse sorgen können. Auch der *bodhisattva*[149] begnügt sich nicht damit, das Elend nur provisorisch mit materiellen Gaben zu lindern, sondern er erteilt zudem Lehren, damit alle wissen, welche Haltungen man einnehmen oder meiden sollte.

Diese Unterweisung setzt eine gute, exakte Kenntnis der heilsamen Lehren voraus, ohne Unterlassung oder Irrtum, je nach den Fähigkeiten und Bedürfnissen jedes Einzelnen. Zudem bedarf es großer Begabung dazu, wirksam Hilfe leisten zu können. Folglich gehört zu den verschiedenen Formen des Helfens auch, dass man anderen dabei hilft, *bodhicitta* zu erlangen, den Geist altruistischen Erwachens, der die Hindernisse für die Realisierung der vollkommenen Erkenntnis völlig ausräumt.«[150]

Das egoistische Ich darin einüben, sich zu einem verantwortungsbewussten Ich zu entwickeln

Für mich ist der Augenblick da, um dem Dalai Lama eine Frage zu stellen, die ich schon länger auf dem Herzen habe, um das Thema der universellen Verantwortung all den Menschen nahebringen zu können, die nicht den Glauben an die Reinkarnation teilen. Wäre es denkbar, angesichts der Entwicklung der heutigen Erkenntnisse über die Weitergabe des Lebens die erste Ursache des *Rads mit sieben Speichen* neu zu interpretieren?

»Eure Heiligkeit, die Erkenntnis, dass alle Wesen meine Mutter waren, mag in Asien selbstverständlich sein, denn dort glaubt man an vorherige Leben jedes Menschen, aber im Abendland ist das nicht der Fall. Doch wie ich Ihnen erst unlängst gesagt habe, nimmt dort das Bewusstsein zu, dass wir im Netzwerk alles Lebendigen eine untrennbare Lebens- und Erkenntnisgemeinschaft sind. Die Vorstellung, dass alle Lebensformen zu unserem eigenen Leben beitragen, wird also immer mehr zur allgemeinen Überzeugung. Von daher bekommt also die Wirklichkeit, dass wir alle gemeinsam am Leben teilhaben, für die Weitergabe und den Schutz unserer Existenz eine mütterliche Qualität und Funktion.

Dank dieses grundsätzlichen Bewusstseins wird man alle unsere Gefährten bei der Inkarnation in diese Welt hinein als uns wohlgesonnene Mütter betrachten. Aufgrund dieser zweiten Erkenntnis wird man den Wunsch haben, ihnen Dankbarkeit dafür zu erweisen, dass sie uns das Leben geschenkt haben, und aus dieser Dankbarkeit ergeben sich die vier folgenden Speichen des *Rads mit sieben Speichen*: der Wunsch, den Daseins-Müttern Dankbarkeit zu erweisen, die Liebe, das Mitgefühl und die universelle Verantwortung. Wäre es von daher denkbar, auch die traditionelle Vorstellung von den *Sechs Ursachen und der einen Wirkung* dahingehend neu zu interpretieren, dass man dafür nicht unbedingt den Glauben an vergangene Leben voraussetzen müsste?«

Der Dalai Lama stimmt dem vorbehaltlos zu:

»Ausgezeichnet! Die Erkenntnis, dass in der langen Aneinanderreihung unserer vergangenen Existenzen alle fühlenden Wesen unsere Mütter waren, beruht auf der Vorstellung einer unendlichen Aufeinanderfolge von Wiedergeburten. Tatsächlich passt das mit anderen Traditionen nicht zusammen, denen die Vorstellung früherer Leben und auch künftiger weiterer Leben fremd ist, die zudem damit verbunden ist, dass das Bewusstsein ständig von einer Existenz zur nächsten weiterwandert. Nun geht man aber aus buddhistischer Sicht bei der Meditation über die zweite Ursache in zwei Etappen vor, wenn man sich bis in alle Einzelheiten an unsere Pflichten gegenüber allen fühlenden Wesen erinnert. Die erste besteht darin, in der Kontemplation unsere Verpflichtungen gegenüber denjenigen

Wesen zu betrachten, die unsere Mutter oder unsere Eltern waren. Zweitens sind wir denjenigen Wesen dankbar, mit denen uns keine Blutsbande verbinden, die jedoch trotzdem zu unserem Überleben und Wohlbefinden beitragen. Von daher gesehen ist ja tatsächlich jedes empfindende Lebewesen von allen anderen abhängig. Die interdependente Natur des Lebens ist das stärkste Argument dafür, sich die Großzügigkeit und Güte aller fühlenden Wesen uns gegenüber zu Bewusstsein zu bringen. So ist es also vollkommen gerechtfertigt, diese Interpretation vorzuschlagen, die der neuen Wirklichkeit der heutigen Welt entspricht.

Die Buddhisten des 21. Jahrhunderts können sich mit ihrem Glaubenssystem nicht begnügen, ohne es zu überprüfen oder es im Licht der modernen Erkenntnisse neu zu formulieren. Wir sind sieben Milliarden, und jeder von uns ist vom andern verschieden. Man kann nicht verlangen, dass alle ein und derselben Vorstellung anhängen. Das ist unmöglich! Zuweilen stelle ich fest, dass es sehr viele Menschen gibt, die zur Vorstellung neigen, sobald ihnen etwas als wahr vorkommt, müsste das auch für alle anderen wahr sein. Das ist unrealistisch. In der tibetischen Tradition heißt es, wenn man ein Weizenkorn findet und dann behauptet, alle Körner seien Weizenkörner, ist das absurd.

Man muss gemäß der Logik der Universität von Nalanda denken, wo man sich in das Diskutieren einübte, um den genauen Sinn jeder Aussage zu bestimmen. Eine Wahrheit ist, falls sie der Erfahrung desjenigen zuwiderläuft, der sie überprüft, nicht wahr, nur weil sie der Buddha ausgesprochen hat oder ich sie geäußert habe. Von daher ist es notwendig, Vernunft walten zu lassen, alles tiefgründig zu untersuchen und eine gut begründete Überzeugung zu entwickeln, und zwar als Ergebnis eines kritischen Einschätzungsprozesses.

Was das *Manifest der universellen Verantwortung* angeht, ist das Ziel seiner Veröffentlichung nicht, irgendwen zum Glauben an vorherige Leben zu bringen oder dazu, Buddhist zu werden. Es geht vielmehr darum, die Leser aufzufordern, ein persönliches Verantwortungsbewusstsein zu entwickeln. Hierzu bedarf es einer Schulung des egoistischen Ich, indem man die Praxis des inneren Friedens mit dem Ziel einer Umwandlung seiner selbst verbindet, wobei man sich auf eine Laien-Ethik stützt und die spezifisch menschlichen Werte der Liebe, des Mitgefühls und der Vergebung entwickelt.«

Der Dalai Lama verstummt. Sein Blick nimmt einen Ausdruck der Ratlosigkeit ein. Dann sagt er:

»Im Abendland stellt man sich allgemein vor, man habe nur ein einziges Leben und müsse das so gut wie möglich nutzen. Man sorgt sich nicht wie in Asien um die künftigen Generationen. Und den jungen Abendländern bringt man auch nicht mehr die Dankbarkeit gegenüber den Alten bei. Oft stehen sich Eltern und Kinder in einem harten Konflikt gegenüber. Das geht so weit, dass die mütterliche Liebe als die großartigste Form einer bedingungslosen Liebe nicht immer hoch im Rang steht. Die traditionellen Gleichgewichte sind zerstört, und wenn es in der Familie kein Gleichgewicht mehr gibt, verliert man auch den Sinn für gerechte Beziehungen zwischen einem selbst und den anderen, zwischen der Gesamtheit und dem Einzelnen und dann schließlich auch zwischen den Verantwortlichkeiten und den Rechten.

Wir sind an diesen für die weitere Zukunft der Menschheit kritischen Punkt gelangt, dass die Rechte der Einzelnen als selbstverständlich gelten und jeder sich einzig darum bemüht, dass sie nur zu seinem eigenen Vorteil respektiert werden, und darüber vergisst, dass mit ihnen auch Verantwortlichkeiten und Pflichten verbunden sind. Wie kommt im Kontext der Umweltkrise die abendländische Reflexion über das Verantwortlichsein voran?«

Das moderne Prinzip des Verantwortlichseins

»Eure Heiligkeit, Ihre Erklärungen über die universelle Verantwortlichkeit als Grundlage der gewaltfreien Kommunikation und des Friedens in der Welt wurden einhellig und in ganz offizieller Form begrüßt. Bereits 1989 hat der Präsident des Nobelkomitees Ihnen den Friedensnobelpreis verliehen und damit Ihre Bemühungen um die Förderung der universellen Verantwortung gewürdigt. Und im Jahr 1991 hat der frühere tschechische Präsident Václav Havel vor dem Kongress der USA einen Gedanken vertreten, der Ihnen sehr am Herzen liegt, nämlich die Notwendigkeit einer globalen Revolution auf dem Gebiet des menschlichen Bewusstseins, die darin bestehe, eine universelle Verantwortung zu übernehmen und auf diese Weise eine unumkehrbare soziale, ökologische und kulturelle Katastrophe zu vermeiden.«

Beim Erwähnen dieses Freundes, dessen beispielhafte Rolle als Anführer der *Samtenen Revolution* er oft gelobt hat, sehe ich in den Augen des Dalai Lama ein wehmütiges kurzes Aufleuchten. Ich halte kurz inne, und er bittet mich dann, weiterzusprechen:

»Unlängst, im Juni 2015, hat der Senat der USA anlässlich Ihres 80. Geburtstags eine Resolution erlassen. In diesem Kommuniqué wird anerkannt, dass Sie unablässig Ihre moralische Autorität dafür eingesetzt haben, den Gedanken der universellen Verantwortung zu verbreiten, und zwar als Friedensprinzip für die Beziehungen der Menschen untereinander und ihres Umgangs mit dem ihnen gemeinsamen Planeten.

Als Sie in den 1970er-Jahren angefangen hatten, öffentlich über die universelle Verantwortung zu sprechen, war der Westen noch ganz im Kalten Krieg befangen, und die Industriegesellschaft vollzog ihren Bruch mit der Naturwelt. Ihre Ausführungen waren folglich auf ökologischem Gebiet innovativ, zugleich aber ganz im Sinn der Philosophie der Menschenrechte, deren Grundwerte historisch ins Jahrhundert der Aufklärung zurückreichen, jedoch eine universelle Vision darstellen.«

Das Eintreten für die Menschenrechte sei Bestandteil der Ethik, betont der Dalai Lama:

»Wenn man die Verfolgten unterstützt, trägt man dazu bei, Frieden zu schaffen und Gerechtigkeit und Menschenwürde zu fördern. Das ist keine Frage der Religion, sondern der Menschlichkeit. Im Übrigen lehren alle Religionen ganz abgesehen von ihren verschiedenen Lehren bezüglich einer theistischen oder nichttheistischen Metaphysik Gerechtigkeit, Toleranz, Vergebung, Teilen, Gewaltfreiheit, Brüderlichkeit, Gleichheit und allgemeine Menschenwürde. Der gemeinsame Sockel aller dieser Werte ist die Interdependenz, aus der sich eine gemeinsame Verantwortung für das Wohl der Menschheit ergibt.«

Ich erwähne, dass bis in jüngere Zeit alle diese Werte im Abendland im Namen der Emanzipation des Einzelnen verfochten wurden und sie die Grundlage für die Philosophie der Persönlichkeitsrechte lieferten. Es habe erst noch der späteren ökologischen Fragestellung bedurft, um ins Auge zu fassen, dass man auch nichtmenschlichen Lebewesen bestimmte Rechte zuerkennen sowie den Begriff der Verantwortung auch auf die künftigen Generationen ausdehnen müsse:

»Eure Heiligkeit, mir ist aufgegangen, dass Ihre Anliegen mit mehreren Deklarationen der Vereinten Nationen übereinstimmten, die in den 1990er-Jahren verfasst wurden.[151] Diese haben Ihre Analyse der heutigen Welt bis in die Terminologie hinein übernommen und ausdrücklich die Interdependenz der Welt betont, die Einheit der Menschheit, die wirtschaftliche Gerechtigkeit, die Kultur des Friedens sowie die Verantwortung gegenüber den künftigen Generationen und allen Formen des Lebens.«

Zum Abschluss weise ich noch darauf hin, dass es in jüngster Zeit zu zwei bemerkenswerten Entwicklungen gekommen ist:

»Die erste ist der Appell an die Verantwortung, den der Papst in seiner Enzyklika *Laudato si'* zum Ausdruck gebracht hat. In diesem rund hundert Seiten umfassenden Dokument habe ich dreiunddreißigmal das Wort ›Verantwortung‹ gefunden. Der Heilige Vater beklagt den Umstand, dass der technische Fortschritt nicht von einer Weiterentwicklung des Menschen auf den Gebieten der Verantwortlichkeit, des Wertempfindens und des Gewissens begleitet gewesen sei.[152] Er wendet sich ausdrücklich von der bisherigen Auslegung der Bibelstelle ab, der Mensch solle sich ›die Erde untertan machen‹ (Gen 1,28), die in den letzten Jahrhunderten dazu missbraucht wurde, gegenüber der Natur und den Tieren einen blinden Despotismus walten zu lassen, und fordert die Menschen auf, sich als verantwortliche Hüter der von Gott geschaffenen Welt zu betrachten.

Die zweite Evolution besteht aus der bemerkenswerten Reflexionsarbeit etlicher Philosophen[153], Juristen und Gesetzgeber, um angesichts der Wertekrise und der derzeitigen Zerstörung der Biosphäre ein neues rechtliches Rahmenwerk zu schaffen. Es haben sich zahlreiche Stimmen zu Wort gemeldet, die sich für die Schaffung eines dritten, für alle Gesellschaften gemeinsamen Pfeilers einsetzen, um mit ihm die beiden bisherigen Pfeiler des internationalen Lebens, nämlich die *Allgemeine Erklärung der Menschenrechte* und die *Charta der Vereinten Nationen*, zu ergänzen. Diese beiden Texte reichen heute nämlich nicht mehr aus, um in den Kern der Ethik und des Rechts des 21. Jahrhunderts das Prinzip der Verantwortlichkeit einzufügen, von dem die Wahrung der Unversehrtheit unseres Planeten abhängt.«[154]

Schließlich berichte ich noch von meiner Teilnahme an einem großen Ereignis der Geschichte und des Bewusstseins, nämlich der öffentlichen Bekanntgabe der *Déclaration universelle des droits de l'humanité*[155], einem Text, der »das Recht aller Bewohner der Erde, in einer Welt zu leben, deren Zukunft nicht von der Verantwortungslosigkeit der Gegenwart verdorben werden darf«, in Stein meißelt.

Zudem weise ich den Dalai Lama auf einen weiteren Fortschritt hin, der spezifisch die Umwelt betrifft:

»Im Vorfeld der UN-Klimakonferenz in Paris hatte eine Gruppe von französischen Anwälten, Magistratspersonen und Juristen einen *Internationalen Umweltpakt* vorgeschlagen.[156] Nach Aussagen seiner Autoren würde die Annahme dieses juristisch verpflichtenden Textes dem internationalen Umweltrecht den Grundstein liefern, der ihm noch fehlt.[157]

Der Dalai Lama stellt mir eine die Terminologie betreffende Frage: Welchen Unterschied machen die Juristen zwischen einer »allgemeinen« Erklärung und einer »internationalen« Erklärung? Welchen Sinn geben sie diesen Begriffen?

Diese Fragen geben den Anstoß, auf die Philosophie der Aufklärung zurückzukommen, die ja die Grundlage des allgemeinen Menschheitsideals ist, wie es in der *Déclaration universelle des droits de l'homme et du citoyen* (»Allgemeinen Erklärung der Menschen- und Bürgerrechte«) von 1789 formuliert und dann in der *Déclaration universelle* (»Allgemeinen Erklärung«) von 1948 staatsübergreifend wiederholt wurde:

»Diese Texte definieren ein auf allgemeinen Werten beruhendes Recht der Menschheit, und zwar auf jenen, die Sie, Eure Heiligkeit, seit jeher lehren. Von daher scheint es mir wichtig zu sein, dass ein Einklang möglich ist zwischen den im juristischen Sinn verstandenen Menschenrechten und der universellen Verantwortung, die auf der Verwirklichung des inneren Friedens und des Mitgefühls beruht. Man könnte sagen, das *Manifest der universellen Verantwortung* trägt zu dieser Klärung bei und hat so Anteil an der heutigen Diskussion über das Verantwortlichsein.«

Damit das Zeitalter der Menschheit zum Zeitalter universeller Verantwortung werde

Nach kurzem Schweigen wird der Blick des Dalai Lama schneidend:

»Es ist wichtig, dass die Advokaten und Juristen sich darum kümmern, die notwendigen Rechtsnormen für die konzertierte Weiterentwicklung der Nationen zu definieren, damit sie die Energiewende und die Anpassung der Welt an die globale Erwärmung gewährleisten. Aber sicher wird das nicht dafür ausreichen, um die Welt zu verändern ...

Wie schon mein Freund Václav Havel so richtig gesagt hat, lassen sich die Probleme der Gesellschaft nicht mittels Deklarationen und Gesetzestexten lösen. Aber es ist sicher notwendig, dass gleichzeitig auch auf juristischem Gebiet die Reflexion voranschreitet, um die Rechte und Pflichten der Menschheit definieren zu können. Und es ist wünschenswert, dass man mit ansehen kann, wie die Staaten ein Ideal allumfassender Humanität annehmen. Aber vergessen wir nicht, dass die Veränderung vom Volk ausgeht und das Volk ein Gesamt von Individuen ist. Von daher ist für eine Veränderung in der Welt letztlich jeder Mensch verantwortlich, der sich für seine Generation und die Generationen von morgen eine Veränderung der Welt wünscht.

Idealerweise könnte das *Manifest der universellen Verantwortung* den offiziellen Fortschritt und die entsprechenden Vorstöße auf dem Gebiet der Gesetzgebung begleiten. Die Meditation dieses Textes kann zur Bewusstseinsbildung beitragen und zur Reflexion und zum persönlichen Engagement in Form einer verantwortungsbewussten Praxis anregen, die auf der Verwirklichung des inneren Friedens und des Mitgefühls beruht. Dank des Friedens im Herzen jedes Einzelnen könnte sich ein Weg des Friedens für die Welt auftun.«

Ich erinnere sodann an die so treffenden Worte aus der Präambel des Gründungsvertrags der UNESCO von 1945, die immer aktuell bleiben und die ich auswendig zitieren kann, weil sie mein Denken begleiten: »Da Kriege im Geist der Menschen entstehen, muss auch der Frieden im Geist der Menschen verankert werden.«

Da der Dalai Lama dem zustimmt, füge ich an:

»Damit der Friede nicht scheitert, muss er von einer intellektuellen und moralischen Solidarität der Menschheit mit allem Lebendigen getragen sein. Eure Heiligkeit, dass wir in unserem Denken und in unseren Herzen mittels der Praxis des Mitgefühls Schutzwälle des Friedens errichten sollen – das ist doch das Wesen Ihrer Lehre, nicht wahr?«

Der Dalai Lama stimmt mit einem Kopfnicken zu. Der Zeitpunkt ist gekommen, unser Gespräch zu beenden, und ich bitte ihn um eine letzte Botschaft:

»Hoffen. Niemals die Hoffnung verlieren. Niemals aufgeben. Heute ist unsere Hoffnung die kommende Generation. Meine Generation gehört dem 20. Jahrhundert an und ich bin jetzt im Begriff, abzutreten und zu Ihnen ›Auf Wiedersehen‹ zu sagen. Die Generationen des 20. Jahrhunderts hinterlassen den Jüngeren viele Probleme, die sie lösen müssen. Die Jüngeren unter dreißig Jahren gehören dem 21. Jahrhundert an. Wir müssen uns Mühe geben, sie zu informieren und an sie unsere Erfahrung und unsere Kenntnisse weiterzugeben. Sie sind die Menschheit von morgen. Sie sind die Welt von morgen. Ihre Aufgabe ist es, aus diesem Jahrhundert ein neues Jahrhundert des Friedens, des Dialogs, des Mitgefühls und des Verantwortungsbewusstseins zu machen.

Was die Klimaerwärmung angeht, kann es sein, dass sich dieses Problem verschärft. Aber wenn die nächste Generation im Geist des Friedens, der universellen Verantwortung und der Brüderlichkeit zusammenarbeitet, selbst wenn sie mit Katastrophen konfrontiert wird, kann sie unweigerlich eine bessere und glücklichere Welt kennenlernen.«

Ist nicht in den schlimmsten Situationen die letzte Zuflucht der Menschheit die Hoffnung?

Als ich so höre, welche Hoffnung der Dalai Lama für unsere Zukunft äußert, geht mir auf, wie sehr seine tief in der Realität verwurzelte Weisheit einen Weg des klaren Bewusstseins und der Humanität eröffnet, und das in einer Welt, worin es allzu oft als menschlich gilt, wenn man unmenschlich ist.

Ich knie mich nieder und schenke traditionsgemäß dem Dalai Lama eine *kata*, einen Glücksschal aus weißer Seide, in den die traditionellen Glückszeichen eingestickt sind:

»Eure Heiligkeit, haben Sie unendlichen Dank dafür, meiner Bitte entsprochen zu haben, die ich Ihnen zu Beginn unseres Gesprächs vorgetragen hatte. Sie haben Dinge gesagt, die noch kein Dalai Lama vor Ihnen gesagt hat. Indem Sie die neue Wirklichkeit mit der universellen Verantwortung verbinden, wird Ihre Neuinterpretation von *tendrel* als ›Interdependenz‹ und *lhaksam* als ›außerordentlichen Einstellung‹ zur notwendigen politischen Botschaft, die dazu beiträgt, diese kritische Schwelle der Menschheitsgeschichte überschreiten zu können. Ich bezweifle nicht, dass Ihre Botschaft dazu beitragen kann, dass das Anthropozän, das Zeitalter der Menschheit, zum Zeitalter der universellen Verantwortung wird.«

Der Dalai Lama nimmt mein Gesicht in seine Hände, bewegt seine Stirn mir entgegen und setzt seinen Kopf an den meinen. Süße. Friede. Fülle. Alles ist erfüllt. Alles ist gesagt.

III.
DAS MANIFEST
DER UNIVERSELLEN
VERANTWORTUNG

Meine Sorge umfasst alle Mitglieder der Menschheitsfamilie,
ja sogar alle fühlenden Lebewesen, die Leiden verspüren.
Ich glaube, dass die Ursache allen Leidens die Ignoranz ist.
Wir fügen beim egoistischen Trachten nach unserem eigenen
Glück und Vergnügen anderen Leiden zu. Aber das wahre
Glück ergibt sich aus einer echten Brüderlichkeit. Wir müs-
sen eine universelle Verantwortung füreinander und für den
uns allen gemeinsamen Planeten wahrnehmen.

DER DALAI LAMA

I.
DREI ERKENNTNISSE UND
ELF LEBENSVERPFLICHTUNGEN

Auf die Bitte des Dalai Lama und im Geist seiner Lehren wurde dieser Text von Sofia Stril-Rever verfasst und durchgesehen und herausgegeben in Zusammenarbeit mit dem Ehrwürdigen Samdhong Rinpoche, mit Professor Robert Thurman, Vorsitzendem des Tibet House und Titularprofessor des Lehrstuhls Je Tsongkhapa für Tibetologie an der Columbia University von New York, und mit Professor Eric Itzkin, Direktor des Héritage immuable in Johannesburg und Biograf von Mahatma Gandhi.

Diese Textfassung wurde am 15. September 2015 gemeinsam mit dem Dalai Lama in Oxford fertiggestellt.

Erste Erkenntnis:
Innerer Friede und gemeinsam geteilte
Lebenswirklichkeit

Ich bin auf dieser Erde geboren, bin Kind des Lebens im Schoß des Kosmos.

Meine genetischen Codes enthalten die Botschaften des Universums. Ich bin mit allen Lebewesen in der gemeinsamen Lebenswirklichkeit verbunden.

Dieselbe Energie, die mein Herz schlagen lässt, hält auch die Erde und die Himmelskörper in Gang. Der Atem, diese Quellbewegung des Lebens, vereint jeden meiner Atemzüge mit den Atemzügen aller Lebewesen und der großen Atembewegung des Universums.

Die Urweisheit der früheren Völker wusste um das Geheimnis des Friedens zwischen den Menschen und der Welt. Seit der Industriellen Revolution hat der Mensch das Geheimnis des Friedens vergessen. Sein abgestumpftes Herz ist in den Krieg gegen sich selbst gezogen und in den Krieg gegen das Leben. Das Gift seines Geistes hat die Nährmutter Erde vergiftet, die Quellen der Flüsse verseucht, die Ozeane versäuert, die Atmosphäre verschmutzt. Die Luft des aufgewärmten Planeten lässt sich in den Mega-Städten der fünf Kontinente nicht mehr atmen, und deren Zukunft scheint der Katastrophe ungeheurer Leiden geweiht zu sein.

Aber heute sucht der Mensch der modernen Zeit den Weg der Milde, des Friedens und der inneren Heilung. Die heutige Physik legt genau wie schon die Philosophien der Achsenzeit die Prinzipien der grundlegenden Interdependenz auf der Ebene der Materie dar, aber auch auf den subtileren Ebenen des Geistes und der Emotionen. Deswegen nehme ich wahr, dass jede meiner Handlungen, jedes meiner Worte und jeder meiner Gedanken Bewusstseinsabdrücke hinterlassen, die Zeit und Raum überschreiten. Meine feindseligen Handlungen lassen die Wogen des destruktiven Hasses anschwellen, die den Ozean der Schmerzen aufwühlen. Meine Akte wohlwollender Liebe setzen sich wie Wellen der Freude bis an die Grenzen des Universums fort.

Ich bringe mir zu Bewusstsein, dass das Wohlbefinden aller Lebewesen vom Gleichgewicht der Ökosysteme abhängig ist und diese Systeme wiederum auf den Frieden im Herzen der Menschen und den Geist der Gerechtigkeit in den Gesellschaften der Menschen angewiesen sind, worin niemand leer ausgehen oder von Hunger, Armut und Entblößung versehrt werden darf. Im Geist der Gleichheit für alle, frei von Parteilichkeit, ohne alle Neigung zum Hass, trage ich dazu bei, die Harmonie des Lebens zu wahren und wiederherzustellen.

In Frieden zu leben und in jeder meiner Gesten innerlich zu gesunden, dem Wohl aller menschlichen und nichtmenschlichen Existenzen hingegeben zu sein stellt einen großen Aufruf dazu dar, lebendig zu sein, in der Freude der universellen Liebe, die das Leben des Lebens ist.

Zweite Erkenntnis:
Unser inneres Menschsein

Ich bin auf dieser Erde als Kind des Lebens im Schoß der Menschheit, meiner Familie, geboren.

Unwiderrufliche Bande vereinen mich mit meinen sieben Milliarden Brüdern und Schwestern und auch mit allen meinen nichtmenschlichen Mit-Lebewesen, die mit mir das Abenteuer des Lebens teilen. Ich bringe mir zu Bewusstsein, dass das, was uns einander nahebringt, stärker ist als das, was uns nur allzu oft voneinander trennt und uns spaltet.

Ganz gleich, welche Hautfarbe ich habe, welche Nationalität oder Religion, welche Existenzgrundlage und welche persönlichen Überzeugungen, ich bin im Wesentlichen ein Mensch wie jeder andere Mensch und teile mit allen die gleiche Sehnsucht nach Glücklichsein und Lieben und Geliebtwerden. Besinne ich mich auf mein innerliches Menschsein, so erkenne ich heute, dass ich nicht von der Welt abgeschnitten leben kann. Die Ereignisse in einer fernen Weltgegend wirken sich auf mich aus und zugleich auch auf unseren ganzen Planeten. Jedes lokale Problem hat globale Folgen, die alle Grenzen überschreiten.

Ich werde mir dessen bewusst, dass im heutigen Kontext die weltweite Vernetzung und Technologie stark zugenommen hat und mit ihr auch die Interdependenz, was sich auf die Entfaltung der menschlichen Gesellschaften und des Umweltschutzes auswirkt und es mehr denn je erfordert, einander gegenseitig zu helfen. Einzig der Altruismus motiviert mich dazu, zum Wohl aller Lebewesen aktiv zu werden, indem ich meine universelle Verantwortung wahrnehme.

Im Schoß der neuen Wirklichkeit sind innerer Friede, Liebe und Mitgefühl nicht nur Ausdruck eines edlen Ideals, sondern zugleich auch eine pragmatische Lösung. Zudem gewährleisten diese Einstellungen – im Gegensatz zur Auflösung sozialer Bindungen und zum Verfall von Solidaritäten – das umfassende Interesse füreinander.

Die Notwendigkeit der engen Zusammenarbeit führt mich zudem zur Erkenntnis, dass die sicherste Grundlage einer dauerhaften Entwicklung der Welt meine persönliche und mit anderen geteilte persönliche Praxis des inneren Friedens, der Liebe und des Mitgefühls ist.

Von daher fasse ich in der Schicksalsgemeinschaft der Menschheit neue Hoffnung und neues Vertrauen.

Dritte Erkenntnis:
Satyagraha, *die Kraft der Wahrheit*

Ich bin auf dieser Erde geboren, als Kind des Lebens, im Schoß des großen natürlichen Friedens.

Aber die Geschichtsbücher und auch die aktuellen Berichte sind voller Nachrichten über eine ständige Abfolge von Kriegen, Konflikten, Katastrophen und vielfältigsten Gewalttaten. Von daher ist die Versuchung groß, zum Schluss zu kommen, dass das Böse stärker ist als das Gute. Wenn ich jedoch meine mentale Erregung zur Ruhe bringe und tief in meinen Geist hineinblicke, gelange ich zum Frieden. Ich rühre an meine Wahrheit, die liebend und erkennend ist. Mir kommt die Notwendigkeit zu Bewusstsein, nicht nur meine verstandesmäßige Logik zu schulen, sondern auch all die anderen bemerkenswerten Fähigkeiten meines Geistes wie etwa die Liebe, das Mitgefühl, die Großzügigkeit und das Vergeben.

Mir kommt zu Bewusstsein, dass die Macht des Bösen ohne Grundlage ist und man über sie hinausgeraten kann. Der Hass ist eine Illusion, eine Auswirkung der Ignoranz. Bin ich auf diese Weise mit meiner wahren Natur verbunden, so entdecke ich die unermessliche Großzügigkeit des Lebens und seiner Kräfte. Die tiefe und unerschütterliche Wirklichkeit der Güte offenbart mir, dass *satyagraha,* die Kraft der Wahrheit, unbezwingbar ist, wenn sie sich in der Liebe manifestiert.

Angesichts dessen, dass ich mich im Zeitalter des Internets und der Globalisierung von der technisch-ökonomischen Kultur manipuliert und instrumentalisiert fühle, kommt mir zu Bewusstsein, dass ich in dieser Welt eine Weisheit der universellen Verantwortung verkörpern muss, die auf der Kraft jener Wahrheit und Liebe gründet, die Mahatma Gandhi *satyagraha* genannt hat.

Satyagraha – unterschiedlich übersetzt mit »Kraft der Wahrheit« oder »Seelenstärke« – ist die Waffe meines gewaltfreien Kampfes gegen die Ungerechtigkeit. Denn sobald die Wahrheit sich auf dem Weg über mich äußert, bin ich unbesiegbar.

Satyagraha verlangt, dass ich bei meinem Kampf gegen jegliche Form der Ausbeutung und der Aggression gegen Menschen und nichtmenschliche Lebewesen Leiden und Opfer auf mich nehme, ohne zur Gewalt Zuflucht zu nehmen.

Indem ich im Alltag *satyagraha* lebe, werde ich unter anderen und mit anderen zum Baumeister von Frieden, Gerechtigkeit und Wahrheit. Als eingeborener Bürger der Welt gehe ich eine neue Verpflichtung ihr gegenüber ein: meine universelle Verantwortung in ihr wahrzunehmen.

Ohne irgendjemanden zu zwingen oder bei ihm Schuldgefühle zu erwecken, und in Respekt vor dem Pluralismus verlege ich mich auf die Stärke des Beispiels und inspiriere damit andere zum Entschluss, ihre universelle Verantwortung wahrzunehmen. Dabei geht es mir darum, dass die künftigen Generationen eines Tages die Welt kommen sehen können, nach der ich mich sehne, die ich selbst aber womöglich nie erleben werde.

Im Maß meiner Kräfte bemühe ich mich also, mit Ausdauer und im Geist der Liebe und des Friedens die neue Wirklichkeit einer brüderlichen Welt mit aufzubauen.

Elf Lebensverpflichtungen

Fest entschlossen, mit diesen drei Erkenntnissen zu leben, integriere ich sie in einen ganzheitlichen Verhaltenskodex, der mein Denken, Sprechen und Handeln bestimmen soll. Diese ethische Haltung, die ich einnehme, stellt zwar nicht unbedingt eine direkte Lösung für die gewaltigen Probleme der Welt dar. Aber sie steht für eine positive Dynamik, die sich auf die Kraft einer gemeinsamen Vision stützt sowie auf den Willen, mit allen denjenigen zusammenzuarbeiten, die sich im Namen der Menschheit aktiv einsetzen wollen.

Ich anerkenne die Wohlbegründetheit und Notwendigkeit der Rechte des Menschen, der nichtmenschlichen Lebewesen und der Umwelt, wie sie von den Vereinten Nationen und anderen internationalen Organisationen definiert und akzeptiert wurden. Allein für sich genommen, werden diese Rechte jedoch nicht genügen, um in die Welt die Voraussetzungen für Frieden und Versöhnung einziehen zu lassen, wenn sie nicht von den Werten meines inneren Menschseins beseelt werden. Aus diesem Grund legt das Manifest der universellen Verantwortung die Grundlage für einen Konsens, der auf den *Drei Erkenntnissen* beruht und in *Elf Lebensverpflichtungen* praktisch umgesetzt wird.

Ein Lebensengagement stellt ein sinnvolles Ziel vor Augen, für das ich mich in Freiheit und ganz bewusst entscheide, denn es bringt meine Wahrheit zum Ausdruck, und das mit einem angemessenen Verständnis der interdependenten Realität.

Erste Lebensverpflichtung:
Für den inneren Frieden

Ich verpflichte mich dazu, persönlich den Frieden praktisch zu leben, den ich für die Welt will. Den Frieden kann man weder verordnen noch mit äußerem Zwang auferlegen. Der Friede entsteht an der Quelle meines inneren Menschseins. Er ist die

Frucht des Mitgefühls und reift in meinem Herzen. Ich verpflichte mich dazu, den Frieden in mir zunehmen und ihn ausstrahlen zu lassen. Ich bin mir dessen bewusst, dass jeder meiner Schritte in Richtung Frieden die Menschheit in Richtung Frieden weiterbringt.

Zweite Lebensverpflichtung:
Für *ahimsa,* die Gewaltfreiheit
Von allen Gaben ist für jedes Lebewesen diejenige des Lebens die kostbarste.

Ich verpflichte mich im Geist der *ahimsa,* die Vielfalt aller Lebensformen, deren Wohnraum die Erde ist, zu achten und zu schützen. Ich verbinde mein Leben untrennbar mit der Gewaltfreiheit als dem tiefen Wunsch meines inneren Menschseins.

Dritte Lebensverpflichtung:
Für eine alle Arten umfassende Ethik
Im vollen Bewusstsein, wie zerbrechlich und verletzlich alles Lebendige ist, und angesichts der Tatsache, dass die Menschenrechte nicht die Lebensrechte anderer Arten in Gefahr bringen dürfen, engagiere ich mich für eine alle Arten umfassende Ethik und schütze alle Formen des Lebens, selbst die ganz schwachen, die von mir abhängig sind und auf die ich angewiesen bin.

Diese Ethik stellt die Grausamkeit der Lebensbedingungen in der Massentierhaltung und beim Schlachten der Tiere infrage und hält diesen Aktivitäten den felsenfesten Grundsatz der unteilbaren Lebensgemeinschaft aller Wesen entgegen.

Vierte Lebensverpflichtung:
Für die Menschenwürde
Ich setze mich für die Ehrfurcht vor der unveräußerlichen Würde des Menschen und deren Schutz ein, namentlich bei den derzeit diskutierten Fragen zu Euthanasie, Bioethik, Klonen oder auch heilender und lebensverbessernder Biotechniken.

Aus der Überzeugung, dass die Gewaltanwendung gegen einen einzigen Menschen eine Verletzung der gesamten Menschheit ist, achte ich bewusst auf die Einhaltung der Rechte jedes einzelnen Menschen. Ich setze mich für die Befreiung der Unterdrückten ein sowie aller derjenigen, die noch millionenfach unter erniedrigenden Formen der modernen Sklaverei zu leiden haben.

Im Namen der schweigenden Mehrheit kämpfe ich gegen das gängige Dogma einer weltweiten anonymen und seelenlosen Globalisierung. Ich weigere mich, deren Strategien der Entmaterialisierung und finanziellen Spekulation mitzumachen, welche die Gewissen der Hauptakteure in Wirtschaft und Politik versehren und den Individuen jegliche Mitverantwortung entziehen.

Fünfte Lebensverpflichtung:
Für das Teilen

Ich setze mich für eine Kultur des Teilens, der gegenseitigen Hilfe, des Dienstes und der Solidarität ein, und das im Bewusstsein, dass all dies für das Leben auf dieser Erde grundlegend ist.

Ich widerstehe der vorherrschenden, nur vom Nützlichkeitsdenken beherrschten, kurzsichtigen Logik, die alle Solidaritäten auflöst und stattdessen die Tyrannei des Profits und Konkurrenzkampfs fördert, also die Ursachen der Verarmung und der beschleunigten Erschöpfung aller Ressourcen.

Sechste Lebensverpflichtung:
Für die Demokratie

Ich setze mich für die repräsentative Demokratie ein, und das aus der Überzeugung, dass diese Regierungsform, sofern sie nicht korrumpiert ist, am besten der eigentlichen Beschaffenheit des Menschen entspricht.

Das ist die einzige stabile Grundlage, auf der sich eine globale politische Struktur errichten lässt. Denn der echte Demokrat verteidigt seine Freiheit, diejenige seines Landes und letztlich der gesamten Menschheit mit gewaltfreien Mitteln. Im Einklang mit der neuen Wirklichkeit und den Erwartungen der Bürger legt er höchsten Wert auf persönliche und soziale Reform.

Siebte Lebensverpflichtung:
Für wirtschaftliche Gerechtigkeit

Ich setze mich ein, um meinen Beitrag zu einer Weltwirtschaft zu leisten, die das Lebensrecht aller Geschöpfe, der Menschen und auch der nichtmenschlichen Lebewesen respektiert.

In diesem Geist der Gerechtigkeit lehne ich alle Privilegien und Monopole ab, und ich lehne alles ab, was sich nicht teilen lässt. Zudem vermeide ich es, Überfluss anzuhäufen, der mich dazu verführt, Güter zu vergeuden, während Millionen von Menschen nicht einmal über das schlichteste Minimum verfügen. Wenn jeder nur das Notwendige besäße, müsste niemand Mangel leiden.

Achte Lebensverpflichtung:
Für die Förderung der Frauen

Die Frau ist die Mutter des Menschen. Ihr ist es aufgegeben, das Leben zu schützen und einer im Krieg befindlichen Welt den Geist des Friedens beizubringen, denn die Welt dürstet nach diesem Nektar.

Ich setze mich dafür ein, dass die Frauen ihren Beitrag zur Weiterentwicklung der Gesellschaft leisten können, indem sie eine entsprechende Ausbildung und Zugang zu verantwortungsvollen Positionen erhalten, denn ich erkenne ihre natürliche Fähigkeit dazu an, die Welt wieder zu humanisieren, indem sie die Verantwortung der Einzelnen und Gemeinwesen in einem stärker altruistischen Sinn beleben.

Neunte Lebensverpflichtung:
Für eine ganzheitliche Erziehung und Ausbildung
Ich setze mich für eine ganzheitliche Erziehung und Ausbildung ein, bei der man zu leben lernt und nicht nur seine intellektuellen Fähigkeiten entwickelt, sondern auch Intuition und Herzensqualitäten fördert.

Vom Geist der universellen Verantwortung her gesehen ist es bei der Erziehung und Ausbildung eines jungen Menschen wichtig, ihm kritisches Unterscheidungsvermögen beizubringen, damit er Irrtum, Illusion und Parteilichkeit durchschauen kann; in ihm das Gespür für sein inneres Menschsein zu wecken, indem man ihn auf dem Weg der Meditation in die inneren Wissenschaften des Geistes und der Gefühle einweiht, damit er eine kognitive, emotionale und entscheidungsfähige Reife entwickelt sowie sich in Altruismus und Solidarität einübt, was alles notwendig ist, um sich den Wechselfällen des menschlichen Lebens kompetent stellen zu können.

Zehnte Lebensverpflichtung:
Für eine Kultur des *satyagraha*
Ich lasse mich darauf ein, mich gründlich mit der Geschichte und den Grundsätzen der Bewegung *satyagraha* zu befassen, um mir Handlungsweisen vorstellen zu können, mit denen ich mich gegen jeglichen kulturellen, sozialen und politischen Druck wehren kann, der mich von meinem innerlichen Menschsein abbringt, und mit denen sich die Verhältnisse spürbar ändern lassen.

Laut *satyagraha* ist die Kraft zum Handeln nicht physischen Ursprungs, sondern sie kommt aus dem Geist. Wenn man sich in seinem Bewusstsein intensiv die Wahrheit vor Augen hält, ist sie unbezähmbar, weil kompromisslos.

Elfte Lebensverpflichtung:
Für eine Weisheit universeller Verantwortung

Ich lasse mich voller Freude darauf ein, zum Wohl aller Lebewesen in meinem Bewusstsein und in allen Aspekten meines Lebens eine auf universelle Verantwortung gegründete Weisheit zu pflegen.

Wenn ich aufmerksam auf mein inneres Menschsein höre, revolutioniert das die Gewissen. Denn heute geht es weltweit darum, die existenziellen Paradigmen der alten Welt zu überprüfen, um im Schoß der neuen Wirklichkeit den naturwissenschaftlichen und technischen Fortschritt mit dem ethischen und humanen Fortschritt in Einklang bringen zu können.

II.

DIE HOFFNUNG WIEDER AUFBLÜHEN LASSEN – MEDITATION ÜBER DIE UNIVERSELLE VERANTWORTUNG

Angesichts der Mängel des Anthropozäns, des Zeitalters der Menschheit, beschreibt das *Manifest der universellen Verantwortung* Formen des Engagements, mittels derer sich das Wertbewusstsein unseres inneren Menschseins beleben und stärken lässt.

Die universelle Verantwortung beruht auf einer bestimmten Überzeugung, die sich aus einer Analyse der neuen Wirklichkeit ergeben hat. Sie aktiviert ihre Anhänger, indem sie ihren Sinn für das Leben verstärkt und in ihnen als Einzelnen und als Gesamtheit wieder die Hoffnung auf eine verheißungsvolle Zukunft weckt.

Will man die universelle Verantwortung richtig verstehen, ist das nicht nur eine Sache der gedanklichen Einsicht. Universelle Verantwortung bedeutet, dass man sie lebt und bezeugt. Die Kraft unseres ermutigenden Beispiels inspiriert auch andere zu dem Entschluss, sie zu übernehmen.

Die universelle Verantwortung wird ausgehend von der Einsicht in die grundlegende Güte und Fülle des Lebens formuliert und ausgeübt. Diese Intuition stellt sich ein und wächst in dem Maß, in dem man sich durch Meditation einübt, denn diese führt den Geist in den weiten Innenraum seines natürlichen Friedens. Erkennt man erst einmal die liebe- und lichtvolle

Wahrheit des Geistes, so ermöglich dies, die universelle Verantwortung in seinem Bewusstsein und seinen Handlungen lebendig werden zu lassen. Namentlich alle diejenigen, die schreiben, sprechen und es wagen, sich an die Öffentlichkeit zu wenden, haben die Pflicht, mehr als das Allernötigste dafür zu tun, dass sie sich konsequent verhalten und ihre Überzeugungen in praktisches Tun umsetzen.[158]

Denn die universelle Verantwortung ist eine aus dem inneren Frieden aufsteigende Energie der Liebe und des Mitgefühls. Sie lässt sich nicht bloß auf gute Gefühle, gute Ideen oder gute Absichten reduzieren. Um sie in die Praxis umzusetzen, ist es auch keineswegs notwendig, einer bestimmten philosophischen oder religiösen Schule anzugehören. Es genügt schlicht und einfach, selbst in seinem inneren Menschsein und seinem Leben jenen Frieden zu finden, von dem uns die derzeitige Ausbildung und der Kontext der postmodernen Gesellschaften gründlich entfremdet haben.

Um ihn wiederzufinden, wird am Schluss dieses Buches ein Weg der Innerlichkeit vorgeschlagen, und zwar anhand zweier einander ergänzenden Meditationen über die universelle Verantwortung. Sie sind von den Lehren des Dalai Lama inspiriert.

Das ist erstens eine analytische Meditation, bei der jede der *Drei Erkenntnisse* sowie alle *Elf Lebensverpflichtungen* weitergeführt werden.

Zweitens ist das eine kontemplative Meditation, die in unseren Bewusstseinsstrom die Energie der universellen Verantwortung einbringt.

1. Analytische Meditation über die universelle Verantwortung

Auf die Bitte des Dalai Lama und im Geist seiner Lehren wurde dieser Text von Sofia Stril-Rever verfasst und durchgesehen und herausgegeben in Zusammenarbeit mit dem Ehrwürdigen Samdhong Rinpoche, mit Professor Robert Thurman, Vorsitzendem des Tibet House und Titularprofessor des Lehrstuhls Je Tsongkhapa für Tibetologie an der Columbia University von New York, und mit Professor Eric Itzkin, Direktor des Héritage immuable in Johannesburg und Biograf von Mahatma Gandhi.

Diese Textfassung wurde am 15. September 2015 gemeinsam mit dem Dalai Lama in Oxford fertiggestellt.

Analytische Meditation über die Drei Erkenntnisse

Erste Erkenntnis:
Innerer Friede und gemeinsam geteilte
Lebenswirklichkeit

Ich bin als Kind des Lebens im Schoß des Kosmos auf dieser Erde geboren.

Ich mache mir bewusst, dass das Wohlergehen aller Lebewesen vom Gleichgewicht der Ökosysteme abhängig ist und diese wiederum auf den Frieden im Herzen der Menschen und dem Geist der Gerechtigkeit in den menschlichen Gesellschaften angewiesen sind, worin man niemandem etwas schuldig bleiben und keinen durch Hunger, Armut und Entbehrung versehren darf. Ich trage im Geist des Gleichmuts und frei von Parteilichkeit, Anhänglichkeit und Hass dazu bei, die Harmonie des Lebens beizubehalten oder wiederherzustellen.

Wenn ich den Geist der inneren Heilung in jeder meiner Gesten zum Ausdruck bringe und mich dem Wohl alles menschlichen oder auch nichtmenschlichen Existierenden verpflichtet fühle, stellt das die anspruchsvolle Aufforderung dar, ganz lebendig zu sein, und zwar in der Freude einer allumfassenden Liebe, die das tiefste Wesen des Lebens ist.

Der Friede ist eine Energie. Er entspringt meinem Geist und steht in Interaktion mit anderen. Mein Geist ist es, der dem Frieden die Kraft verleiht, allen Herausforderungen gewachsen zu sein und auszustrahlen. Denn der Friede ist keine Glashauskultur, die man abseits der Welt pflegen könnte.

Da ich noch nicht den Frieden mit mir selbst, den anderen und meiner Umwelt gefunden habe, habe ich mich von destruktiven Antrieben der Aneignung und Ausbeutung mitreißen lassen. In meiner völligen Unkenntnis der Interdependenz und der Tatsache, dass alles Leben ein Teilhaben mit anderen ist, habe ich meiner Besessenheit keine Zügel angelegt, mit der ich mir die Reichtümer der Welt zu meinem Vorteil und demjenigen der meinen und zum Nachteil anderer vereinnahmt habe.

Diese Logik steht im Widerspruch zur grundlegenden Großzügigkeit des Lebens. Im weltweiten Maßstab erlebe ich, dass sie sich heute schwächend auf alles Lebende auswirkt. Ich lebe in einer nachindustriellen und materialistischen Gesellschaft, die sich mittels einer übermäßigen Ausbeutung der Naturressourcen entwickelt hat, als seien diese unbegrenzt, also in einer völligen Unkenntnis der Intelligenz im Netzwerk des Lebens.

Derzeit machen sich immer mehr Menschen in Harmonie mit der Biosphäre auf die Suche nach einem neuen Pakt mit der Umwelt. Es tritt klar zutage, dass das Leben unseres Planeten das unsrige ist und wir alle insgesamt für seine Zukunft verantwortlich sind. Angesichts so allgemeiner Probleme wie des Treibhauseffekts, der globalen Erderwärmung oder der Gletscherschmelze bleiben einzelne Einrichtungen, Genossenschaften und Nationen ohnmächtig. Wenn nicht weltweit alle zusammenarbeiten, und zwar in Harmonie mit der interdependenten Wirklichkeit der Menschheit und der Ökosysteme, werden sich unmöglich dauerhafte Lösungen finden lassen.

Die Erde erteilt uns die Lektion, dass wir eine universelle Verantwortung übernehmen müssen.

Wollen wir die aktuelle Krise lösen, so ist dazu zwar die Schaffung internationaler Instanzen und die Verabschiedung verpflichtender Vereinbarungen notwendig, aber ungenügend. Wenn man eine politische Organisation einrichtet, die Lösungen voranbringen soll, bedeutet das, dass man die Verantwortung, etwas Wirksames zu tun, einer kleinen Personengruppe zuschiebt und sich selbst heraushält. Aber unter den derzeitigen Umständen kann es sich niemand erlauben, irgendwelchen anderen die Sorge um die Lösung der ökologischen Probleme zu überlassen. Jeder einzelne Mensch muss sein eigenes Stück universeller Verantwortung übernehmen.

In dem Maß, in dem die Zahl der ernsthaft besorgten Einzelnen zunimmt – sodass es schließlich Hunderte, Tausende und Millionen werden –, wird sich der Allgemeinzustand unseres Planeten wieder verbessern. Wenn ich mir dagegen die Einstellung gestatte, als Einzelner könne ich sowieso nichts tun, wird das auch andere in meiner Umgebung entmutigen, und damit werden schließlich die dringendsten Ziele nicht erreicht werden.

Eine Einstellung universeller Verantwortung einzunehmen ist eine ganz persönliche Entscheidung, die sich Tag für Tag auf mein Handeln, Reden und Denken auswirkt. Bin ich dagegen nicht wachsam, laufe ich Gefahr, Verhaltensweisen beizubehalten, die der empfindlichen Matrix des Lebens unheilbare Schäden zufügen. Die Schädigung der Umwelt ist kein unabänderliches Schicksal. Ich mache mir bewusst, dass ihr abzuhelfen von meiner Entschlossenheit abhängt, persönlich entsprechend zu handeln und die anderen kraft meines Beispiels so weit zu bringen, dass sie ebenfalls ihre universelle Verantwortung erkennen und sich dementsprechend verhalten.

Die ungleiche Verteilung der Reichtümer ist eine Hauptursache für die Leiden der Menschen auf unserem Planeten, und selbst auf die Gefahr hin, kurzfristig dadurch Schaden zu nehmen, müssen die großen multinationalen Unternehmen mit der Ausbeutung der Bodenschätze und der Arbeiter in den armen Ländern aufhören.

Wenn man die Ressourcen der weniger begünstigten Nationen ausplündert, um damit den Verbrauch der entwickelten Länder zu nähren, ist das katastrophal und wird sich für alle als verhängnisvoll erweisen. Eine dauerhafte Option wäre es, um der politischen, aber auch der wirtschaftlichen und finanziellen Stabilität willen die schwachen und nicht vielseitigen Wirtschaften zu konsolidieren. Ich verfechte also auf wirtschaftlichem Gebiet das Anliegen der Fairness und des Altruismus.

Es ist für unseren Planeten selbstmörderisch, ein Wirtschaftswachstum zu betreiben, dessen Konsequenzen man nicht bedenkt und wobei man seine Verantwortung für die Ökologie nicht wahrnimmt. Ich stelle fest, dass die ökonomische Gerechtigkeit nicht nur ein ethischer Imperativ, sondern für das Überleben der Menschheit wesentlich ist.

Zweite Erkenntnis:
Unser inneres Menschsein

Ich bringe mir zu Bewusstsein, dass wir uns im Kontext der Interdependenz, die zudem noch durch die Globalisierung und Technologie vervielfältigt wird, bei der Entfaltung der menschlichen Gesellschaften und des Umweltschutzes vor allem auf die gegenseitige Hilfe stützen müssen. Einzig der Altruismus motiviert mich, zum Wohl aller Lebewesen zu handeln und damit meine universelle Verantwortung wahrzunehmen.

Innerer Friede, Liebe und Mitgefühl sind nicht nur Ausdruck eines edlen Ideals, sondern im Schoß der neuen Wirklichkeit auch eine pragmatische Lösung, die das allgemeine Interesse gegen den Zerfall der sozialen Bindungen und die Auflösung der Solidaritäten behauptet.

Die Notwendigkeit der Zusammenarbeit führt mich zur Anerkenntnis, dass die sicherste Grundlage einer nachhaltigen Entwicklung der Welt auf meiner persönlichen und mit anderen geteilten Praxis des inneren Friedens, der Liebe und des Mitgefühls beruht.

Damit belebe ich wieder die Hoffnung und das Vertrauen auf die Schicksalsgemeinschaft der Menschheit.

Der innere Friede ist ein Geisteszustand der Neutralität gegenüber Glück und Widrigkeit, ein Empfinden des Gleichmuts gegenüber allen Wesen, menschlichen und nichtmenschlichen.

Liebe ist der Wunsch, dass alle Wesen glücklich seien, und das Mitgefühl, das mit der Liebe einhergeht, ist das Engagement, alle Wesen vom Leiden zu befreien.

Innerer Friede, Liebe und Mitgefühl sind die höchste Quelle des menschlichen Glücks, und ich empfinde aus tiefstem Herzen das Bedürfnis danach.

Aber der innere Friede, die Liebe und das Mitgefühl waren allzu lange aus den sozialen Beziehungen ausgeschlossen und auf die Bereiche des Intimen und des Privatlebens begrenzt. Sie in der Öffentlichkeit auszuüben gilt allzu oft als fehl am Platz, wenn nicht sogar als naiv.

Das bedaure ich, denn innerer Friede, Liebe und Mitgefühl sind alles andere als ein Mangel an Realitätssinn, der sich auf den Idealismus beschränkt, im Gegenteil sind diese Einstellungen die einzigen Garanten des allgemeinen Interesses. In dem Maß, in dem wir mehr und mehr aufeinander angewiesen sind, ist es ganz wesentlich, das Wohl aller zu gewährleisten, um damit auch mein eigenes Wohlbefinden zu fördern. Das ist die neue Wirklichkeit.

Der Altruismus ist die eigentliche Quelle des gemeinsamen Lebens und der Zusammenarbeit; es genügt nicht, stattdessen einfach nur das Bedürfnis nach Harmonie zu entwickeln. Wenn mein Geist auf den Frieden, die Liebe und das Mitgefühl ausgerichtet ist, wird er einem überfließenden Reservoir ähnlich, einer beständigen Quelle der Energie, der festen Entschlossenheit und des Wohlwollens.

Wenn ich diese Geisteshaltung kultiviere, lässt sie die wesentlichen Eigenschaften des Menschen Frucht tragen: Frieden, Nachsicht, Toleranz, Vergebung, Freude und innere Stärke, verbunden mit dem Vertrauen, dass ich alle Ängste und Gefühle der Unsicherheit zu überwinden vermag.

Der mitfühlende Geist ist eine stärkende Kraft, die in der Lage ist, unglückliche Umstände in solche zu verwandeln, die allen zum Wohl gereichen. Aus diesem Grund darf ich den Ausdruck meiner Liebe und meines Mitgefühls nicht auf den Kreis meiner Familie und meiner Freunde beschränken.

Das Mitgefühl ist zudem nicht einfach nur ein Verantwortungsbewusstsein, das sich etwa auf Mütter beschränkt, die sich ihren Kindern zuwenden sollen, oder auf Ordensleute und Mönche, auf Ärzte, Krankenpflegerinnen, Sozialarbeiter oder Pflegekräfte. In Wirklichkeit bedeutet Mitgefühl, dass sich alle Mitglieder der Menschengemeinschaft hingebungsvoll darum bemühen, sich für ein gerechteres und glücklicheres Leben einzusetzen.

Ganz gleich, ob ein Konflikt politischer, religiöser oder wirtschaftlicher Natur ist, kann man ihn oft nur mit dem altruistischen Ansatz dauerhaft lösen. Zuweilen werden sogar die Begriffe, die man für eine Meditation verwendet, zur Ursache von Problemen. Wenn eine Lösung als unmöglich erscheint, sollten sich beide Parteien an ihr innerliches Menschsein erinnern. Das kann ihnen helfen, die Hindernisse auszuräumen, und langfristig wird es ermöglichen, dass jeder seine Ziele erreicht. Immer wenn es zu Unstimmigkeiten kommt, ist es wichtig, diese zu besänftigen und sich in Erinnerung zu rufen, dass das Feuer des Hasses sich nicht mit Hass auslöschen lässt. Nur die Liebe kann das Feuer des Hasses löschen.

Selbst wenn keine der beiden Parteien das, was sie fordert, gänzlich erreichen kann, können doch beide Seiten Zugeständnisse machen, und dann ist wenigstens die Gefahr eines offenen Konflikts behoben. Uns muss klar werden, dass diese Form der Übereinkunft das beste Mittel dafür ist, Unstimmigkeiten zu beheben. Denn der Mangel an Kooperation und die Streitereien rühren letztlich daher, dass man die interdependente Natur der Wirklichkeit nicht akzeptieren will.

Bei meiner aufrichtigen Suche nach gemeinsamem Einverständnis und Versöhnung darf ich keineswegs die Prinzipien aufgeben, die die Würde und das freie Urteil garantieren. Ohne im Ringen um Frieden und Gerechtigkeit nachzulassen, engagiere ich mich im mutigen, entschlossenen und gewaltfreien Kampf zur Verteidigung der grundlegenden Rechte und Freiheiten aller.

Wir Menschen verfügen über Verfassungen, vielfältige Gesetzestexte und Polizeikräfte. Wir besitzen eine bemerkenswerte Intelligenz und in unserem Herzen eine unglaubliche Liebesfähigkeit. Trotz dieser außergewöhnlichen Eigenschaften und des immensen Fortschritts der Zivilisation in den letzten Jahrzehnten hat die übertriebene Betonung der materiellen Entwicklung uns dazu verführt, die elementarsten menschlichen Bedürfnisse wie etwa Frieden, wohlwollende Liebe, Güte, Verantwortungsbewusstsein, Zusammenarbeit und wache Sorge umeinander zu vernachlässigen. Aber die gesunde Entfaltung der menschlichen Gesellschaft gründet sich vor allem auf das gegenseitige Füreinander-da-Sein.

Ich mache mir bewusst, dass es für die Suche nach dem uns aus unserem tiefsten Inneren heraus vereinenden Menschsein nicht reicht, nur auf materiellen Fortschritt zu setzen. Dafür ist es ganz wesentlich, inneren Frieden, Liebe und Mitgefühl zu entwickeln. Nur ein spontanes Empfinden des Wohlwollens gegenüber anderen wird mich dazu motivieren können, im Interesse jedes einzelnen fühlenden Lebewesens handeln zu können. Indem ich mein Schicksal mit der praktischen Ausübung meiner universellen Verantwortung verbinde, entwickle ich die Fähigkeit, die destruktiven Kräfte zu überwinden und die Kräfte des Lebens und der Liebe zu verstärken.

Dritte Erkenntnis:
Satyagraha, die Kraft der Wahrheit

Wenn ich mich im Zeitalter des Internets und der Globalisierung von der technisch-wirtschaftlichen Kultur manipuliert und instrumentalisiert fühle, kommt mir zu Bewusstsein, dass ich der Welt eine Weisheit universeller Verantwortung einpflanzen soll, die auf jener Kraft der Wahrheit und der Liebe beruht, die Mahatma Gandhi satyagraha *genannt hat.*

Satyagraha *wird entweder mit »Kraft der Wahrheit« oder »Seelenkraft« übersetzt und stellt die Waffe für meinen gewalt-*

freien Kampf gegen die Ungerechtigkeit dar. Denn sobald sich die Wahrheit aus mir heraus kundtut, bin ich unbesiegbar.

Satyagraha *verlangt, dass ich in meinem Kampf gegen jegliche Form der Ausbeutung und Aggression gegen Menschen und alle anderen Lebewesen Leiden und Opfer auf mich nehme, ohne auf Gewalt zurückzugreifen.*

Indem ich in meinem Alltag satyagraha *verwirkliche, werde ich unter anderen und zusammen mit ihnen zum Baumeister von Frieden, Gerechtigkeit und Wahrheit. Als eingeborener Bürger der Welt nehme ich die neue Verpflichtung zur universellen Verantwortung auf mich.*

Ohne jemanden zu zwingen oder zu beschuldigen, und in Respekt vor dem Pluralismus will ich andere rein mit der Kraft meines Beispiels dazu inspirieren, ebenfalls den Beschluss zu fassen, ihre universelle Verantwortung wahrzunehmen. So könnten es eines Tages künftige Generationen erleben, dass sie die Welt heraufziehen sehen, nach der ich mich sehne, aber die ich selbst womöglich gar nicht mehr erleben werde.

Ich bemühe mich also im Maß meiner Möglichkeiten, mit Beharrlichkeit und im Geist des Friedens und der Liebe um die neue Wirklichkeit einer geschwisterlichen Welt.

Während des gesamten 20. Jahrhunderts und bis in unsere Tage war die Gewaltanwendung fortwährend und auf schreckliche Weise Ursache von Zerstörung, Leiden, Missachtung der Menschenwürde und Freiheitsberaubung, Friedlosigkeit und mangelnder Ernährung für die Bevölkerung ganzer Länder. Ich muss meinen Beitrag dazu leisten, aus dem 21. Jahrhundert ein Jahrhundert des Dialogs und der friedlichen Koexistenz zu machen.

Dafür genügt es nicht, Petitionen zu unterzeichnen oder an Regierungen zu appellieren, sie sollten Abrüstungsvereinbarungen verabschieden. Die repressiven Regierungssysteme und ihre Anführer können letztlich nur deshalb so schalten und walten, weil ihre Untergebenen gefügig und passiv bleiben, sich unterwerfen und mit ihnen kooperieren. Wenn die einzelnen Völker sich zu einer entschlossenen Opposition zusammentun, zerfallen die gewalttätigen Regimes und Diktaturen. Also ist *satyagraha* nicht nur eine ethische und gesunde Grundlage für den Kampf – wenn man *satyagraha* kraftvoll und entschlossen einsetzt, wird sie zum ungemein kräftigen Sauerteig, der schließlich einen sozialen und politischen Wandel herbeiführt.

Wenn ich persönlich *satyagraha* meditierend einübe und umsetze, verwandelt dies mein Bewusstsein und lässt darin hier und jetzt Frieden und Gerechtigkeit einziehen, auch in meine Handlungen, Worte und Gedanken. Die Kraft der Wahrheit und der Liebe hilft mir dann zu einer Art innerer Abrüstung, die sich heilend auf meine Ängste, Zweifel und Gewaltmaßnahmen mir selbst und anderen gegenüber auswirkt. Wenn ich dagegen in einer egozentrischen Haltung verharre, laufe ich Gefahr, passiv ausgerichtete Denk- und Verhaltensschemata zu nähren, die nicht mehr der Wirklichkeit der Zeit, in der ich lebe, entsprechen. Damit zerstöre ich aus Egoismus meine Chancen, an der Entwicklung der Menschheit hin zu Frieden und globaler Gerechtigkeit teilzuhaben.

Mir geht auf, dass die Anwendung von Gewalt die Gegner beiderseits zugrunde richtet. Der Sieger, der triumphiert, verliert genauso viel wie der Verlierer, der am Boden liegt. Die Niederlage des Siegers ist weniger augenfällig, was zur Annahme verführt, Gewaltanwendung bewirke etwas »Gutes«. Aber damit verkennt man die negative Auswirkung der Gewaltanwendung auf den Gewinner. Denn wer sich der Gewalttätigkeit und Brutalität verschreibt, verliert seine Menschlichkeit. Kriege und bewaffnete Konflikte, genährt von Angst und Rachegelüsten, werden endlos, sodass das Einzige, was dabei für die Zukunft herauskommt, noch größere Gewalt ist.

Zudem verliert eine Gesellschaft, die gegen eine andere oder auch gegen sich selbst mit Gewalt vorgeht, an demokratischen

Werten und verharmlost die Gewaltanwendung, was Ängste auslöst, die wiederum neue Gewalt verursachen.

Die Gewalt erzeugt sich also immer wieder aus sich selbst in einem exponentiell sich steigernden Ausmaß. Das gilt sowohl für Einzelne als auch für ganze Gruppen.

Einzig die Gewaltfreiheit kann diesen Teufelskreis durchbrechen und es ermöglichen, »den Frieden zu gewinnen«, indem man gegen jegliche Gewalt ankämpft, einschließlich der passiven Gewalt, für die die Welt der Wirtschaft so viele Beispiele liefert.

Indem ich mich also in allen Aspekten meines Lebens von *satyagraha* verwandeln lasse, verwandle ich damit die Welt.

Satyagraha ist die erste Etappe, die es mir ermöglicht, voll und ganz Mensch zu sein, indem ich meine universelle Verantwortung wahrnehme.

Als Baumeister der Wahrheit und der Liebe kann ich die in mir schlummernde menschliche Seite wecken, und das in einer Welt, worin allzu oft die Unmenschlichkeit vorherrscht.

Analytische Meditation über die
Elf Lebensverpflichtungen

Erste Lebensverpflichtung:
Zum inneren Frieden

Ich verpflichte mich dazu, selbst den Frieden zu leben, den ich mir für die Welt wünsche. Der Friede lässt sich nicht durch äußere Zwänge verordnen oder auferlegen, sondern er entsteht an der Quelle meines inneren Menschseins. Er reift als Frucht des Mitgefühls in meinem Herzen. Ich verpflichte mich dazu, den Frieden in mir wachsen und ausstrahlen zu lassen. Ich bin mir dessen bewusst, dass jeder meiner Schritte in Richtung Frieden die ganze Menschheit dem Frieden näher bringt.

Inspiriert von Mahatma Gandhi werde ich selbst zu dem Frieden, den ich mir für die Welt wünsche. Der Friede beschränkt sich nicht auf das Fehlen von Konflikten. Ich begreife die Notwendigkeit, einen positiven Frieden zu entwickeln, indem ich zunächst zum Frieden mit mir selbst finde und sodann mich auf aktive Weise verändere, um meiner Gemeinschaft mit größerem Altruismus zu dienen.

Der innere Friede wirkt sich nicht nur auf einzelne meiner Verhaltensweisen oder Handlungen aus, sondern auf mein Wesen insgesamt. Ich überprüfe unablässig die Natur meiner Motivationen, indem ich mich bemühe, diese so altruistisch wie möglich werden zu lassen. Ich werde mir immer mehr dessen bewusst, dass das Wohlergehen anderer für mein eigenes Gedeihen wesentlich ist. So verwurzle ich bewusst und wahrhaftig mein Mitgefühl, meine Weisheit, meine Stärke und mein Wohlwollen im innersten Kern meines Menschseins.

Zweite Lebensverpflichtung:
Zu *ahimsa*, Gewaltfreiheit

Für jedes Lebewesen ist das Leben die kostbarste Gabe des Lebens.

Ich verpflichte mich im Geist von ahimsa *dazu, die Vielfalt aller Lebensformen, die die Erde zum Wohnraum haben, zu achten und zu schützen. Dazu binde ich meine Lebensweise unauflöslich an* ahimsa *als aus meiner innersten Tiefe kommendes Wollen meines inneren Menschenseins.*

Innerer Friede, Dankbarkeit und Demut inspirieren mich zur brüderlichen Solidarität mit allen Lebewesen und lebendigen Organismen, die alle zur kostbaren Gabe des Lebens beitragen, die ich empfangen habe und mit allen anderen teile. Als Mensch übernehme ich die besondere Verantwortung, die Biosphäre als natürliche Matrix des Lebens zu erhalten und mich um sie zu kümmern.

Ahimsa, die Gewaltfreiheit, ist nicht das Gleiche wie eine Untätigkeit oder Kapitulation meinerseits. Im Gegenteil, es handelt sich dabei um eine beispielhafte Tapferkeit, die mich dazu verpflichtet, mich in einem energischen Kampf, bei dem ich mich weigere, meinen Gegner zu vernichten, von jeglicher Ausbeutung anderer abzuwenden. Gandhi ging sogar so weit, zu sagen dass *ahimsa* mächtiger sei als selbst die gewaltigste Vernichtungswaffe, die der Mensch erfinden könne. Laut ihm ist sie der höchste Weg zur Verteidigung der politischen und wirtschaftlichen Rechte der Schwächsten.

Dritte Lebensverpflichtung:
Zu einer Ethik, die ausnahmslos alle Arten umfasst

Im Bewusstsein, wie zerbrechlich und verletzlich alles Lebende ist, und aus der Überzeugung, dass die Menschenrechte nicht das Lebensrecht anderer Spezies in Gefahr bringen dürfen, setze ich mich für eine ausnahmslos alle Arten umfassende Ethik ein, die alle Lebensformen beschützt, selbst noch die Allerschwächsten, die von mir abhängig sind und von denen ich abhängig bin.

Diese Ethik stellt die Grausamkeit der Umstände bei der Mas-

sentierhaltung und der Schlachtung von Tieren infrage und setzt beidem den unfehlbaren Grundsatz der unteilbaren Gemeinschaft des Lebens entgegen.

Um voll und ganz meine universelle Verantwortung wahrnehmen zu können, achte und beschütze ich auch die noch unscheinbarsten Lebensformen. Ich enthalte mich jeglicher Form des selektiven Mitgefühls, indem ich mich aller diskriminierenden und grausamen Handlungen gegen Tiere enthalte, wie sie in Aufzuchteinrichtungen und Laboratorien üblich sind, wo deren Recht auf Leben und Verschonung vom Leiden missachtet wird. Ich setze mich in der Politik meines Landes und auch auf internationaler Ebene energisch für eine Ethik der bedingungslosen Achtung allen Lebens ein. Eine solche Ethik ist besonders im wissenschaftlichen Bereich und namentlich in der Genetik, Epigenetik oder im Bioengineering ganz wesentlich, also in den Wissenschaften, die die Codes des Lebens manipulieren. Sie müssen klar unterscheiden zwischen segensreichen Technologien und bloßen Vorteilen, die jedoch potenziell gefährlich sein können.

Vierte Lebensverpflichtung: Zur Würde des Menschen

Ich setze mich für die Respektierung und den Schutz der unveräußerlichen Würde des Menschen ein, namentlich im Hinblick auf die derzeitigen Fragen und Diskussionen bezüglich Euthanasie, Bioethik, Klonen oder auch heilende und verbessernde Biotechniken.

Aus der Überzeugung, dass die Gewaltanwendung gegen einen einzelnen Menschen einen Verstoß gegen die ganze Menschheit darstellt, liegt mir an der Wahrung der Persönlichkeitsrechte jedes Einzelnen. Ich setze mich für die Befreiung von Unterdrückten sowie all derer ein, die noch millionenfach unter erniedrigenden Formen der modernen Sklaverei zu leiden haben.

Im Namen der schweigenden Mehrheit kämpfe ich gegen das merkantile Dogma einer anonymen und seelenlosen Globalisierung. Ich weigere mich, deren Strategien der Entmaterialisierung und der Finanzspekulation zu billigen, die das Gewissen der wirtschaftlichen Hauptakteure und maßgeblichen Politiker zersetzen und den Einzelnen ihre Mitverantwortung entziehen.

Ich enthalte mich jeder gewalttätigen Handlung gegen jeglichen Menschen, gleich welcher Hautfarbe, welchen Alters oder Geschlechts, welcher körperlicher oder mentaler Verfassung, Religion, politischen Überzeugung, Nationalität oder sozialen Stellung. Kein Mensch darf von der Logik des Staats oder Markts instrumentalisiert und damit seiner Menschenwürde beraubt werden.

Fünfte Lebensverpflichtung:
Für das Teilen

Ich setze mich für eine Kultur des Teilens, der gegenseitigen Hilfe, des Dienstes und der Solidarität ein, und das im Bewusstsein, dass all dies für das Leben auf dieser Erde grundlegend ist.

Ich widerstehe der vorherrschenden, nur vom Nützlichkeitsdenken beherrschten, kurzsichtigen Logik, die alle Solidaritäten auflöst und stattdessen die Tyrannei des Profits und Konkurrenzkampfs fördert, also die Ursachen der Verarmung und der beschleunigten Erschöpfung aller Ressourcen.

Vor allem übernehme ich die Verantwortung für meine unmittelbare Umgebung, damit darin die Rechte und Freiheiten aller Menschen gefördert werden. Ich beginne damit bei den mir am nächsten stehenden Menschen, also in meiner unmittelbaren Umgebung und in der Weltregion, in der ich lebe. Sodann weite ich meine Praxis der universalen Verantwortung über meinen eigenen Kreis hinaus, ohne mich dabei von den Schranken der Nationalität, Kultur und Religion hemmen zu lassen. Das Unrecht, das man einem Menschen zufügt, ist ein Unrecht, das man allen Menschen antut. Deshalb verschreibe ich mich dem ständigen Bemühen, zum größeren Wohlergehen der ganzen Menschheit beizutragen, indem ich mich unermüdlich um die Schwachen und Unterdrückten kümmere.

Ich stelle meine Kräfte und meine Kreativität den Jüngsten, den Ältesten und den besonders Verletzlichen zur Verfügung, und ich habe den Vorsatz, sie immer mit Respekt und Wohlwollen zu behandeln. Zudem distanziere ich mich von solchen sozialen Beziehungen, die auf Eigeninteresse, Herrschaft über andere oder Ausbeutung anderer beruhen.

Sechste Lebensverpflichtung:
Zur Demokratie

Ich verpflichte mich zur repräsentativen Demokratie, und zwar aus der Überzeugung, dass diese Art Regierungssystem, sofern es nicht korrumpiert ist, am besten der Grundnatur des Menschen entspricht.

Es ist die einzige stabile Grundlage, auf der sich eine globale politische Struktur aufbauen lässt. Denn der echte Demokrat verteidigt mit gewaltfreien Mitteln seine Freiheit, diejenige seines Landes und letzten Endes auch diejenige der gesamten Menschheit. Er setzt sich vor allem für persönliche und gesellschaftliche Reform ein, gemäß der neuen Wirklichkeit und der Erwartung der Bürger.

Ich bin der Überzeugung, dass die Menschenrechte und die Freiheiten des Einzelnen universale Gültigkeit besitzen und für alle menschlichen Gesellschaften wesentlich sind. Wenn ich in meinem Land im Genuss der Freiheiten bin, wie sie eine demokratische Regierung gewährleistet, mache ich es mir zur Pflicht, sie zu schützen und aufrechtzuerhalten, wobei ich jedoch auch gewaltfrei darauf hinarbeite, dass schließlich auch die letzte Nation auf der Welt, die ihrer noch beraubt ist, über echt demokratische Institutionen verfügen kann.

Ich lehne den kulturellen Relativismus bezüglich der Menschenrechte und der Freiheiten des Einzelnen ab. Einzig die echte Demokratie kann die Freiheit in bestmöglicher Form gewährleisten und die volle Entfaltung unseres menschlichen Potenzials ermöglichen. Ich werde unablässig darauf hinarbeiten, alle Formen der die Gerechtigkeit und echte Demokratie gefährdenden Korruption auszumerzen.

Siebte Lebensverpflichtung:
Zur wirtschaftlichen Gerechtigkeit

Ich verpflichte mich, zu einer Weltwirtschaft beizutragen, die das Recht aller Menschen und aller nichtmenschlichen Lebewesen auf Leben achtet.

In diesem Geist der Gerechtigkeit lehne ich alle Privilegien und Monopole ab und verweigere mich allem, was sich nicht teilen lässt. Zudem vermeide ich es, Überfluss anzuhäufen, der mich dazu verführt, Güter zu vergeuden, während Millionen von Menschen nicht einmal über das Allernotwendigste verfügen. Wenn jeder Mensch nur das Notwendige für sich beanspruchen würde, müsste niemand Mangel leiden.

Es gibt kein Recht, immer noch mehr zu konsumieren, entschuldigt dadurch, dass man eben in den Genuss eines ohnehin zutiefst ungerechten Systems der Verteilung der Reichtümer dieses Planeten komme. Ich muss mich um die Völker und Menschen kümmern, die Opfer von Hungersnot und Armut werden. Im Bewusstsein, dass achtzig Prozent der Weltbevölkerung an von Hunger und Entbehrung bedingten Krankheiten leiden, entsage ich dem übersteigerten Konsum. Ich engagiere mich bei ausgleichenden Aktionen, die darauf abzielen, die Fehlentwicklungen des derzeitigen Wirtschaftssystems zu beheben, um die bestehende tiefe Kluft zwischen begünstigten und nicht begünstigten Nationen zu verringern. Denn jedes Wirtschaftsregime, das die moralischen Werte ignoriert, ist ungerecht. Die Regeln des internationalen Markts bedürfen einer klaren Ethik.

Achte Lebensverpflichtung:
Zur Förderung der Frauen

Die Frau ist die Mutter des Menschen. Ihr ist es aufgetragen, das Leben zu schützen und einer Welt voller Kriege den Geist des Friedens beizubringen, denn nach diesem Nektar dürstet sie.

Ich engagiere mich dafür, die Frauen voll und ganz an der Weiterentwicklung der Gesellschaft zu beteiligen, indem sie eine entsprechende Ausbildung und Zugang zu verantwortungsvollen Positionen bekommen. Ich bin nämlich davon überzeugt, dass sie über die natürliche Fähigkeit dazu verfügen, die Welt wieder menschlicher zu gestalten und in ihr mit einer altruistischeren Einstellung die individuelle und kollektive Verantwortung zu verstärken.

Ich verfechte die Gleichheit der Rechte von Männern und Frauen und widersetze mich der allgemeinen Unterordnung der Frauen. Jegliche Form des Patriarchats sowie der erniedrigenden Beherrschung und Ausbeutung von Frauen lehne ich ab. In den Beziehungen zwischen Mann und Frau bemühe ich mich um die Einführung eines Gleichgewichts zwischen männlich und weiblich, wie es zwischen uns und auch in jedem Einzelnen von uns existiert. Ich pflege ein gegenseitiges Vertrauen, dass auf Achtung und genauem aufeinander Hören sowie auf gegenseitiger Toleranz beruht. Ich räume ein, dass Frauen von Natur aus besonders einfühlsam sind und in viel größerer Zahl zu Stellungen Zugang haben sollten, in denen sie Verantwortung für das Wohl der Gemeinschaft tragen.

Neunte Lebensverpflichtung:
Zu einer ganzheitlichen Erziehung und
Ausbildung

Der Geist der universellen Verantwortung verlangt für die Erziehung und Ausbildung des jungen Menschen, dass man ihm ein kritisches Unterscheidungsvermögen beibringt, dank dessen er Irrtum, Illusion und Parteilichkeit zu erkennen vermag; dass sein inneres Menschsein geweckt wird, indem man ihn mittels der Meditation in den innerlichen Wissenschaften des Geistes und der Emotionen ausbildet, damit er kognitive, emotionale und urteilsfähige Reife erlangt und sich zugleich in Altruismus und Solidarität einübt, denn all dies ist dazu notwendig, dass er sich den Wechselfällen des menschlichen Lebens stellen kann.

Die mit der Wissensvermittlung beauftragten Institutionen müssen im gleichen Maß wie die kognitiven Fähigkeiten auch die wohlwollenden Herzensqualitäten vermitteln. Das ist die einzige Art und Weise, den inneren Frieden entstehen und sich entwickeln zu lassen, der die Grundlage des Mitgefühls und der Werte unseres inneren Menschseins ist. Folglich muss man die intellektuellen Lerninhalte mit dem Wissen um die inneren Vorgänge im Geist und in den Emotionen verknüpfen. Die Stärkung positiver Emotionen und die Beherrschung negativer Emotionen müssen zum Gegenstand einer systematischen Einübung mittels Meditation werden, bei der unser humanes Potenzial der Empathie und des Mitgefühls entwickelt wird.

Ich engagiere mich für die Verstärkung einer ganzheitlichen Pädagogik in den Schulprogrammen, und zwar vom frühesten Alter an. Ich bin der Überzeugung, dass diese radikale Änderung in Erziehung und Ausbildung die Möglichkeit bietet, binnen einer einzigen Generation eine Kultur der Wahrheit, der Gerechtigkeit und des Friedens einziehen zu lassen.

Zehnte Lebensverpflichtung:
Zu einer Kultur des *satyagraha*

Ich engagiere mich im Studium der Geschichte und Grundsätze der satyagraha-*Bewegung, um mir Handlungsweisen vorstellen und diese in die Praxis umsetzen zu können, die wirksam zum Widerstand gegen jegliche Form kultureller, sozialer oder politischer Unterdrückung beitragen, die mich von meinem inneren Menschsein abbringt.*

Laut satyagraha *beruht die eigentliche Handlungsfähigkeit nicht auf physischer Gewalt, sondern entstammt dem Geist. Wenn ihr ins Bewusstsein, das sich kontemplativ der Wahrheit widmet, ihre Handlungsfähigkeit eingeprägt worden ist, so ist diese unbezähmbar, weil kompromisslos.*

In meinem Bewusstsein und mit Überzeugung vertiefe ich mich weiterhin in die Grundsätze, die Geschichte und wirksame praktische Umsetzung der *satyagraha*-Bewegung sowie der gewaltfreien Kommunikation und Aktion. Ich will mir Mühe geben, auf konstruktive Weise vorzugehen, und ich werde mich weigern, mit repressiven Regimes oder ungerechten ökonomischen Systemen zusammenzuarbeiten, mich jedoch immer auch bemühen, die Konflikte zu lösen, indem ich mich in Übereinstimmung mit meinem inneren Menschsein auf meine Ziele der Versöhnung, des Friedens und der Gerechtigkeit ausrichte.

Elfte Lebensverpflichtung:
Zu einer Weisheit der universellen Verantwortung

Ich engagiere mich mit Freude bei der Kultivierung meines Bewusstseins in allen Aspekten meines Lebens sowie einer auf die universelle Verantwortung gegründeten Weisheit zum Wohl aller Lebewesen.

Wenn wir gründlich auf unser inneres Menschsein hören, revolutioniert das unser Bewusstsein. Denn heute geht es in globalem Maßstab darum, in großer Tiefe die existenziellen Paradigmen

der alten Welt zu überdenken, um im Schoß der neuen Wirk-
lichkeit einer geschwisterlichen Welt den wissenschaftlichen und
technischen Fortschritt mit dem ethischen und humanen Fort-
schritt in Einklang bringen zu können.

Ich stelle mich mit allen meinen Handlungen, Worten und Gedanken in den Dienst der Tiefenwahrheit des Lebens, die aus Liebe und Großherzigkeit besteht. Das Band der Interdependenz mit allen Lebewesen begründet meine Pflicht, Mensch zu sein und menschlich zu handeln. Ich stehe zu meiner universellen Verantwortung, indem ich in jeder Situation gleichmütig bleibe und mich von jeglicher Form der Unehrlichkeit, Vortäuschung und des Opportunismus abwende. Prüfungen, denen ich ausgesetzt werde, sollen mich nicht demotivieren. Sie können mich nur noch bessern. Die Energie, die mein Leben beseelt, ohne jemals der Entmutigung oder der Hoffnungslosigkeit zu weichen, liefert mir meine allumfassende Motivation, mich in den Dienst aller menschlichen und nichtmenschlichen Lebewesen zu stellen.

Ich bin mir dessen bewusst, dass selbst noch der kleinste Schritt in Richtung Verwirklichung meines inneren Menschseins zum Träger einer mich bei Weitem übersteigenden Auswirkung wird.

2. Kontemplative Meditation über die universelle Verantwortung

Der Text für diese Meditation wurde anhand der Lehre des Dalai Lama in »L'essence de l'or le plus fin«[159] von Sofia Stril-Rever verfasst.

Mögen alle fühlenden Daseins-Mütter Glück und die Ursache des Glücks besitzen,
Mögen alle fühlenden Daseins-Mütter von Leiden und der Ursache des Leides getrennt sein,
Mögen alle fühlenden Daseins-Mütter niemals getrennt sein von der Freude, die frei ist von Leiden,
Mögen alle fühlenden Daseins-Mütter in Gleichmut verweilen, der frei ist von Anhaftung und Ablehnung.

Buddhistisches Gebet der *Vier Unermesslichen Gedanken (Brahma Viharas)*

Kontemplative Meditation über das
Rad mit den sieben Speichen

Vorübungen
Atem-Meditation

Ich nehme bewusst mein Atmen wahr, diese Bewegung, die die Quelle des Lebens ist und mich im Rahmen des großen Atems des Universums mit dem Atem aller fühlenden Lebewesen verbindet.

Ich richte meine Aufmerksamkeit auf das Empfinden des Luftstroms, der durch meine Nasenlöcher weht, meine Lungen ausfüllt und dann wieder herausströmt.

Ich verbinde mit der Luft, die ich einatme, eine Energie der Liebe und stelle mir jeden Atemzug als Einströmen eines weißen, leuchtenden Lichts vor.

Ich konzentriere dieses Licht auf mein Herz-Chakra und lasse es in meinen ganzen Körper ausstrahlen. Es erfüllt jede Körperzelle mit seinem wohltuenden Glanz.

Ich begleite die Atemenergie bis zur Wurzel des Atems vier Finger breit unter meinem Nabel.

Jeder Zug des Ausatmens ist ein Loslassen, bei dem ich alle Spannungen löse, die dem Zirkulieren der Lichtenergie im Weg stehen.

Mein entspannter Geist erfüllt sich mit diesem liebevollen Licht, und jeder auftauchende Gedanke vergeht spurlos gleich dem Vogel, der in den Himmel emporfliegt.

Kommt mir ein besonders hartnäckiger Gedanke, so neutralisiere ich sein Sich-Regen, indem ich meine Aufmerksamkeit sanft auf den liebe- und lichtvollen Energiehauch zurücklenke, der mein ganzes Bewusstseinsfeld ausfüllt.

Meditation zur Weckung des Mitgefühls

Mein Geist kommt zur Ruhe.

Ich entspanne mich in einen Zustand weiträumigen Bewusstseins hinein und ich höre damit auf, mich mit meinem gewöhnlichen Personsein zu identifizieren, dass von allen anderen und von meiner Umwelt getrennt ist.

Ich empfinde mich eins mit allen Existenzen.

Ich blicke auf das Meer der Schmerzen der Welt, das in meinem Herzen die entschiedene Motivation aufkommen lässt, zum Wohl aller fühlenden Daseins-Mütter zu meditieren.

Ich sehne mich danach, mein egoistisches Ich in ein verantwortungsbewusstes Ich umzuwandeln und auf diese Weise *bodhicitta* zu entwickeln, den Geist des Erwachens, um alle fühlenden Daseins-Mütter vom Leiden und den Ursachen des Leidens befreien zu können.

Ich lasse diese Motivation von meinem Herz-Chakra her ausstrahlen und lasse meinen Bewusstseinsstrom mit einem bedingungslosen Mitgefühl überfluten.

MEDITATION DES GLEICHMUTS

Ich empfinde das unermessliche Trachten aller fühlenden Daseins-Mütter nach Glück. Alle – Freunde, Feinde und Unbekannte, ganz gleich, mit welcher Last der Inkarnation – sind mir darin gleich, dass sie sich wünschen, glücklich zu sein und das Leiden zu meiden.

Ich lenke meinen Geist auf diese Meditation der Gleichheit mit allen fühlenden Daseins-Müttern, indem ich mir drei Personen deutlich sichtbar vor Augen stelle. Die erste ist mir freundschaftlich zugetan, die zweite ist mir gegenüber feindlich eingestellt und die dritte ist mir gegenüber neutral und unbekannt.

Ich mache mir bewusst, dass diese drei Personen deshalb verschieden sind, weil meine Einstellung ihnen gegenüber unterschiedlich ist, und nicht wegen ihrer jeweiligen Charakterzüge.

Ich erkenne in diesen drei Personen den Reflex meiner Bewusstseinszustände, die meiner Anhänglichkeit an Freunde, meiner Abneigung gegenüber Feinden und meiner Gleichgültigkeit gegenüber Fremden entsprechen.

Ich bringe diese einander widerstreitenden Emotionen zur Ruhe, indem ich über die Gleichheit aller fühlenden Daseins-Mütter meditiere.

Kontemplative Meditation über das *Rad mit den sieben Speichen*

ERSTE SPEICHE: ERKENNTNIS DER DASEINS-MÜTTER

Ich nehme das Geschenk des Lebens wahr, das mir alle Daseins-Mütter gemacht haben.

Erster Ast

Es kann nur ein Bewusstseinsmoment auf den anderen folgen. Ich erkenne die für meinen Geist charakteristische Kontinuität; mein Körper als Inkarnation trägt ihn.

Das Leben meines Körpers ist zeitlich begrenzt. Ich habe in unzähligen Leben bereits unzählige physische Körper gehabt und werde in unzähligen künftigen Leben unzählige weitere Körper haben.

In jedem dieser Leben hat mich genau wie im gegenwärtigen eine Wesens-Mutter geboren. Da ich bereits unzählige frühere Leben hatte, hatte ich auch schon unzählige Mütter. Beim Meditieren über diese vorherigen Leben geht mir auf, dass es unmöglich ist, auch nur ein einziges Wesen zu nennen – ganz gleich, von welcher Lebensform –, das noch niemals meine Mutter gewesen wäre. In der Vergangenheit waren schon alle Wesen zu einem jeweils bestimmten Zeitpunkt meine Mutter gewesen.

Ich bin das Kind des universellen Lebens, und alle Wesen sind meine geliebten Mütter.

Zweiter Ast[160]

Ich meditiere über die Weitergabe meines gegenwärtigen Lebens sowie über *tendrel*, die Interdependenz meiner Existenz mit allen unzähligen Existenzen. Keine dieser Existenzen ist überflüssig, alle diese Leben haben mir das Leben geschenkt und erzeugen die Bedingungen für mein Überleben. Die mütterliche Großzügigkeit des Lebens ist überall am Werk. Sie manifestiert sich in mir und außerhalb von mir. Ich bin Kind des lebendigen Lebens.

Ich lasse diese Bewusstmachung in das Chakra meines Herzens strahlen, das ich weit öffne, um darin die unendliche Zahl meiner Daseins-Mütter aufzunehmen.

ZWEITE SPEICHE: ANERKENNTNIS DER GÜTE DER DASEINS-MÜTTER
Ich anerkenne die Güte aller Daseins-Mütter.

Die Güte der Daseins-Mütter ist unergründlich und einzigartig.

Ich meditiere über die *fünf Gaben der Daseins-Mütter*:

1. *Die Gabe der Mutterschaft,* als mein Bewusstsein sich mit den Vater- und Mutterzellen meiner Eltern verschmolzen hat;

2. *Die Gabe des Lebens,* als meine Mutter mich neun Monate lang in ihrem Schoß getragen hat;

3. *Die Gabe des Körpers,* als meine Mutter mich zur Welt gebracht hat;

4. *Die Gabe der materiellen Güter,* als ich Kleinkind war und sodann während meiner ganzen Kindheit;

5. *Die Gabe des Sprechens,* als meine Mutter gewährleistet hat, dass ich eine gute Erziehung und Ausbildung erhielt, um ein kultivierter Mensch mit all den Möglichkeiten zu werden, über die ich in diesem Leben verfüge, und namentlich die Möglichkeit, die Lehren der Weisheit zu studieren und in die Praxis umzusetzen.

Die Meditation der *fünf Gaben der Daseins-Mütter* lässt sich auf meine Mutter im gegenwärtigen Leben anwenden sowie auch auf alle meine Daseinsmütter aller meiner vergangenen und zukünftigen Leben.

Es kann sein, dass in dieser derzeitigen Existenz meine Mutter ihre Rolle als Mutter nicht ausgeübt und mir nicht alle erforderliche Zärtlichkeit und Sorge hat zukommen lassen. Ich begreife, dass eine solche Einstellung eine Anomalie ist, aber dass die Daseins-Mütter meiner vergangenen Leben mir bestimmt viel Wohlwollen entgegengebracht haben. So nehme ich also das negative Karma dieses Lebens an und anerkenne die unsagbare Güte und Zärtlichkeit meiner anderen Daseins-Mütter.

Ich lasse diese Erkenntnis auf mein Herz-Chakra strahlen und bade meinen Bewusstseinsstrom im mütterlichen Wohlwollen und der Zärtlichkeit aller Daseins-Mütter.

DRITTE SPEICHE: DANKBARKEIT
Ich erwecke den Wunsch, allen meinen Daseins-Müttern ihre Güte vergelten zu können.

Ich betrachte die unendliche Güte und Zärtlichkeit, die alle Daseins-Mütter mir entgegengebracht haben.

Ich fließe über vor Dankbarkeit. Wie kann ich ihnen meinen Dank zum Ausdruck bringen? Wie kann ich ihnen alles vergelten?

Ich verpflichte mich, alles mir Mögliche zu tun, um den Daseins-Müttern ihre Güte zu vergelten.

Ich lasse diesen Beschluss in mein Herz-Chakra strahlen, und ich tauche tief in meinen Bewusstseinsstrom der Dankbarkeit gegenüber allen Daseins-Müttern.

VIERTE SPEICHE: BEDINGUNGSLOSE LIEBE
Ich verhelfe der Liebe zu allen Daseins-Müttern zur Geburt.

Ich betrachte das Rad des Lebens und das endlose Sich-Drehen der sechs Daseinsbereiche. Alle Daseins-Mütter sehnen sich nach vollkommenem, reinem und unbeflecktem Glück.

Die Liebe besteht im Engagement für die Schaffung der Ursachen des Glücks für andere. Ich wecke in mir eine bedingungslose Liebe gegenüber den Daseins-Müttern, die der Liebe einer Mutter für ihr einziges Kind gleicht.

Ich lasse mich überschwemmen von der bedingungslosen Liebe zu den Daseins-Müttern und wünsche, dass alle das höchste Glück des vollen Erwachens erlangen.

Ich formuliere das Gelübde der außerordentlichen Liebe, dass ich alle Daseins-Mütter in den Zustand des Nichtleidens führen möchte.

Ich lasse dieses Gelübde außerordentlicher Liebe auf mein Herz-Chakra strahlen und ich bade darin meinen Bewusstseinsstrom bedingungsloser Liebe zu allen Daseins-Müttern.

FÜNFTE SPEICHE: BEDINGUNGSLOSES MITGEFÜHL

Ich lasse in mir jenes große liebevolle Mitgefühl geboren werden, das ich allen Daseins-Müttern ohne Grenzen und Vorurteile zuwende.

Ich meditiere über die Leiden der Daseins-Mütter, die genauso groß waren wie diejenigen eines Tieres, das man zur Schlachtbank führt.

Ich betrachte die Qualen der Daseins-Mütter, wenn sie daran sind, abgestochen, zerlegt und entbeint zu werden, sowie auch die Qualen der Person, die sie schlachtet.

Diese Leiden sind unerträglich und mir wird klar, dass die Daseins-Mütter unablässig Ursachen zum Leiden erschaffen, jedoch dabei zu Unrecht glauben, sie versammelten Ursachen für das Glück.

Ich betrachte die entsetzlichen Leiden eines jeden der sechs Daseinsbereiche im *samsara*, bis mich eine tiefe Traurigkeit überkommt, gefolgt von dem nicht unterdrückbaren festen Entschluss, endgültig alle Daseins-Mütter von ihren Leiden zu befreien.

Ich lasse diesen Entschluss auf mein Herz-Chakra strahlen und ich bade meinen Bewusstseinsstrom in einem bedingungslosen Mitgefühl mit allen Daseins-Müttern.

SECHSTE SPEICHE: *LHAKSAM*
Ich lasse in meinem Herzen lhaksam, die außerordentliche Einstellung universeller Verantwortung für alle Daseins-Mütter zur Welt kommen.

Das Leiden der Daseins-Mütter ist mir unerträglich.

Wie die Mutter, die sich in den Fluss wirft, um ihr einziges Kind vor dem Ertrinken zu retten, und die dabei alle Risiken um ihr eigenes Leben missachtet, nehme ich die Verantwortung dafür auf mich, die Daseins-Mütter von ihren schrecklichen Leiden zu befreien und sie zum vollkommenen, unbefleckten Glück zu führen. Das muss ich mir aufladen, denn ich bin der Überzeugung, dass allein ich das tun kann!

Ich lasse diese Entschlossenheit auf mein Herz-Chakra strahlen und ich bade meinen Bewusstseinsstrom in der außerordentlichen Einstellung universeller Verantwortung, die ich für alle Daseins-Mütter übernehme.

SIEBTE SPEICHE: *BODHICITTA*
Ich lasse *bodhicitta,* den Geist des altruistischen Erwachens, für das Wohl aller Daseins-Mütter zur Welt kommen.

Mir wird klar, dass die Daseins-Mütter von ihren Leiden zu befreien und ihnen das höchste, reine und vollkommene Glück aufzuerlegen bedeutet, sie in den Zustand vollen Erwachens zu versetzen.

Aber wie kann ich so weit gelangen, da ich doch infolge meiner Verschmutzung durch Ignoranz und Karma noch voller Illusion bin?

In diesem Stadium bin ich nicht imstande, mich selbst zu

befreien, und folglich noch weniger, die Daseins-Mütter zu befreien. Das einzige Mittel dafür, die Daseins-Mütter zum Erwachen zu bringen, besteht darin, zunächst einmal damit anzufangen, selbst zu erwachen. Es dient also dem Zweck, alle Daseins-Mütter aus dem Meer der Leiden der Welt zu befreien und sie über das Leiden hinaus zum vollkommenen Erwachen zu führen, wenn ich es unternehme, die Ursachen und Bedingungen zu vereinen, um rasch, ja recht rasch, den höchsten Wachzustand eines Buddha zu erlangen. So lasse ich zum Wohl aller Daseins-Mütter *bodhicitta,* den Geist des altruistischen Erwachens, zur Welt kommen.

Ich lasse diesen Geist des altruistischen Erwachens zum Wohl aller Daseins-Mütter auf das Chakra meines Herzens ausstrahlen.

ABSCHLUSS
Meditation über bodhicitta, *den Geist altruistischen Erwachens*

Aus dem *bodhicitta*-Juwel in meinem Herzen leuchten wie von einem Diamanten weiße, funkelnde Lichtstrahlen auf. Diese Strahlen rühren ans Herz der Daseins-Mütter.

Alle Daseins-Mütter und ihre Umgebung werden in Licht verwandelt, dessen Strahlen zu mir zurückkehren und sich im *bodhicitta*-Juwel in meinem Herzen auflösen.

Meditation über den Raum
Der *bodhicitta*-Juwel in meinem Herzen verschmilzt zu Licht und löst sich in der Himmels-Leere meines Geistes auf, einem Raum totaler Offenheit, immenser reiner Energie, leer von jeglichem Subjekt, Objekt, Bezugspunkt, Gedanken, jeder Wahrnehmung und Emotion. Ich meditiere die Leere in der reinen Präsenz des Geistes im Geist.

HINGABE DER VERDIENSTE

Ich gebe alle positive Energie dieser Meditation hin zum Wohl aller Daseins-Mütter, zum Wohl spiritueller Freunde, die mich in Richtung Wahrheit führen, und zur Verstärkung bestimmter Intentionen (bezüglich leidender Eltern, Menschen, Tiere oder Verstorbener).

3. Die universelle Verantwortung
ins Leben umsetzen

I. Zum Zweck, das *Manifest der universellen Verantwortung*
zu vertiefen, ins Leben umzusetzen und sich im Alltag in-
karnieren zu lassen, sind speziell zwei Einrichtungen geschaffen worden:

1. DIE STIFTUNG DES DALAI LAMA FÜR DIE UNIVERSELLE VERANTWORTUNG

Diese Stiftung dient der Verwirklichung von drei Zielen:
— Sie soll die universelle Verantwortung fördern, indem sie die
Verschiedenheit einer Vielfalt von Glaubensvorstellungen,
Praktiken und Ansätzen respektiert;
— sie soll eine globale Ethik der Gewaltfreiheit, Koexistenz,
Gleichheit der Geschlechter und des Friedens entwerfen,
indem sie Entwicklungen unter Laien fördert, die persönliche und soziale ethische Werte kultivieren;
— sie soll diejenigen erzieherischen Bedingungen anreichern,
die das Potenzial zur Umwandlung des menschlichen Geistes freisetzen.

Der Sitz dieser Stiftung ist in Indien mit Büros in Delhi und
Dharamsala.
Internetseite: »The Foundation for Universal Responsibility of
His Holiness the Dalai Lama«, www.furhhdl.org

2. DIE GESELLSCHAFT FÜR FRIEDEN UND UNIVERSELLE VERANTWORTUNG

Diese Gesellschaft untersteht der spirituellen Autorität des
Dalai Lama und von Samdhong Rinpoche.

Sie umfasst Mitglieder, die ausdrücklich die Werte des *Manifests für universelle Verantwortung* vertreten, das auf den *Drei
Erkenntnissen* und den *Elf Lebensverpflichtungen* beruht.

Auf den Grundlagen von Altruismus, Hören und Dialog definiert sich diese Gesellschaft als »Baumeisterin von Frieden und Gerechtigkeit in der Welt« im Dienst von humanitären und Umweltanliegen und Hilfs- und Entwicklungsmaßnahmen. Ihr Ziel ist es, im Dienst der Menschheit und des Planeten zu stehen, die Menschenrechte und die universelle Verantwortung zu fördern und eine nachhaltige Entwicklung zu unterstützen, um größeren Frieden und mehr Verantwortung jedes Einzelnen zu bewirken.

Ihr Hauptziel ist es, ein internationales Netzwerk von Mentoren zu knüpfen, die gemeinsam die Ideale der Freiheit, des Friedens und der Sicherheit vertreten. Sie praktizieren in ihrem Alltagsleben inneren Geistesfrieden, persönliche Ethik und universelle Verantwortung und vermitteln diese Haltungen auch den anderen.

Der Sitz dieser gemeinnützigen Gesellschaft ist in Paris. Ihre Internetseite ist der Abschnitt »Responsabilité universelle« auf der Internetseite »Buddhaline«, www.buddhaline.net

II. Um zum inneren Frieden als der Grundlage der universellen Verantwortung zu finden, bietet der der Ehrwürdige Phakyab Rinpoche in Zusammenarbeit mit Sofia Stril-Rever und Khoa Nguyen eine ganz eigene, vollständige dreijährige Ausbildung in *Menla Thödöl Ling* bei Paris an, www.phakyabringpoche.org

ANMERKUNGEN

[1] Koproduktion von *Arte* und *Coup d'Œil*, Film von Franck Sanson und Sofia Stril-Rever, weltweit verbreitet.

[2] Zu den Dialogen »Mind & Life« kommen seit 1984 Wissenschaftler und Kontemplative für einen interdisziplinären Austausch zu einer Gesprächsrunde mit dem Dalai Lama zusammen, www.mindandlife.org

[3] Der Dalai Lama und Sofia Stril-Rever, *Appel au monde,* ursprünglich bei Éditions du Seuil 2011; deutsch Wals bei Salzburg 2015.

[4] Der 10. März 1959 ist der historische Tag des tibetischen Widerstands, an dem sich die Bevölkerung vor der Residenz der Dalai Lamas, der Norbulingka zu Füßen des Potala versammelte, um einen lebendigen Schutzschild um ihren Souverän zu bilden und den sofortigen Abzug der chinesischen Besatzungsarmee zu fordern.

[5] *His Holiness the Dalai Lama on the Environment 1985–2008,* DIIR, Dharamsala 2012.

[6] Der Dalai Lama und Sofia Stril-Rever, *Autobiographie spirituelle,* Presses de la Renaissance 2008; deutsch: *Meine spirituelle Autobiographie*, Zürich 2009.

[7] Ein Gefährte des Dalai Lama seit Anfang des Exils. Er war Direktor der Buddhistischen Universität in Sarnath, sodann von 1996 bis 2001 Präsident des tibetischen Exilparlaments und von 2001 bis 2011 erstmals in der Geschichte der tibetischen Exilregierung deren demokratisch gewählter Premierminister.

[8] Strophe aus dem *Marsch in Richtung Erwachen*, einem im 8. Jahrhundert von Shantideva verfassten Klassiker der buddhistischen Tradition, Éditions Padmakara 2008.

[9] Aus dem starken Strom der übers Mittelmeer kommenden syrischen Flüchtlinge, die nach Europa zu gelangen versuchten, hat die türkische Küstenwache im Jahr 2015 und dann auch 2016 mehrmals Gruppen vor dem Versinken gerettet, unter denen sich auch Tibeter befanden. Das ist ein Beweis dafür, dass für die Tibeter weiterhin Gründe für eine Flucht bestehen. Im Übrigen scheinen die Flüchtlingsströme weltweit am Ende immer dorthin zusammenzufließen, wo wieder ein »Durchgang« in Richtung Freiheit und Sicherheit winkt, so gefährlich er auch sein mag (nach einer Aussage von Olivier Masseret).

[10] *Au-delà de la religion,* Paris 2014; *Ethik ist wichtiger als Religion,* Wals bei Salzburg 2015.

[11] *The Last Dalai Lama?,* Artikel von Pankaj Mishra in *The New York Times,* September 2015.

[12] Es war ein 1642 vom Fünften Dalai Lama eingerichtetes duales Regierungssystem, bei dem die spirituellen und zeitlichen Funktionen zusammengelegt und von Mönchen und Zivilpersonen wahrgenommen wurden.

[13] Eine der drei im äußersten Süden von Sibirien gelegenen Republiken der Russischen Föderation Tuwa, Burjatien und Kalmückien. In diesen heute autonomen föderierten Staaten erlebt der tibetische Buddhismus eine starke Renaissance. Mitteilung von Vincent Ponx.

[14] Eine in ganz Asien berühmte Universität des alten Indien unweit von Benares, die 1199 zur Zeit der islamischen Invasionen nach Indien gebrandschatzt wurde.

[15] Bezeichnung für das »Diamantene Fahrzeug«, das in Tibet in Fortführung des *mahayana* (»Großen Fahrzeugs«) entwickelt wurde.

[16] Gemeint ist der Senegalese Akon, der *Akon Lighting Africa* (»Akon bringt Afrika Licht«) gegründet hat, um bis 2020 in 48 Ländern des Kontinents Millionen von Lichtherden installieren zu können. Die erste Etappe dieses Programms wurde 2015 in Bamako eingeleitet.

[17] Der Abt von Nalanda im 2. Jahrhundert, Metaphysiker und Begründer der *madhyamaka*-Schule, des »mittleren Wegs«. Mit seinem Werk führt er ausgehend von der Lehre des Buddha über das bedingte Hervorbringen die Existenz der den Phänomenen eigenen Leerheit vor Augen.

[18] Die 2009 in Dänemark veranstaltete Konferenz der Vereinten Nationen über den Klimawandel (COP 15).

[19] Wie können wir das *denen da* gegenübergesetzte *Wir* unserer Identität ausweiten? Wie lässt sich die Fähigkeit der jungen Menschen wecken und fördern, ein alle umfassendes *Wir* zu entwickeln? Das sind die Forschungsthemen der kognitiven Psychologie des Teams von Professor Paul Bloom am »Infant Cognition Center« der amerikanischen Universität Yale. Vgl. den Artikel »The Moral Life Of Babies« in *The New York Times* vom 5. Mai 2010.

[20] Nach einem Vortrag des Dalai Lama in Dharamsala: Réflexions du Dalaï-Lama sur l'approche réaliste du bouddhisme: conférence aux anciens résidents occidentaux de Dharamsala, Dharamsala (Indien) im November 2010, www.berzinarchives.com

[21] Im Englischen heißt diese Abkürzung MAD (»Mutuel Assured Destruction«), und bezeichnenderweise bedeutet das englische Adjektiv *mad* »verrückt«, »von Sinnen«.

[22] Ansprache des Dalai Lama am 14. November 2010 in Hiroshima auf dem Welt-Gipfeltreffen der Träger des Friedensnobelpreises.

[23] 1949 vom japanischen Parlament.

[24] Auf Japanisch *Genbaku.*

[25] Der Jurist und Politiker Bhimrao Ramji Ambedkar ist international weniger bekannt als Gandhi und Nehru. Aber er hat die indische Gesellschaft des 20. Jahrhunderts wesentlich mitgeprägt. Das lag an seinem entscheidenden Einfluss auf die Abfassung der indischen Verfassung, seinem Engagement für die politische Anerkennung der »Unberührbaren« und an seiner führenden Rolle bei der Erneuerung des indischen Buddhismus.

[26] Réflexions du Dalaï-Lama sur l'approche réaliste du bouddhisme, a.a.O.

[27] Man beachte den Zusammenhang zwischen den am stärksten den Klimaschwankungen ausgesetzten Ländern und den »ärmsten« Ländern, in denen entweder die – die Umwelt verschmutzende – Produktion von Primärmaterial sie stärker beeinträchtigt (Indien) oder die gewaltsam vorangetriebene Entwicklung den Zustand von Umwelt und Klima verschlimmert (Indien), oder auch, dass das Ökosystem des betreffenden Landes es verwundbarer macht als die entwickelten Länder (was auf Tibet, die Inselstaaten des Pazifiks, Wüstenländer, Afrika usw. zutrifft). Beitrag von Olivier Masseret.

[28] Ansprache des Dalai Lama am 7. Juni 1992 auf dem ersten Erd-Gipfeltreffen in Rio de Janeiro.

[29] So wurde Tibet zum ersten Mal 1953 vom Schweizer Forscher Marcel Kurz bezeichnet, der damals das »Dach der Welt« im Zug seiner Expedition auf den Mount Everest erkundete.

[30] Der Dalai Lama, *Appell für den Umweltschutz in Tibet* am 23. Oktober 2015 in Dharamsala

[31] Jyontsa Singh, *High Altitude Areas of Tibetan Plateau Warming Faster Than Lower Regions*, Studie vom Mai 2015, zitiert in *Blue Gold from the Highest Plateau*, einem von der »International Campaign For Tibet« veröffentlichten Bericht, Februar 2015, S. 7.

[32] *Blue Gold*, a.a.O. S. 53.

[33] *Mon autobiographie spirituelle*, a.a.O. S. 53. In der deutschen Ausgabe *Meine spirituelle Autobiographie* fehlt dieser Abschnitt.

[34] Ganzjährig hartgefrorener Boden.

[35] *Blue Gold*, a.a.O. S. 17.

[36] Vgl. die detaillierte Untersuchung von Abram Lustgarten im Buch *Tibet's Great Train: Beijing's Drive West and the Campaign to Remake Tibet*, Times Book 2008.

[37] Der Jangtse oder Blaue Fluss, der Gelbe Fluss, der Mekong, der Indus,

der Brahmaputra, der Saluen, der Irrawaddy, der Satluj sowie zwei Zuflüsse des Ganges.

[38] *Lhatse*, auf über 4000 Metern gelegen, war früher historischer Sitz mehrerer Klöster und ist heute eine Kleinstadt südwestlich von Shigatse.

[39] Staudamm am Yarlung Tsangpo in *Thaktse*, Marktflecken in der Nähe von Lhasa, Tibets Hauptstadt.

[40] Der Dalai Lama, Vortrag vom 10. März 1977 in Dharamsala.

[41] Der Brahmaputra, der Mekong, der Indus, der Gelbe Fluss und der Blaue Fluss.

[42] Diesem gigantischen Unternehmen, die Wasser des Flusses umzulenken, wurde der Name »Kanal Shou Tian« gegeben, mit einer Zusammensetzung der Ortsnamen Shuomatan im Himalaya und Tian Jin in der Nähe von Peking. Vgl. die Karte und Grafik auf der Internetseite www.iisc.ernet.in/prasthu/pages/PP_data/98-2 (Anm. d. Ü.: Firefox hat diese Seite als nicht sicher gesperrt.)

[43] Mitteilung der Agentur »Chine nouvelle« vom 30. November 1997.

[44] Vgl. die Analyse von Jonathan Watts, Korrespondent des *Guardian* in Peking, *When a Billion Chinese Jump: How China Will Save Mankind – Or Destroy It*, London 2009.

[45] Aus einem Beitrag, der veröffentlicht wurde im *Magazine on National and Global Environmental Perspectives*, United States Environmental Protection Agency, Washington, D.C., September/Oktober 1991, Bd. 17, n. 4.

[46] Zitiert in *Blue Gold,* a.a.O. S. 35.

[47] Paris, Pressekonferenz vom 2. November 2015.

[48] *Proposition de Strasbourg*, Vortrag des Dalai Lama vor dem Europaparlament in Straßburg am 18. April 2007. Vollständiger französischer Text online auf www.tibetan.fr

[49] Der mongolische Begriff »Dalai« bedeutet »Ozean« und als »Lamas« werden die buddhistischen Meister bezeichnet, die eine Reinkarnationslinie fortführen. »Dalai Lama« wird im Abendland frei mit »Ozean der Weisheit« übersetzt und ist der Titel, mit dem der Mongolenchef Altan Khan zum ersten Mal in der Geschichte Sonam Gyatso bezeichnete, den Dritten Dalai Lama, und zwar bei der Begegnung der beiden im Jahr 1578 in Osttibet.

[50] *Mon autobiographie spirituelle,* a.a.O. S. 159. In der deutschen Ausgabe (siehe Anm. 33) S. 157f. ist dieser Abschnitt radikal gekürzt, sodass er hier neu übersetzt ist.

[51] Der Dalai Lama im Vortrag *Tibet in Gefahr* am 28. September 1996 in Sydney, Australien.

[52] *Mon autobiographie spirituelle,* a.a.O. S. 154.

⁵³ Nach einer Schilderung des siebzehnten Karmapa Urgyen Thinley Dorje in seinem Vortrag von 2007 über den Schutz der Umwelt in *Kagyu Monlam* von Bodh Gaya. Vgl. die Internetseite www.khoryug.com

⁵⁴ Fakten, die berichtet werden in der Biografie *Nechung, l'oracle du Dalaï-Lama* von Laurent Deshayes mit Françoise Bottereau-Gardey, Presses de la Renaissance 2009.

⁵⁵ *Mon autobiographie spirituelle,* a.a.O. S. 156.

⁵⁶ Übersetzung des Sanskrit-Begriffs *Tathagata,* einer Umschreibung des Begriffs *Buddha.*

⁵⁷ Erster König der Sonnendynastie von Ayodhya, am Ursprung der Stammlinie der Chakravartin, aus welcher der Prinz Siddharta Gautama geboren sein soll, der zum historischen Buddha Shakyamuni wurde.

⁵⁸ Oder Buddha des Mitleidens.

⁵⁹ Traktate des Vajrayana-Buddhismus mit feinsinnigen Beschreibungen der Welt und des menschlichen Körpers.

⁶⁰ Sanskrit-Begriff für die Lehren über die monastische Disziplin.

⁶¹ Der Kalpaturu ist einer der fünf Bäume des *Svarga,* des Himmels des Gottes Indra, der auf dem Gipfel des Bergs Meru wächst, wohin die Seelen derjenigen Sterblichen, die tugendhaft gelebt haben, kommen, bis die Zeit anbricht, dass sie wieder einen irdischen Körper annehmen. Die Legende vom Kalpaturu,»dem Baum, der die Wünsche erfüllt«, kommt in der hinduistischen und buddhistischen Ikonografie oft vor. Dieser magische Baum wird auch»Baum der Gelübde« oder»der Wünsche« genannt, weil er das besorgt, was man sich wünscht, und materielle Gewinne verschafft. Es heißt auch, dass unter dem Kalpa-Baum ausgesprochene Wünsche in Erfüllung gehen. Er ist also wohltuend und wird mit Fülle in Verbindung gebracht.

⁶² Nach der buddhistischen Kosmologie von Abhidharma ist Jambu der von Menschen bewohnte Kontinent ganz im Süden der Erde, benannt nach dem Jambu-Baum (Syzygium malaccense), einem Obstbaum in Südostasien (Indonesien, Malaysia).

⁶³ Damit wollte man es vermeiden, beim Ausheben des Grunds Insekten und Erdwürmer zu vernichten.

⁶⁴ Dieses Gedicht wurde vom Dalai Lama zur Begleitung der Darbietung einer Buddhastatue an das indische Volk verfasst, und zwar auf der *Conférence internationale sur la responsabilité écologique* am 2. Oktober 1993 in Neu Delhi. Übersetzung ins Deutsche von Inge Stadler in *Meine spirituelle Autobiographie,* a.a.O. S. 164–171.

⁶⁵ Um 566 v.Chr. in der Nähe der Stadt Kapilavastu, 250 km von Benares entfernt, heute im südlichen Nepal in der Nähe der indischen Grenze gelegen.

[66] Auf Sanskrit *bodhi*, das tiefe Erfassen aller Aspekte der Wirklichkeit, und zwar in einem Zustand der mit dem unendlichen Leben vereinten Bewusstheit.

[67] Im Bundesstaat Uttar Pradesh in Nordindien.

[68] Salbäume (*shorea robusta*).

[69] Diese veranschaulichenden Beispiele entstammen der ausführlichen ikonografischen Studie von Anne Sudre, *La représentation de la nature dans l'art de l'Inde ancienne,* vorgetragen am 12. September 2012 in Paris.

[70] Aus einer Unterweisung in Sarnath am 14. Januar 2009.

[71] Der Panchen Lama ist in der Hierarchie des tibetischen Buddhismus nach dem Dalai Lama der zweithöchste Würdenträger und wird als Emanation des Buddha Amitabha verehrt. Der vom Dalai Lama anerkannte derzeitige 11. Panchen Lama, Gendhun Chökyi Nyima, wurde 1995 im Alter von sechs Jahren zusammen mit seinen Eltern von der chinesischen Regierung entführt und damit zum weltweit jüngsten politischen Gefangenen, von dem bis heute jede Nachricht fehlt.

[72] Das war 1932.

[73] *Mon autobiographie spirituelle,* a.a.O. S. 173–176; vgl. *Meine spirituelle Autobiografie* S. 172–174.

[74] Aus der Lehrunterweisung zum Abschluss der Kalachakra-Initiation am 29. Dezember 1990.

[75] *Tantra de Kalachakra. Le livre du corps subtil,* Paris 2000; *L'Initiation de Kalachakra,* Paris 2001; *Kalachakra. Guide de l'initiation et du Guru yoga,* Paris 2002; *Tantra de Kalachakra. Le livre de sagesse: Traité du Mandala,* Paris 2003; *Kalachakra, un mandala pour la paix,* Paris 2008.

[76] Der Dalai Lama, im Vortrag *Tibet in Gefahr* am 28. September 1996 in Sydney, Australien, nach *His Holiness the Dalai Lama on the Environment,* a.a.O. S. 32–36.

[77] Vgl. *The Yangtse flood: the human hand, local and global,* World Watch Institute, Lester R. Brown und Brian Halweil, 13. August 1998.

[78] Zitiert im Beitrag *Végétation du Tibet,* http://lhassa.org/geographie-du-tibet/vegetation.php.

[79] Schätzungen zufolge wurde das Gesamtvolumen dieser gefällten Bäume um einen Wert von über 50 Milliarden Dollar verkauft.

[80] Zitat aus Simon Leys, in: *La Forêt en feu: Essais sur la culture et la politique chinoises,* Paris 1983.

[81] »Interdependenz« oder genauer »bedingte Hervorbringung« ist eine Übersetzung des Sanskrit-Begriffs *pratityasamutpada* ins Tibetische: *tencing drel-bar chung-ba,* abgekürzt *tendrel.*

[82] *Le Chemin vers l'Éveil,* Unterweisungen des Dalai Lama vom Septem-

ber 2001, organisiert von Rigpa France in Lodève (Frankreich), Mitschrift von Sofia Stril-Rever.

[83] Botanischer Begriff zur Bezeichnung des Embryo-Organs einer Pflanze im Samenkorn, aus dem die ersten Blätter bestehen werden. Die Keimblätter sind Reserven von Proteinen, Lipiden und Zuckern, die im Verlauf des Keimens von Enzymen abgebaut werden, und sie werden dann dem Embryo zugeführt, um dessen Entwicklungszyklus zu gewährleisten.

[84] *Le Chemin vers l'Éveil,* ebd.

[85] Bhikku Bodhi, *The Connected Discourses of the Buddha,* Boston 2000, II, S. 28.

[86] *Le Chemin vers l'Éveil,* ebd.

[87] *Le Chemin vers l'Éveil,* ebd.

[88] Niels Bohr.

[89] Vortrag am 14. September 2015 bei der Einweihung des »Dalai Lama Centre for Compassion« in der Universität Oxford.

[90] *Mon autobiographie spirituelle,* a.a.O. S. 125 (fehlt in der deutschen Ausgabe).

[91] *Laudato si',* Libreria Editrice Vaticana p. 32 (Anm. d. Ü.: Das ist ein wörtliches Zitat aus dem *Katechismus der katholischen Kirche* n. 340, München 1993, S. 119, für hier daraus zitiert.).

[92] *Laudato si'* n. 164, deutsche Ausgabe der Enzyklika der *Libreria Vaticana,* Rom 2015, S. 71.

[93] Anm. d. Ü.: Im französischen Original steht hier eine ausführliche Erklärung, weshalb man nicht vom »Zeitalter des Menschen«, sondern vom »Zeitalter der Menschheit« sprechen solle, ja dürfe, denn das sei Gegenstand mehrerer Resolutionen der UNESCO zwischen 1987 und 1993 gewesen. Das liegt daran, dass im Französischen und Englischen der Begriff für »Mensch« der gleiche wie für »Mann« ist (*homme* beziehungsweise *man*), was gegen die Gender-Gerechtigkeit der Sprache verstößt. Für das Deutsche wäre das kein Problem, aber aus Solidarität wird hier auch der Ausdruck »Zeitalter des Menschen« vermieden.

[94] Im Bundesstaat Himalach Pradesh im Nordwesten Indiens.

[95] Eine 10 000 Jahre andauernde Ära zwischen den Eiszeiten.

[96] Die Internationale Kommission für Stratigraphie untersteht der Internationalen Union für geologische Wissenschaften und tritt alle vier Jahre zusammen, um offiziell die Bezeichnung und Einschätzung der verschiedenen Ein- und Unterteilungen der geologischen Zeiten festzusetzen.

[97] Das ist eine 2009 gebildete Arbeitsgruppe mit rund dreißig Mitgliedern aus der ganzen Welt. Sie hat im April 2014 die Studie *Fondements stratigraphiques de l'Anthropocène* (»Stratigraphische Grundlagen des Anthropo-

zäns«) herausgebracht, eine Sammlung interdisziplinärer Studien, welche die unter dem Einfluss der Tätigkeiten des Menschen stattgefundenen Veränderungen in der Atmosphäre, Biosphäre, Geosphäre und Hydrosphäre aufzeigen. Diese Veränderungen bilden ein Spektrum miteinander übereinstimmender Indikatoren, die den Schluss zulassen, dass eine vom Menschen bewirkte Umweltveränderung stattgefunden hat, die naturwissenschaftlich anhand chronologischer Modellrechnungen und bis ins Holozän und die davor liegenden Erdzeitalter reichender stratigraphischer Untersuchungen feststellbar ist.

[98] Die Tätigkeiten des Menschen haben bis heute bereits eine halbe Trillion Tonnen Kohlenstoff ausgeschieden, was die Hauptursache für die Versäuerung der Meere ist.

[99] Leiterin des Instituts für Umweltstudien an der Universität Arizona.

[100] Anstieg des Bevölkerungswachstums von 2,5 Milliarden im Jahr 1950 auf 7,4 Milliarden im Jahr 2015; exponentielle Urbanisierung auf den fünf Kontinenten mit den Städten, von 1950 30 Prozent Stadtbewohnern weltweit auf 2015 60 Prozent; industrielle Agrarwirtschaft, die den exklusiven Einsatz von Hybridpflanzen mit hohem Ertrag verlangte, aber zum Nachteil der Biodiversität in den Böden, mit systematischer Zuhilfenahme von Düngemitteln und Pflanzenschutzmitteln.

[101] Dieses Datum steht symbolisch für die Schwelle, ab der im laufenden Jahr die erneuerbaren Ressourcen, die die Biokapazität der Erde darstellen, aufgezehrt sind. Ab diesem Tag lebt die Menschheit auf Kredit und beutet den Naturhaushalt des Planeten und die Ökosysteme, von denen unser Leben abhängt, aus. Im Jahr 2015 wurde dieser Schwellentag bis auf den 13. August vorgerückt, was bedeutet, dass ab jetzt pro Jahr die irdischen Reserven nur noch acht Monate lang ausreichen.

[102] Dialogue »Mind & Life«, *Ecology, Ethics, and Interdependence,* Dharamsala, Oktober 2011.

[103] Ebd.

[104] Der eigentliche Sinn des Begriffs »Guru« ist im indischen Kontext frei von der abwertenden Bedeutung, den er im Westen bekommen hat; er ist einfach gleichbedeutend mit »Meister« oder »Professor«.

[105] Dialogue »Mind & Life«, *Ecology, Ethics, and Interdependence,* a.a.O.

[106] Ebd.

[107] Ebd.

[108] »Unser Gehirn wurde in Hunderttausenden von Jahren ausgebildet. Das zerebrale Alarmsystem, das Bedrohungen und Gefahren erkennt, war dazu gedacht, Tiger auszumachen, aber nicht, die äußerst subtilen Ursachen der Verschlechterung unseres Planeten zu erkennen, deren Zeugen

wir sind. Tatsächlich registriert ja unser sensorisches System weder eine zu große noch eine zu kleine Gefahr, die unsichtbar bleibt. Folglich löst sich das Alarmsystem nicht aus, weil es die Gefahr nicht wahrnimmt, und das macht es sehr schwierig, die Menschen angesichts der Krise – wahrscheinlich der schwersten der ganzen Menschheitsgeschichte – zum Handeln zu bewegen. So widmen sie sich trotz alledem so ihren Alltagsbeschäftigungen, als passiere überhaupt nichts. Ohne jeden Sinn für die unmittelbare Bedrohung, weil diese Wahrnehmung in unserem Gehirn ausfällt.« Ebd.

[109] Ebd.

[110] Ebd.

[111] *His Holiness the Dalai Lama on the Environment*, a.a.O. S. 13.

[112] Der Dalai Lama, *Appel au monde*, a.a.O. S. 209.

[113] Réflexions du Dalaï-Lama sur l'approche réaliste du bouddhisme, a.a.O.

[114] Ebd.

[115] Der Dalai Lama, *Sagesse ancienne, monde moderne*, Paris 1999, S. 80.

[116] Dialogue »Mind & Life«, *Ecology, Ethics, and Interdependence*, a.a.O.

[117] Vortrag des Dalai Lama über *Menschenrechte, Demokratie und Freiheit*, Dharamsala 2008.

[118] Vortrag des Dalai Lama am 11. Oktober 2003 in Paris.

[119] Der Dalai Lama, *L'esprit est son propre médecin*, Paris 2014, S. 297.

[120] Ebd. S. 281.

[121] Francis Hallé, *Du bon usage des arbres*, Arles/Paris 2011.

[122] Namentlich der Anthropologe Philippe Descola verficht einen nicht-dualistischen Ansatz und stellt die abendländische Weltvorstellung infrage. Diese beruhe auf einer Dichotomie zwischen einerseits dem Bereich der Kultur und andererseits demjenigen der Natur, die den Kenntnissen und des Menschen fremd sei, weshalb er nicht wisse, wie er richtig mit ihr umgehen solle.

[123] Francisco Varela stammt aus Chile, erhielt seine Ausbildung in den USA und ließ sich dann in Frankreich nieder. Er war Biologe, Neurowissenschaftler und Philosoph und ganz am Anfang beim ersten Dialog »Mind & Life« dabei.

[124] Dialogue »Mind & Life«, *Ecology, Ethics and Interdependence*, a.a.O.

[125] *Discussions with the Dalai Lama on the Nature of Reality*, Dialogue »Mind & Life« von 2002, Columbia University Press 2011.

[126] Der Dalai Lama, *La Voie de la lumière*, Paris 1997, S. 131.

[127] Dialogue »Mind & Life«, *Ecology, Ethics and Interdependence*, a.a.O.

[128] Marcel Boché, der große französische Spezialist für diese Population, die die erste animalische Biomasse auf Erden darstellt, hat errechnet, dass die Regenwürmer pro Hektar Boden im Durchschnitt nicht weniger als

eine Tonne Gewicht ausmachen, also so viel wie ungefähr drei Kühe. Das entspricht nicht weniger als einer Dichte von 1 bis 4 Millionen Würmern, die ständig damit beschäftigt sind, in sechs Zentimetern Tiefe insgesamt rund 400 Kilometer lange Gänge zu graben. Siehe sein Buch *Des vers de terre et des hommes*, Paris 2014.

[129] Pierre Rabhi, *Vers une sobriété heureuse*, Paris 2013.

[130] Dialogue »Mind & Life«, *Ecology, Ethics, and Interdependence*, a.a.O.

[131] Zahlenangaben von Matthieu Ricard im Rahmen des Dialogs »Mind & Life«, *Ecology, Ethics, and Interdependence*, a.a.O., und genauer dargestellt in seinem Buch *Plaidoyer pour les animaux*, Paris 2014.

[132] Aktuelle statistische Angaben auf der Internetseite www.planetoscope. com

[133] Zahlen des Welternährungsprogramms WFP der Vereinten Nationen, die der Schweizer Soziologe Jean Ziegler anführt. Er war von 2000 bis 2008 spezieller Berichterstatter der UNO für das Recht auf Ernährung, ist Autor des Buchs *Destruction massive: Géopolitique de la faim*, Paris 2011; deutsch: *Wir lassen sie verhungern: Die Massenvernichtung in der Dritten Welt*, München 2012.

[134] *La Voie de la lumière*, a.a.O. S. 130.

[135] Es gibt die gemeinnützige Organisation PETA (»Pour une éthique dans le traitement des animaux«, »für eine Ethik beim Umgang mit Tieren«), deren Mitglieder ihre Berufung darin sehen, für die Rechte aller Tiere einzutreten, weil sie der Überzeugung sind, dass die Tiere nicht dazu geschaffen sind, damit wir sie zur Nahrung und Kleidung und für Experimente oder zum Vergnügen benutzen, und dass wir ihnen deswegen nicht die geringste Form von Misshandlung zufügen dürfen.

[136] Vgl. die *Association Mother Earth* (www.motherearth.international) die unter der geistlichen Schirmherrschaft des tibetischen Lama Pema Wangyal Rinpoche im Jahr 2015 in 14 Ländern 2 710 824 975 Tierleben gerettet hat. Siehe auch die Facebook-Seiten »Protector of Life« und »Les Journées de Libération d'Animaux«.

[137] *Appell des Dalai Lama* vom 22. Juni 2004, www.kentuckyfriedcruelty. com

[138] Dialogue »Mind & Life«, *Ecology, Ethics and Interdependence*, a.a.O.

[139] Gemäß diesem Vergleich ist für die Produktion eines einzigen Kilos Fleisch fünfzigmal mehr Wasser nötig als für diejenigen eines Kilos Weizen. Schätzungen zufolge könnte ein Hektar Boden leicht zwanzig Vegetarier ernähren, dagegen nur einen Fleisch-Esser.

[140] Eine weitere sozioökonomische Ungerechtigkeit besteht in der Auswirkung der industriell betriebenen Viehaufzucht. In den USA werden

60 Prozent der von der Pharma-Industrie hergestellten Antibiotika für die Gesunderhaltung des Viehs verwendet, und zwar in massiven Dosen, die unterschiedslos allen Tieren verabreicht werden, denn die industrielle Aufzucht erlaubt zum Beispiel in den Farmen mit bis zu hunderttausend Hähnchen keine Sorge um einzelne Tiere. Zum einen könnten entsprechende Medikamente zur Gesunderhaltung bedürftiger Bevölkerungsgruppen eingesetzt werden, und zum anderen führen sie zu einem öffentlichen Gesundheitsproblem, denn wenn sie beim Ausscheiden in den Boden und ins Grundwasser geraten, verstärkt das beim Menschen die Resistenz gegen Antibiotika.

[141] Diese Zahlenbeispiele zitierte Matthieu Ricard im Rahmen der 6. Sitzung des Dialogs »Mind & Life« und er brachte sie dann auch ausführlicher in seinem Buch *Plaidoyer pour les animaux*, Paris 2014, deutsch: *Plädoyer für die Tiere*, München 2015.

[142] Dialogue »Mind & Life«, *Ecology, Ethics, and Interdependence*, a.a.O.

[143] »Which animal species went extinct in the year you were born?«, *The Independent*, einzusehen auf der Internet-Seite http://i100.independent.co.uk/people

[144] Laut dem Bericht *Planète vivante 2004* des WWF.

[145] Verfasser von *Die Zukunft in unseren Händen: eine tiefenökologische Philosophie*, Wuppertal 2013.

[146] Vgl. Corine Pelluchon, *Éléments pour une éthique de la vulnérabilité*, Paris 2011, und *Les Nourritures. Philosophie du corps politique*, Paris 2015.

[147] Vgl. den Beitrag »L'écologie passe par la transformation de soi« von Corine Pelluchon in: *Libération* vom 12. Oktober 2015.

[148] *The Vision of the Dalai Lama*, Unterweisung von Samdhong Rinpoche im Jahr 2006 im buddhistischen Zentrum Lerab Ling.

[149] Sanskrit-Begriff für »den, der sich auf dem Weg des Erwachens müht«.

[150] Öffentlicher Vortrag des Dalai Lama am 18. Oktober 1979 in der Trinity Church in Boston. Veröffentlicht in *Cent Éléphants sur un brin d'herbe*, Paris 1997, online unter http://www.buddhaline.net/L-altruisme-et-les-six-perfections

[151] Vgl. Vorschläge für eine Charta universeller Verantwortlichkeiten, Rio de Janeiro, Juni 2012; Charta der Verantwortlichkeiten des Menschen, Dezember 2002; Erklärung zum Weltethos des Parlaments der Weltreligionen, Chicago 1994; Projekt einer universellen Ethik, ausgearbeitet von der Abteilung für Philosophie und Ethik der UNESCO; Allgemeine Erklärung der Menschenpflichten, Wien 1997; Charta der Erde, UNESCO, Paris 2000.

[152] *Laudato si'*, a.a.O. S. 38.

¹⁵³ Zum Beispiel Hans Jonas, Cornelius Castoriadis und Paul Ricœur.

¹⁵⁴ Vgl. die von der »Stiftung Charles Lépold Mayer für den Fortschritt des Menschen« (www.fph.ch) unternommenen interkulturellen Arbeiten für das Projekt der Redaktion einer *Charta der universellen Verantwortlichkeiten.*

¹⁵⁵ »Allgemeine Erklärung der Rechte der Menschheit«, ein auf Antrag von François Hollande, dem Präsidenten der französischen Republik, verfasster Text. Die Autorin ist Corinne Lepage, auf Umweltrecht spezialisierte Anwältin und frühere Umweltministerin. Diese Erklärung wurde am 25. September 2015 von Präsident François Hollande der UNO präsentiert und das Büro der Klimarahmenkonvention der UNO (UNFCCC) hat sie am 9. Dezember 2015 allen nationalen Delegationen der UN-Klimakonferenz zugestellt. Sie soll im Hinblick auf ihre Übernahme auf die Tagesordnung der nächsten Vollversammlung der Vereinten Nationen am 22. April 2016 in New York kommen; ferner soll sie auf Antrag der französischen und marokkanischen Präsidentschaften auch im November 2016 auf der UN-Klimakonferenz in Marrakesch vorgelegt werden; vgl. www.droitshumanite.fr

¹⁵⁶ Commission Environnement du Club des Juristes, signataire du rapport *Renforcer l'efficacité du droit international de l'environnement*, sous la présidence de Mme. Yann Aguila, Paris, November 2015, www.leclubdesjuristes.com

¹⁵⁷ Nach einem Gespräch mit einer der Autorinnen des Pakts, Mme. Patricia Savin, Doktorin für Umweltrecht.

¹⁵⁸ Aussage von Corine Pelluchon am 28. Februar 2016.

¹⁵⁹ Diese Lehre wurde in *La Voie de la lumière* a.a.O. vorgestellt.

¹⁶⁰ Wer der Auffassung ist, dieses Leben sei einmalig, kann mit diesem zweiten Ast der Meditation der ersten Speiche beginnen.

BIBLIOGRAFIE

Werke des Dalai Lama (Auswahl)

www.dalailama.com

Das Leben tiefer verstehen. Erkenne dich selbst und lebe gelassener. Hg. v. Jeffrey Hopkins, Herder, 2016

Die Liebe – Quelle des Glücks. Hg. v. Jeffrey Hopkins, Herder, 2016

Der Appell des Dalai Lama an die Welt. Ethik ist wichtiger als Religion. Mit Franz Alt, Benevento, 2015

Der Weg zum Glück. Sinn im Leben finden. Hg. v. Jeffrey Hopkins, Herder, 2015

Glücksregeln für den Alltag. Happiness at work. Mit Howard C. Cutler, Herder, 2015

Die Macht des Guten. Der Dalai Lama und seine Vision für die Menschheit. Mit Daniel Goleman, Barth, 2015

Kleines Buch der inneren Ruhe, Herder, 2014

Der Sinn des Lebens. Die Botschaft des Buddhismus, Herder, 2014

Das Herz der Religionen. Gemeinsamkeiten entdecken und verstehen, Herder, 2014

Die Regeln des Glücks. Ein Handbuch zum Leben. Mit Howard C. Cutler, Herder, 2012

Werke von Samdhong Ringpoche

www.samdhongrinpoche.org
Uncompromising Truth for a Compromised World. Edited by
    Donovan Roebert, World Wisdom, 2006

Werke von Sofia Stril-Rever (Auswahl)

www.buddhaline.net
La Méditation m'a sauvé, mit Phakyab Rinpoché, Le Cherche-
    Midi, 2014
Appel au monde du Dalaï-lama, Le Seuil, mai, 2011
Dalai Lama, Meine spirituelle Autobiographie. Hg. von Sofia
    Stril-Rever, Diogenes 2010
Soeur Emmanuelle, mon amie, ma mère, de soeur Sara, Presses
    de la Renaissance, 2009
Kalachakra, un mandala pour la paix, préface du Dalaï-lama,
    photographies de Matthieu Ricard, Manuel Bauer et Oli-
    vier Adam, La Martinière, 2008
Tantra de Kalachakra. Le Livre de la sagesse, »Traité du man-
    dala«, avant-propos du Dalaï-lama, texte intégral traduit du
    sanskrit, DDB, 2003
Kalachakra, guide de l'initiation et du guru yoga, enseigne-
    ments du Dalaï-lama et de Jhado Rinpoché, DDB, 2002
L'Initiation de Kalachakra, texte intégral du rituel et enseigne-
    ment du Dalaï-lama, DDB, 2001
Tantra de Kalachakra. Le Livre du corps subtil, préface du Da-
    laï-lama, texte intégral traduit du sanskrit, Grand Livre du
    mois, 2001 – DDB, 2000
Enfants du Tibet, de coeur à coeur avec Jetsun Pema et soeur
    Emmanuelle, DDB, 2000

Weitere Veröffentlichungen zeitgenössischer Denker zum Thema

Cyrulnik, Boris
Rette dich, das Leben ruft!, Ullstein, 2015
Les Âmes blessées, Odile Jacob, 2014
Le Murmure des fantômes, Odile Jacob, 2003

Descola, Philippe
La Composition des mondes. Entretiens avec Pierre Charbonnier, Flammarion, 2014

Itzkin, Eric
Gandhi's Johannesburg. Birthplace of Satyagraha, Witwatersrand University Press, 2000

Jonas, Hans
Das Prinzip Verantwortung. Versuch einer Ethik für die technologische Zivilisation, Suhrkamp, 2003

Latour, Bruno
Existenzweisen. Eine Anthropologie der Modernen, Suhrkamp, 2014
Face à Gaïa. Huit conférences sur le nouveau régime climatique, La Découverte, 2015

Morin, Edgar
Enseigner à vivre. Manifeste pour changer l'éducation, Actes Sud, 2014
Penser global. L'humain et son univers, Robert Laffont, 2015

Næss, Arne
Die Zukunft in unseren Händen. Eine tiefenökologische Philosophie, Hammer, 2013

Pelluchon, Corine
L'Autonomie brisée. Bioéthique et philosophie, PUF, 2009
Éléments pour une éthique de la vulnérabilité. Les hommes, les animaux, la nature, Le Cerf, 2011
Les Nourritures. Philosophie du corps politique, Le Seuil, 2015

Rabhi, Pierre
Le monde a-t-il un sens? Avec Jean-Marie Pelt, Flammarion, 2014
L'Agroécologie, une éthique de vie. Entretien avec Jacques Caplat, Actes Sud, 2015
La Puissance de la modération, Hozhoni, 2015

Ricard, Matthieu
Allumfassende Nächstenliebe. Altruismus – die Antwort auf die Herausforderungen unserer Zeit, Blumenau, 2016
Plädoyer für die Tiere, Nymphenburger, 2015

Rifkin, Jeremy
Die empathische Zivilisation. Wege zu einem globalen Bewusstsein, S. Fischer, 2012

Serres, Michel
Erfindet euch neu! Eine Liebeserklärung an die vernetzte Generation, Suhrkamp, 2013
Écrivains, savants et philosophes font le tour du monde, Le Pommier, 2015

Singer, Peter
Animal liberation. Die Befreiung der Tiere, Harald Fischer, 2015

Sizoo, Edith
Responsabilité et cultures du monde, ouvrage collectif coor-

donné par Edith Sizoo, publié par la Fondation Charles Léopold Mayer, 2008
Ce que les mots ne disent pas : quelques pistes pour réduire
les malentendus interculturels, ouvrage collectif coordonné par
Edith Sizoo, publié par la Fondation Charles Léopold Mayer,
2000

Thurman, Robert
Revolution von innen. Die Lehren des Buddhismus oder das
vollkommene Glück, Econ, 2000
La Voie du milieu. Comprendre le rôle primordial du Dalaï-
lama, Trédaniel, 2009

DANKSAGUNG

von Sofia Stril-Rever

Ich möchte die Redaktion dieses Buchs nicht abschließen, ohne alle die Menschen zu nennen, die mich bei seiner Ausarbeitung begleitet und unterstützt haben.

Das sind zunächst diejenigen, die es maßgeblich inspiriert haben:

Seine Heiligkeit der DALAI LAMA, der mein Leben seit unserer Begegnung im Jahr 1992 verändert hat, sowie der Ehrwürdige SAMDHONG RINPOCHE, mein spiritueller Führer seit 1997, der alle Etappen der Redaktion und Publikation dieses Buchs begleitet hat;

Seine Heiligkeit SAKYA TRINZIN, dessen Lehren ich seit 1995 regelmäßig übersetzt habe; Meister THICH NHAT HANH, dem ich 1996 begegnet bin; die Ehrwürdigen CHOEGYE TRIZIN RINPOCHE und KIRTI TSENSHAB RINPOCHE, die mich von 1997 bis 2005 im Kloster Kirti unterrichtet haben; JHADO RINPOCHE, den ich ab 2001 mehrmals zum Unterrichtgeben in Frankreich eingeladen hatte; DAGRI RINPOCHE; meine Weisheitslehrer GESHE DRAKPA GELEK und PHAKYAB RINPOCHE; die Ehrwürdigen PLADEN GYATSO, ANI PACHEN und Dr. TENZIN CHÖDRAK, frühere Häftlinge aus Überzeugungsgründen, die mich die Kraft der Vergebung gelehrt haben; der Ehrwürdige MATTHIEU RICARD, dessen altruistisches Engagement eine Inspiration ist (www.karuna-shechen.org).

Ebenso bedanke ich mich bei:

CHIMME RIGZIN und TENZIN TAKLHA vom Privatbüro des Dalai Lama in Dharamsala, zugleich Repräsentanten des Dalai Lama in Europa und Nordamerika;

TENZIN TSEPAG, Übersetzer des Dalai Lama;

TENZIN CHÖEJOR, offizieller Fotograf des Dalai Lama in Dharamsala, der die Begegnungen mit dem Dalai Lama gefilmt und fotografiert hat;

Professor ROBERT THURMAN und Dr. ERIC ITZKIN, die sich an der Überarbeitung und Herausgabe des *Manifests der universellen Verantwortung* beteiligt haben;

FLORENT MASSOT, Herausgeber dieses Buchs, der seine Abfassung begleitet hat;

JEAN-FRANÇOIS RIAL, Präsident und Generaldirektor der Gruppe *Voyageurs du monde*, Sponsor des Treffens des Ehrwürdigen Samdhong Rinpoche mit Professor Robert Thurman und Dr. Eric Itzkin im März 2012 in Menla Thödöl Ling wegen des *Manifests der universellen Verantwortung;*

MARY JO VIEDERMAN und dem ganzen Team des »Mind & Life Institute« für die großzügige Erlaubnis, Auszüge aus der Konferenz *Ecology, Ethics, and Interdependence* zitieren zu dürfen;

Mme. PATRICIA SAVIN, Anwältin, Doktorin für Umweltrecht, Vorsitzende von Orée (www.oree.org), für ihre Beratung über Aspekte des Umweltrechts;

Mme. BETTINA LAVILLE, Regierungsrätin, Gründerin des *Comité 21* und Vorsitzende des *Comité d'orientation scientifique* des *Club de France Développement durable*, die mich eingeladen hatte, im Rahmen des internationalen Kolloquiums *Guerre, paix et climat* auf der UN-Klimakonferenz in Paris einen Video-Auszug meines Gesprächs von 2015 in Oxford mit dem Dalai Lama vorzustellen (www.comite21.org);

CORINE PELLUCHON, Schriftstellerin, Philosophin in Themen der Um- und Tierwelt, deren Ethik der Verwundbarkeit sowohl ein wichtiger Bezug als auch eine Inspiration ist (www.corine-pelluchon.fr);

ANNE SUDRE, Lehrerin für die Geschichte Indiens und der Himalaya-Länder an der École du Louvre; OLIVIER MASSE-RET, Sekretär der *Association des amitiés parlementaires pour le Tibet du Sénat* (Gesellschaft der parlamentarischen Freunde des französischen Senats für Tibet) sowie VINCENT POUX, sein Nachfolger als Exekutiv-Sekretär der Senatsgruppe für interna-tionale Information über Tibet, langjährige Freunde, die ich für dieses Buch ins Vertrauen gezogen habe und die mir erhellende Kommentare über Ansatz und Form des Textes geliefert haben;

CLAIRE WEBSTER, die mir den Freundschaftsdienst er-wiesen hat, bestimmte Abschnitte dieses Buchs ins Englische zu übersetzen;

JULIE PRIBULA, die das Buch freundschaftlich durchge-lesen hat;

OLIVIER ADAM, dem offiziellen Fotografen des Dalai Lama;

PIERS LEIGH und ROSS CRAIG, die das Gespräch mit dem Dalai Lama vom 15. September 2015 gefilmt haben;

FLORENT QUINT, JULIEN DESPLANQUES und JEAN-PIERRE MICHON sowie dem ganzen Team von *nightshift*, die das Video des Gesprächs in Oxford herausgegeben haben;

KHOA NGUYEN und CHOESANG DOLKAR als mir auf den Wegen des Lebens Nahen;

der KOMMUNITÄT VON MENLA THÖDÖL LING und allen meinen Freunden auf den Wegen des Dharma.